한 번에 합격,
자격증은 이기적

이렇게
기막힌
적중률

 함께 공부하고 특별한 혜택까지!

 이기적 스터디 카페 🔍

 구독자 13만 명, 전강 무료!

이기적 유튜브 🔍

자격증 독학, 어렵지 않다!
수험생 합격 전담마크

이기적 스터디 카페

스터디 만들어 함께 공부

전문가와 1:1 질문답변

프리미엄 구매인증 자료

365일 진행되는 이벤트

이기적 스터디 카페

인증만 하면, **고퀄리티 강의가 무료!**

100% 무료 강의

STEP 1
이기적
홈페이지
접속하기

STEP 2
무료동영상
게시판에서
과목 선택하기

STEP 3
ISBN 코드
입력 & 단어
인증하기

STEP 4
이기적이 준비한
명품 강의로
본격 학습하기

영진닷컴 이기적 🔍

1년 365일 이기적이 쏜다!

365일 진행되는 이벤트에 참여하고 다양한 혜택을 누리세요.

EVENT ❶
기출문제 복원

- 이기적 독자 수험생 대상
- 응시일로부터 7일 이내 시험만 가능
- 스터디 카페의 링크 클릭하여 제보

이벤트 자세히 보기 ▶

EVENT ❷
합격 후기 작성

- 이기적 스터디 카페의 가이드 준수
- 네이버 카페 또는 개인 SNS에 등록 후
  이기적 스터디 카페에 인증

이벤트 자세히 보기 ▶

EVENT ❸
온라인 서점 리뷰

- 온라인 서점 구매자 대상
- 한줄평 또는 텍스트 & 포토리뷰 작성 후
  이기적 스터디 카페에 인증

이벤트 자세히 보기 ▶

EVENT ❹
정오표 제보

- 이름, 연락처 필수 기재
- 도서명, 페이지, 수정사항 작성
- book2@youngjin.com으로 제보

이벤트 자세히 보기 ▶

N Pay
네이버페이
포인트 쿠폰
20,000원

영진닷컴 쇼핑몰
30,000원

- N페이 포인트 5,000~20,000원 지급
- 영진닷컴 쇼핑몰 30,000원 적립
- 30,000원 미만의 영진닷컴 도서 증정

※이벤트별 혜택은 변경될 수 있으므로 자세한 내용은 해당 QR을 참고하세요.

이기적 크루를 찾습니다!

WANTED

저자 · 강사 · 감수자 · 베타테스터 상시 모집

저자 · 강사

- **분야** 수험서 전 분야
  수험서 집필 혹은 동영상 강의 촬영
- **요건** 관련 강사, 유튜버, 블로거 우대
- **혜택** 이기적 수험서 저자 · 강사 자격
  집필 경력 증명서 발급

감수자

- **분야** 수험서 전 분야
- **요건** 관련 전문 지식 보유자
- **혜택** 소정의 감수료
  도서 내 감수자 이름 기재
  저자 모집 시 우대(우수 감수자)

베타테스터

- **분야** 수험서 전 분야
- **요건** 관련 수험생, 전공자, 교사/강사
- **혜택** 활동 인증서 & 참여 도서 1권
  영진닷컴 쇼핑몰 30,000원 적립
  스타벅스 기프티콘(우수 활동자)
  백화점 상품권 100,000원(우수 테스터)

◀ 모집 공고 자세히 보기

이메일 문의하기 ✉ book2@youngjin.com

기억나는 문제 제보하고 N페이 포인트 받자!
기출 복원 EVENT

성명	이기적

수험번호: 2 0 2 4 1 1 1 3

Q. 응시한 시험 문제를 기억나는 대로 적어주세요!

① 365일 진행되는 이벤트　② 참여자 100% 당첨　③ 우수 참여자는 N페이 포인트까지

영진닷컴 쇼핑몰
30,000원

N Pay
네이버페이
포인트 쿠폰　20,000원

적중률 100% 도서를 만들어주신 여러분을 위한 감사의 선물을 준비했어요.

신청자격　이기적 수험서로 공부하고 시험에 응시한 모든 독자님

참여방법　이기적 스터디 카페의 이벤트 페이지를 통해 문제를 제보해 주세요.
　　　　　※ 응시일로부터 7일 이내의 시험 복원만 인정됩니다.

유의사항　중복, 누락, 허위 문제를 제보한 경우 이벤트 대상에서 제외됩니다.

참여혜택　영진닷컴 쇼핑몰 30,000원 적립
　　　　　정성껏 제보해 주신 분께 N페이 포인트 5,000~20,000원 차등 지급

이벤트 페이지 확인하기 ▶

이기적이
다 드립니다

여러분은 합격만 하세요! 이기적 합격 성공세트 BIG 2

저자가 직접 알려주는,
무료
동영상 강의

시간 단축 조리법부터
절대 실수하지 않는 방법까지!
조리법 순서대로 차근차근,
저자와 함께 만들어 보세요.

무엇이든 물어보세요,
1:1
질문답변

회원 수 14만, 조리기능사 자격증
최대 커뮤니티!
저자가 함께하는 '조리모' 카페를
적극 활용해 보세요.

※ 〈2025 이기적 떡제조기능사〉 교재를 구매한 회원에게만 드리는 자료입니다.

조리모 카페 방문하기 ▶

시험 환경 100% 재현!
CBT 온라인 문제집

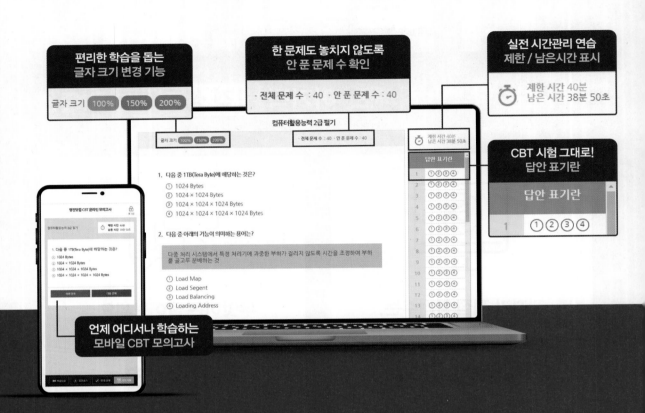

편리한 학습을 돕는 글자 크기 변경 기능
글자 크기 100% 150% 200%

한 문제도 놓치지 않도록 안 푼 문제 수 확인
· 전체 문제 수 : 40 · 안 푼 문제 수 : 40

실전 시간관리 연습
제한 / 남은시간 표시
제한 시간 40분
남은 시간 38분 50초

CBT 시험 그대로!
답안 표기란
답안 표기란
1 ① ② ③ ④

언제 어디서나 학습하는 모바일 CBT 모의고사

이용 방법

STEP 1
이기적 CBT
cbt.youngjin.com
접속

STEP 2
과목 선택 후
제한시간 안에
풀이

STEP 3
답안 제출하고
합격 여부
확인

STEP 4
틀린 문제는
꼼꼼한 해설로
복습

이기적 CBT

이렇게
기막힌
적중률

떡제조기능사
필기+실기 올인원

1권 · 필기

"이" 한 권으로 합격의 "기적"을 경험하세요!

YoungJin.com Y.
영진닷컴

차례

PART 04 ▶ 합격 강의

우리나라 떡의 역사 및 문화

PART 05

해설과 따로 보는 최신 기출문제

PART 06

정답 & 해설   1-208

구매 인증 PDF

CBT 온라인 문제집
cbt.youngjin.com

조리모 카페
cafe.naver.com/koreancook

※ 실기 무료 동영상 강의 : 이기적 유튜브 채널 접속 →
'이기적 떡제조' 검색 → 동영상 시청하기

이 책의 구성

STEP 01

꼼꼼하게 정리된 이론

다년간 분석한 기출문제의 출제빈도, 경향을 토대로 각 섹션마다 출제빈도를 상중하로 나눴습니다.

▶ 합격 강의

동영상 강의를 무료로 제공합니다.
QR 코드를 스캔하여 편리하게 이용하세요.

출제빈도 상 중 하

각 SECTION을 상 중 하 등급으로
나누었습니다.

빈출 태그 ▶

자주 출제되는 중요 단어를 정리했습니다.
해당 단어가 나오는 부분은 집중해서 보세요.

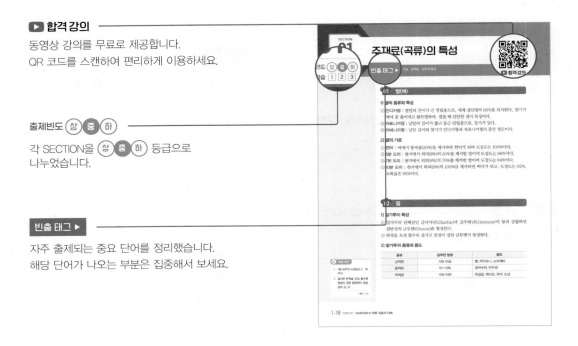

기적의 TIP

시험공부를 하며 꼭 알아야 하는 선생님의
노하우와 팁을 제시하였습니다.

개념 체크

이론을 학습하며 해당 페이지의 개념 체크로
가볍게 복습해 보세요.

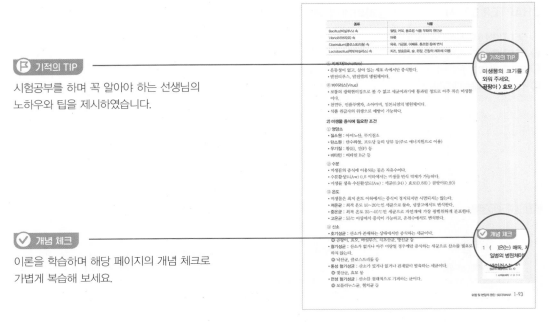

STEP 02

예상문제

CHAPTER 마다 배치된 합격을 다지는 예상문제로 이론을 복습하고 자신의 실력을 체크하세요.

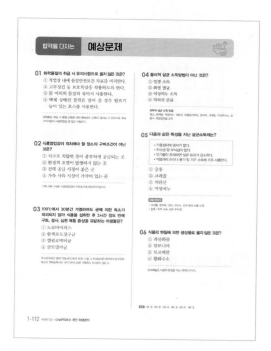

예상문제의 해설은 각 문제 바로 아래에서 확인할 수 있습니다. 헷갈리는 이론은 다시 돌아가 학습하세요.

STEP 03

최신 기출문제

해설과 따로 보는 최신 기출문제를 5회분 준비했습니다. 실전처럼 풀어보고 감각을 키워보세요.

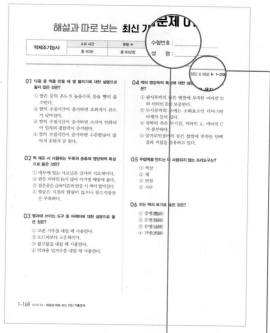

내 이름을 직접 적고 실제 시험처럼 시간을 재어 풀어보세요.

정답 & 해설 ▶ 1-208쪽

해당 시험지의 정답과 해설이 있는 페이지를 표기하였습니다. 풀이 후 바로 채점해 보세요.

시험의 모든 것

01 응시 자격 조건
남녀노소 누구나 응시 가능

02 원서 접수하기
- 큐넷(www.q-net.or.kr) 회원가입
- 시험일정에 맞게 온라인 접수
- 검정 수수료
  - 필기 : 14,500원
  - 실기 : 37,300원

03 시험 응시
- 수험표, 신분증, 계산기(필기)
- 조리복 & 조리도구(실기)
- 문항 및 시간
  - 필기 : 객관식 60문항 60분
  - 실기 : 작업형 2시간 정도

04 합격자 발표
큐넷(www.q-net.or.kr)에서 합격자 확인 가능

01 응시 자격

자격 제한 없음

02 원서 접수

필기 : 14,500원, 실기 : 37,300원
(접수 수수료 결제 마감 시한은 원서 접수 마감일 18:00시까지이며, 더 자세한 사항은 큐넷 홈페이지 확인 필요)

03 합격 기준

필기시험	100점을 만점으로 하여 60점 이상
실기시험	

04 합격자 발표

- 큐넷(www.q-net.or.kr)에서 발표
- 필기시험 합격예정자 및 최종합격자 발표시간은 해당 발표일 09:00

05 자격증 수령(신규발급)

신규발급 안내	인터넷 신청 후 우편배송

인터넷 발급방법	• 인터넷 발급 신청하여 우편수령
	• 접수기간 : 월요일~일요일(24시간) 연중무휴
	• 인터넷 발급신청이 가능한 경우
	   – 배송신청가능자 : 공단이 본인 확인용 사진을 보유한 경우(2005년 9월 이후 자격취득자 및 공인인증 가능자)
	• 신청 전 공단에 직접 방문하여야 하는 경우
	   – 공단에서 확인된 본인사진이 없는 경우
	   – 신분 미확인자인 경우(사진상이자 포함)
	   – 법령개정으로 자격종목의 선택이 필요한 경우
	• 인터넷 발급 시 비용
	   – 수수료 : 3,100원
	   – 배송비 : 3,010원

발급문의	32개 지부/지사

06 출제기준

출제 기준 바로보기

- 적용기간 : 2022.01.01.~ 2026.12.31.
- 필기시험

떡 제조 기초이론	떡류 재료의 이해, 떡의 분류 및 제조도구
떡류 만들기	재료 준비, 고물 만들기, 떡류 만들기, 떡류 포장 및 보관
위생 · 안전관리	개인 위생관리, 작업 환경 위생관리, 안전관리, 식품위생법 관련 법규 및 규정
우리나라 떡의 역사 및 문화	떡의 역사, 시 · 절식으로서의 떡, 통과의례와 떡, 향토 떡

- 실기시험

설기떡류 만들기	재료 준비하기, 재료 계량하기, 빻기, 찌기, 마무리하기
켜떡류 만들기	재료 준비하기, 재료 계량하기, 빻기, 고물 준비하기, 켜 안치기, 찌기, 마무리하기
빚어 찌는 떡류 만들기	재료 준비하기, 재료 계량하기, 빻기, 반죽하기, 빚기, 찌기, 마무리하기
빚어 삶는 떡	재료 준비하기, 재료 계량하기, 빻기, 반죽하기, 빚기, 삶기, 마무리하기
약밥 만들기	재료 준비하기, 재료 계량하기, 혼합하기, 찌기, 마무리하기
인절미 만들기	재료 준비하기, 재료 계량하기, 빻기, 찌기, 성형하기, 마무리하기
고물류 만들기	찌는 · 삶는 · 볶는 고물류 만들기
가래떡류 만들기	재료 준비하기, 재료 계량하기, 빻기, 찌기, 성형하기, 마무리하기
찌는 찰떡류 만들기	재료 준비하기, 재료 계량하기, 빻기, 찌기, 성형하기, 마무리하기
지지는 떡	재료 준비하기, 빻기, 지지기, 마무리하기
위생관리	개인 위생 관리하기, 가공기계 · 설비 위생 관리하기, 작업장 위생 관리하기
안전관리	개인 안전 준수하기, 화재 예방하기, 도구 · 장비 안전 준수하기

시험 출제 경향

PART 03   위생 안전관리

떡제조기능사 자격증을 포함한 모든 식품·가공 자격증 시험에서는 위생·안전관리에 관한 문제가 출제됩니다. 오염과 감염병 및 식중독 관련 이론을 정확히 파악하세요. 공정별 위해요소 관리 및 예방(HACCP)도 중요한 내용이니 반드시 알아두어야 합니다. 식품위생법 관련 법규와 규정도 익히도록 합니다.

01 개인 위생관리

빈출태그
식품 위생·질병, 미생물의 종류, 곰팡이, 세균, 바이러스, 기생충, 살균·소독, 감염병의 종류, 예방 대책, 살균과 소독의 종류, 식중독의 종류

02 작업 환경 위생 관리

HACCP의 정의, 목적, 적용순서

03 안전관리

안전관리, 사고, 예방, 조치, 안전한 조리 장비, 도구 관리

04 식품위생법 관련 법규 및 규정

신고와 허가업종, 식품의 공전, 소분업, 식품의약품안전처장

PART 04   우리나라 떡의 역사 및 문화

어떤 고문서에서 어떤 떡에 대해 기록했는지 암기하면 좋은 파트입니다. 떡의 역사적 기록을 통해 언제부터 우리 조상들이 떡을 만들어 먹기 시작했는지 추정할 수 있습니다. 시기, 절기별로 먹는 전통 떡에 대해서도 학습합니다. 지역적 특성이 드러나는 떡의 종류와 특징에 대해서도 알아두는 것이 좋습니다.

01 떡의 역사

빈출태그
시대별 떡의 특징, 조리서, 기록

02 시·절식 및 통과의례의 떡

시기별로 먹는 떡·유래, 절기별로 먹는 떡·유래, 통과의례, 삼칠일, 백일, 돌, 혼례, 회갑, 제례, 봉채떡

03 향토 떡

지역별 떡의 종류와 특징, 떡의 어원, 떡의 뜻

CBT 시험 가이드

CBT란?

CBT는 시험지와 필기구로 응시하는 일반 필기시험과 달리, 컴퓨터 화면으로 시험 문제를 확인하고 그에 따른 정답을 클릭하면 네트워크를 통하여 감독자 PC에 자동으로 수험자의 답안이 저장되는 방식의 시험입니다.

오른쪽 QR코드를 스캔해서 큐넷 CBT를 체험해 보세요!

큐넷 CBT 체험하기

CBT 필기시험 진행방식

본인 좌석 확인 후 착석 → 수험자 정보 확인 → 화면 안내에 따라 진행 → 검토 후 최종 답안 제출 → 퇴실

CBT 응시 유의사항

- 수험자마다 문제가 모두 달라요. 문제은행에서 자동 출제됩니다!
- 답지는 따로 없어요!
- 문제를 다 풀면, 반드시 '제출' 버튼을 눌러야만 시험이 종료되어요!
- 시험 종료 안내방송이 따로 없어요.

FAQ

Q CBT 시험이 처음이에요! 시험 당일에는 어떤 것들을 준비해야 좋을까요?

A 시험 20분 전 도착을 목표로 출발하고 시험장에는 주차할 자리가 마땅하지 않은 경우가 많으므로, 대중교통을 이용하는 것을 추천합니다. 무사히 시험 장소에 도착했다면 수험자 입장 시간에 늦지 않게 시험실에 입실하고, 자신의 자리를 확인한 뒤 착석하세요.

Q 기존보다 더 어려워졌을까요?

A 시험 자체의 난이도 차이는 없지만, 랜덤으로 출제되는 CBT 시험 특성상 경우에 따라 유독 어려운 문제가 많이 출제될 수는 있습니다. 이러한 돌발 상황에 대비하기 위해 이기적 CBT 온라인 문제집으로 실제 시험과 동일한 환경에서 미리 연습해두세요.

CBT 진행 순서

| 좌석번호 확인 | 수험자 접속 대기 화면에서 본인의 좌석번호를 확인합니다. |

⬇

| 수험자 정보 확인 | 시험 감독관이 수험자의 신분을 확인하는 단계입니다.
신분 확인이 끝나면 시험이 시작됩니다. |

⬇

| 안내사항 | 시험 안내사항을 확인하고, 다음을 클릭합니다. |

⬇

| 유의사항 | 시험과 관련된 유의사항을 확인합니다. |

⬇

| 문제풀이 메뉴 설명 | 시험을 볼 때 필요한 메뉴에 대한 설명을 확인합니다.
메뉴를 이용해 글자 크기와 화면 배치를 조정할 수 있습니다.
남은 시간을 확인하며 답을 표기하고, 필요한 경우 아래의 계산기를 이용할 수 있습니다. |

⬇

| 문제풀이 연습 | 시험 보기 전, 연습을 해 보는 단계입니다.
직접 시험 메뉴화면을 클릭하며, CBT가 어떻게 진행되는지 확인합니다. |

⬇

| 시험 준비 완료 | 문제풀이 연습을 모두 마친 후 [시험 준비 완료] 버튼을 클릭하면 시험 감독관의 지시에 따라 시험이 시작됩니다. |

⬇

| 시험 시작 | 시험이 시작되었습니다. 수험자분들은 제한 시간에 맞추어 문제풀이를 시작합니다. |

⬇

| 답안 제출 | 시험을 완료하면 [답안 제출] 버튼을 클릭합니다. 답안을 수정하기 위해 시험화면으로 돌아가고 싶으면 [아니오] 버튼을 클릭합니다. |

⬇

| 답안 제출 최종 확인 | 답안 제출 메뉴에서 [예] 버튼을 클릭하면, 수험자의 실수를 방지하기 위해 한 번 더 주의 문구가 나타납니다. 완벽히 시험 문제 풀이가 끝났다면 [예] 버튼을 클릭하여 최종 제출합니다. |

⬇

| 합격 발표 | CBT 시험이 모두 종료되면, 퇴실할 수 있습니다. |

이제 완벽하게 CBT 필기시험에 대해 이해하셨나요?

그렇다면 이기적이 준비한 CBT 온라인 문제집으로 학습해 보세요!

이기적 온라인 문제집 : https://cbt.youngjin.com

이기적 CBT
바로가기

PART

01

떡 제조 기초이론

떡류 재료의 이해

주재료(곡류)의 특성

▶ 합격 강의

01 쌀(벼)

1) 쌀의 종류와 특성

① 인디카형 : 쌀알의 길이가 긴 장립종으로, 세계 생산량의 90%를 차지한다. 찰기가 적어 잘 흩어지고 불투명하며, 씹을 때 단단한 것이 특징이다.
② 자포니카형 : 낟알의 길이가 짧고 둥근 단립종으로, 찰기가 있다.
③ 자바니카형 : 낟알 길이와 찰기가 인디카형과 자포니카형의 중간 정도이다.

2) 쌀의 가공

① 현미 : 벼에서 왕겨층(20%)을 제거하면 현미가 되며 도정도는 100%이다.
② 5분 도미 : 현미에서 외피(8%)의 50%를 제거한 쌀이며 도정도는 96%이다.
③ 7분 도미 : 현미에서 외피(8%)의 70%를 제거한 쌀이며 도정도는 94%이다.
④ 10분 도미 : 현미에서 외피(8%)의 100%를 제거하면 백미가 되고, 도정도는 92%, 소화율은 98%이다.

02 밀

1) 밀가루의 특성

① 밀가루의 단백질인 글리아딘(Gliadin)과 글루테닌(Glutenin)이 물과 결합하면 점탄성의 글루텐(Gluten)을 형성한다.
② 반죽을 오래 할수록 질기고 점성이 강한 글루텐이 형성된다.

2) 밀가루의 종류와 용도

종류	글루텐 함량	용도
강력분	13% 이상	빵, 마카로니, 스파게티
중력분	10~13%	칼국수면, 만두피
박력분	10% 이하	튀김옷, 케이크, 쿠키, 도넛

✔ 개념 체크

1 7분 도미의 도정도는 (   )% 이다.

2 밀가루 반죽을 오래 할수록 점성이 강한 글루텐이 형성 된다. (O, X)

1 94 2 O

03 보리

1) 보리의 특성

① 쌀, 밀, 옥수수와 함께 세계 4대 작물이다.

② 식이섬유, 비타민, 단백질이 풍부하지만 필수아미노산인 트립토판과 라이신의 함량이 적은 편이다.

2) 보리의 가공

① **정맥** : 깨끗하게 껍질을 벗긴 보리

② **할맥** : 보리를 2등분한 후 쌀처럼 정제한 보리

③ **압맥** : 기계로 누른 보리

④ **엿기름** : 보리, 밀 등의 곡류를 발아시켜 만든 것으로 맥주, 주정, 물엿, 식혜 등 제조에 이용

주재료(곡류)의 성분

▶합격 강의

빈출 태그 ▶ 아밀로오스 · 아밀로펙틴

01 전분의 구조

① 곡류의 주성분은 탄수화물이며 탄수화물은 대부분이 전분으로 구성되어 있다.
② 멥쌀은 아밀로오스 20%, 아밀로펙틴 80%로 구성되어 있다.
③ 찰옥수수, 찰보리, 찹쌀 등의 곡류는 대부분이 아밀로펙틴으로 구성되어 있다.
④ 요오드에 찹쌀은 적갈색, 멥쌀은 청자색의 반응을 띤다.

> 🅑 기적의 TIP
>
> 멥쌀가루에는 20%의 아밀로 오스가 있어 요오드와 반응 하면 청자색으로 변한다.

아밀로오스(Amylose)	아밀로펙틴(Amylopectin)
• 500~2000개의 글루코오스가 중합	• 100~수십만 개의 글루코오스가 중합
• α−1,4 결합	• α−1,4 결합과 α−1,6 결합
• 직쇄 구조	• 직쇄 구조에 가로로 연결
• 엉키는 성질	• 끈기 있는 성질

주재료(곡류)의 조리원리

▶ 합격강의

빈출 태그 ▶ 호화 · 노화

01 전분의 호화(α화)

① 날것의 전분 상태를 베타전분(β전분)이라고 한다. 이 베타전분을 물로 가열하면 분자에 금이 생겨 물 분자가 전분으로 들어가 팽윤하고, 점성이 높은 반투명의 콜로이드★ 상태가 되는데, 이것을 전분의 호화라고 한다.

② 쌀이 밥 혹은 떡이 되는 과정이다.

③ 전분의 호화에 영향을 끼치는 조건

- 가열 온도가 높을수록
- 쌀의 도정도가 클수록
- 수침 시간이 길수록
- 물이 알칼리성일 때
- 전분의 입자가 클수록

★ 콜로이드
미립자가 기체 또는 액체 중에 분산된 상태로 되어 있는 전체

02 전분의 노화(β화)

① 호화된 α전분이 실온이나 냉장 온도에 오래 방치되었을 때 날전분의 구조로 변화하는 것이다.

예 밥이나 떡이 굳는 것

② 전분이 노화되기 쉬운 조건

- 수분이 30~60%일 때
- 온도가 0~5℃일 때
- 전분 분자 중 아밀로오스의 함량이 많을수록

③ 노화의 방지책

- 수분함량을 15% 이하로 한다.
- 유화제를 첨가한다.
- 0℃ 이하로 동결시키거나 60℃ 이상으로 온장한다.
- 설탕을 첨가한다.
- 식이섬유소를 첨가한다.

🅑 기적의 TIP

2019년 필기시험에 노화의 방지책을 묻는 문제가 나왔어요.

✅ 개념 체크

1 전분 분자 중 (   )의 함량이 많을수록 전분이 노화되기 쉽다.

2 소금을 첨가하면 전분의 노화를 방지할 수 있다. (O, X)

1 아밀로오스 2 X

날전분(β전분) ──물+가열 / 호화──▶ 익은 전분(α전분) ──실온, 냉장 / 노화──▶ 날전분(β전분)

03 전분의 호정화(Dextrin화)

① 전분을 160℃ 이상의 건열로 가열하여 여러 단계의 가용성 전분을 거친 후 덱스트린으로 분해되는 과정이다.
② 물에 잘 녹고 오래 저장할 수 있다.
　예 뻥튀기, 미숫가루, 팝콘, 강냉이, 냉동빵 등

04 전분의 당화

전분에 묽은 산을 넣고 가열하여 최적 온도를 유지하면 포도당으로 가수분해된다.
　예 식혜, 엿

부재료의 종류 및 특성

▶ 합격강의

빈출 태그 ▶ 떡에 많이 사용하는 부재료의 영양학적 특징

01 옥수수

① 옥수수의 특성
- 밀, 벼와 함께 세계 3대 곡류이다.
- 옥수수를 통으로 조리할 때의 소화율은 30%, 가루를 내면 80~90%로 높아진다.
- 비타민 B, 카로티노이드, 펙틴을 함유하고 있고, 옥수수 씨눈에는 올레산, 리놀레산 불포화지방산과 레시틴, 비타민 E가 풍부하다.

② 옥수수의 이용 : 옥수수떡, 옥수수빵, 옥수수 막걸리, 옥수수유, 옥수수차, 옥수수 수프 등

02 수수

① 수수의 특성
- 종피에 탄닌과 색소가 있어 소화율이 낮다.
- 아연, 철, 인, 비타민 B군이 풍부하다.
- 동의보감 : 수수는 맛이 달고 깔깔하다. 성질이 따뜻하고 속을 따뜻하게 할 수 있고 장의 기능을 조절하여 설사를 멈추게 한다.

② 수수의 이용 : 수수개떡, 수수경단, 수수팥떡, 수수부꾸미, 고량주 등

03 메밀

① 메밀의 특성
- 메밀의 주성분은 녹말이다.
- 단백질, 라이신, 알기닌, 트립토판 등의 필수아미노산과 함께 철, 비타민 B_1, B_2, D 가 풍부하다.
- 본초강목 : 정신을 맑게 하고 오장의 노폐물을 훑는다.
- 본초식감 : 마음을 평온하게 한다.

② 메밀의 이용 : 메밀전, 메밀국수, 메밀차, 메밀묵 등

> ✔ 개념 체크
>
> 1 수수에는 탄닌이 있어 소화율이 높다. (O, X)
>
> 1 X

04　조

① 조의 특성
- 메조는 전분이 많고, 차조는 단백질과 지질이 많아 밥에 찰기를 준다.
- 무기질, 티아민이 풍부하다.

② 조의 이용 : 엿, 오메기떡, 차좁쌀떡, 소주, 종국 등

05　서류

종류	특성
감자	• 탄수화물 급원 식품 • 비타민 B, 비타민 C 풍부 • 감자송편, 전, 옹심이
고구마	• 비타민 B, 비타민 C 풍부 • 자색고구마로 자색 식품 표현
마	• 소화 작용 효소가 많아 소화 촉진 • 서여, 산약
토란	토란병(떡)을 만드는 데 사용

06　물(수분)

1) 물의 특징

① 인체의 60~65%는 수분으로 구성되어 있으며 인체 내에서 음식물의 소화, 운반, 체온 조절 등의 생리적 작용을 하는 데 성인 기준 하루 2~3L의 물이 필요하다.
② 신체를 구성하는 물은 10%가 상실되면 생리적 이상이 오고 20% 이상 상실되면 생명이 위험하다.
③ 물은 인간이 생명 유지를 하는 데 공기, 음식과 함께 기본 요소이다.

2) 결합수와 자유수

결합수	자유수
• 용질에 대하여 용매로 작용하지 않는다. • 건조로 쉽게 제거되지 않는다. • −20℃에서도 동결되지 않는다. • 미생물 증식에 이용되지 못한다. • 밀도가 크다.	• 전해질을 잘 녹인다(용매 작용). • 건조로 쉽게 제거된다. • 0℃ 이하에서 쉽게 동결된다. • 미생물의 번식과 발아에 이용된다. • 표면 장력, 점성, 비열이 크다.

✓ 개념 체크

1 마에는 소화 작용 효소가 많아 소화를 촉진한다. (O, X)

2 건조로 쉽게 제거되지 않는 물은 (　)이다.

1 O 2 결합수

3) 경수와 연수

경수	연수
• 칼슘, 마그네슘 등 광물질을 많이 함유한 물 • 운동 후, 임신부, 변비에 적합	• 광물질의 양이 낮은 물 • 녹차, 홍차, 밥, 육수에 적합

4) 수분활성도(Water Activity)

① 수분활성도의 정의
- 어떤 임의의 온도에서 순수한 물의 수증기압에 대한 그 식품이 나타내는 수증기압을 말한다.
- 순수한 물의 수증기압은 1이고, 식품의 수증기압은 순수한 물의 수증기압보다 작으므로 Aw ＜ 1이다.

② 수분활성도의 공식

$$수분활성도(Aw) = \frac{식품이\ 나타내는\ 수증기압(P)}{순수한\ 물의\ 최대수증기압(P_0)} = \frac{용질의\ 증기압}{용매의\ 증기압}$$

$$= \frac{용매의\ 몰수}{용매의\ 몰수 + 용질의\ 몰수}$$

$$= \frac{용매의\ \dfrac{농도}{분자량}}{용매의\ \dfrac{농도}{분자량} + 용질의\ \dfrac{농도}{분자량}}$$

③ 수분활성도에 따른 미생물 번식
- 세균 : 0.90~0.95
- 효모 : 0.88~0.90
- 곰팡이 : 0.65~0.80

④ 식품의 수증기압
- 채소, 과일, 어류, 육류 : 0.98~0.99
- 건조식품, 쌀, 콩 : 0.60~0.64
- 분유, 시리얼 : 0.2

07 소금

1) 소금의 종류

① 천일염(호렴) : 절이는 용도로 많이 사용하는 가공되지 않은 굵은 소금
② 자염 : 갯벌 흙을 해수로 투과시켜 만든 함수를 끓여서 제조한 소금
③ 정제염 : 해수를 이온교환수지방식으로 불순물과 중금속을 제거한 순도 높은 정제 소금

✔ 개념 체크

1 갯벌 흙을 해수로 투과시켜 만든 함수를 끓여서 제조한 소금을 (   )(이)라고 한다.

1 자염

④ **재제염** : 소금을 물에 녹여 불순물을 제거한 일명 꽃소금

⑤ **가공염** : 볶음, 태움 등의 방법으로 원형을 변형하거나 식품첨가물을 더하여 가공한 소금

⑥ **식탁염** : 식성에 따라 간을 맞추어 먹도록 식탁 위에 놓는 고운 소금

08 감미료

1) 감미료의 종류

① 설탕

- 포도당과 과당이 결합된 것을 말한다.
- 설탕을 가수분해하여 얻어지는 포도당과 과당의 1:1 혼합물로서, 자당보다 단맛이 강하고, 강한 환원력을 갖는 것을 전화당(Invert Sugar)이라고 한다.
- 과일, 채소류, 사탕수수, 사탕무

② 꿀

- 꿀벌이 모은 화밀을 농축한 것을 말한다.
- 천연 감미료로 감미도★가 높고, 고유의 향과 맛을 갖고 있다.
- 엽산, 철분이 많아 빈혈, 설사, 변비에 좋다.

★ 감미도
설탕, 꿀 따위 같은 당분이 있는 것에서 느끼는 맛의 정도

③ 조청

전분을 가열하여 호화시킨 후 엿기름을 첨가하여 당화, 농축해 얻어진 감미료이다.

④ 올리고당

- 3~6개의 단당류가 결합된 당이다.
- 소화되지 않는 당으로 충치를 예방한다.
- 감미도는 설탕의 30~70% 정도이고, 칼로리는 2kcal/g이다.
- **프락토 올리고당** : 설탕에 프락타아제 효소가 작용하여 분해되어 있는 당으로 포도당과 과당이 결합되어 있다.
- **이소말토 올리고당** : 전분에서 가수분해되어 포도당으로 이루어져 있다.
- **라피노오스(Raffinose)** : 포도당, 과당, 갈락토오스로 이루어진 삼당류이다.
- **스타키오스(Starchyose)** : 포도당, 과당, 갈락토오스 2분자로 이루어진 사당류이다.

⑤ 사카린

설탕의 300배에 달하는 단맛을 내는 저칼로리 인공감미료이다.

⑥ 스테비오사이드

- 스테비아 잎에 함유되어 있는 물질이다.
- 설탕의 200~300배의 단맛을 내는 인공감미료이다.
- 소주, 드링크, 껌, 시럽에 많이 사용한다.

⑦ 아스파탐

- 설탕의 100~150배의 단맛을 내는 저칼로리 인공감미료이다.
- 맛이 깔끔하여 음료에 많이 사용한다.

2) 탄수화물의 감미도

유당(16) 〈 갈락토오스(33) 〈 맥아당(60) 〈 포도당(74) 〈 설탕(100) 〈 전화당
(85~130) 〈 과당(170)

09 유화제

1) 유화제의 정의

① 서로 혼합되지 않는 2종류의 액체를 유화시키려는 목적으로 첨가하는 식품첨가물
이다.
② 떡에 유화제 첨가 시 노화현상을 지연시킨다.

2) 유화제의 종류

① 유화제SP : 기포안정성, 유화 안정성, 보습력, 노화 방지 효과를 지닌 유화기포제
이다.
② 모노글리세라이드 : 글리세린에 지방산이 결합한 것으로, 유화제로 널리 사용되고
있다.

10 향신료

1) 향신료의 작용

① 특수한 향기와 맛으로 음식에 풍미를 주고 식욕을 촉진시킨다.
② 육류나 생선의 좋지 못한 냄새를 완화시킨다.
③ 곰팡이, 효모의 발생, 부패균의 증식을 억제한다.
④ 소화효소 등의 작용을 활성화하고, 정장제로서의 작용을 한다.

2) 향신료의 종류

① 생강 : 특수성분은 진저롤(Gingerol)이고 육류, 생선의 냄새를 없애며 식욕 증진
과 연육 작용을 한다. 생강은 식품이 익은 후에 넣는 것이 냄새를 제거하는 데 효
과적이다.
② 후추 : 특수성분은 캐비신(Chavicine)이고 육류와 어류의 살균작용을 한다.
③ 계피 : 방향, 쓴맛, 매운맛을 갖고 있다.
④ 바닐라 : 디저트에 쓰이는 대표적인 향신료로 바닐라콩을 건조, 발효하는 반복 작
업으로 만든다. 가벼운 계피 향과 특유의 달콤한 향이 진하게 난다.

✅ 개념 체크

1 탄수화물의 감미도는 과당,
포도당, 갈락토오스, 설탕
순으로 높다. (O, X)
2 (   )는 육류와 어류의 살균
작용을 한다.

1 X 2 후추

11 발색제

1) 발색제의 종류

① **빨간색(홍색, 적색)** : 백년초, 오미자, 지초(지치), 맨드라미, 연지, 차조기, 비트, 딸기, 잇꽃(홍화), 코치닐★(연지벌레) 등

② **자색** : 흑미, 적두, 대추, 송기, 자색고구마, 포도, 복분자 등

③ **황색** : 송화, 치자, 샤프란, 단호박, 울금, 노란콩 등

④ **녹색** : 쑥, 시금치, 녹차, 청태, 신감초, 모싯잎, 승검초 등

⑤ **검은색** : 석이버섯, 흑임자, 흑미, 검은콩 등

⑥ **갈색** : 계피, 간장, 꿀, 코코아 가루, 대추고, 송진 등

⑦ **식용 타르색소**
- **녹색** : 식용색소녹색제 3호
- **적색** : 식용색소적색제 2, 3, 40, 102호
- **청색** : 식용색소청색제 1, 2호
- **황색** : 식용색소황색제 4, 5호

★ 코치닐
선인장과의 식물에 기생하는 연지
벌레의 암컷을 건조시켜 얻은 붉
은색 염료

2) 발색제의 색소

색	색소
녹색	클로로필(Chlorophylls)
황색, 흰색	카로티노이드(Carotenoids), 플라보노이드(Flavonoids)
홍색, 자색	안토시아닌(Anthocyanins), 베타레인(Betalains)
갈색	타닌(Tannins)

3) 발색제의 사용

① 발색제는 보통 쌀 무게의 2% 정도가 필요하다.

② 채소 분말은 수분함량이 매우 적으므로 사용하는 채소 분말과 동량의 물을 더 넣어 준다. 천연 분말일 경우 제조 후 일정 기간이 지나면 분말 상태에서는 색이 유지되고 있더라도 가열 시에는 색이 사라진다.

③ 생과일은 수분함량이 많으므로 쌀에 첨가하는 물의 양을 과일 첨가량에 따라 감소시켜야 한다.

④ 쑥, 시금치, 모싯잎과 같이 섬유질이 많은 채소를 사용할 경우 이물질과 질긴 섬유질을 제거하고 깨끗이 씻어 물기를 빼 쌀과 함께 분쇄하여 사용한다. 이때 채소에도 수분함량이 많으므로 첨가하는 채소량의 80%는 본래의 물 첨가량에서 제외한다. 잎만 떼어 말려 분말로 사용하거나, 끓는 물에 삶아 꼭 짜서 쓸 만큼씩 덩어리로 싸서 냉동 보관하였다가 필요할 때 해동하여 사용한다.

⑤ 치자를 물에 우리면 노란색이 되어 이를 천연 색소로 사용한다. 씻어서 반을 갈라 따뜻한 물에 담가 두면 노란색의 물이 나오는데 진한 색을 낼 때에는 물을 조금만 넣어 우려낸다. 치자를 보관할 때에는 밀봉 후 냉동실에서 변색과 건조를 방지하며 사용한다.

⑥ 단호박 껍질을 벗겨 얇게 썰어 말렸다가 분쇄기에 갈아 체로 쳐서 고운 가루를 만들거나 찜통에 넣어 무르게 쪄 낸 후 으깨어 냉동시켰다가 해동하여 멥쌀가루와 섞어 체로 치거나 송편 등의 반죽에 사용한다.

⑦ 오미자는 단맛, 신맛, 쓴맛, 짠맛, 매운맛의 다섯 가지의 맛을 내는 열매로, 물에 담가 우린 다음 면 보자기로 걸러 붉은 물을 사용한다. 끓이거나 더운물에서 우리면 쓴맛과 떫은맛이 나므로 찬물에서 우려야 한다. 각종 편의 색을 낼 때 사용하며 신맛이 강해 오미자를 쓸 때는 설탕의 양을 조금 더 늘리는 게 좋다.

12 채소 및 과일류

기적의 TIP

떡에 넣는 채소 및 과일의 특징과, 첨가 시 영양학적으로 쌀에 부족한 어떤 비타민이 보충되는지 알아 두세요.

종류	특성
쑥	• 말려서 가루로 만들어 착색료로 사용 • 비타민 A, 비타민 C, 무기질이 풍부 • 쑥버무리, 쑥개떡, 쑥떡, 국 등
상추	• 수분, 철분 함유 • 스트레스, 불면증에 도움 • 떡에도 이용 가능
무	• 비타민 C 함유 • 소화효소 디아스타아제, 프로테아제 등이 있어 쌀의 소화에 도움
호박	• 식이섬유가 풍부해 배변 활동, 부기, 다이어트에 도움 • 떡, 죽, 수프, 반찬류
사과	• 식이섬유, 펙틴이 풍부 • 잼, 건과일, 식초, 샐러드, 주스 등
배	• 기관지, 감기에 좋은 과일 • 비타민 B, 비타민 C 풍부
감	• 배탈, 숙취, 고혈압에 좋음 • 홍시, 곶감 다양한 형태로 떡에 많이 사용
유자	• 청, 잼, 음료에 사용 • 떡 소에 넣어 향미를 부여
모과	청, 잼, 음료에 사용
대추	• 비타민 C, 칼슘, 철 영양분 함유 • 떡고물, 소, 부재료 등 다양하게 사용

13 종실류

종류	특성
잣	• 백자, 송자, 해송자, 실백 • 올레인산, 리놀레산, 마그네슘, 비타민 E 풍부
밤	• 5대 영양소, 비타민 B₁, 비타민 C가 풍부한 식품 • 황률(말린 밤)로 고서에 많이 사용 • 떡에 고명, 앙금 등으로 이용
호두	• 비타민 A, 비타민 B, 오메가-3 지방산, 리놀렌산 풍부 • 고려 시대에 들어와 처음 재배한 곳은 천안
아몬드	필수영양소, 비타민 E 풍부
호박씨	강정, 떡의 고명으로 사용
흑임자	흑임자죽, 흑임자떡, 흑임자강정
참깨	• 깨강정, 고물, 떡, 죽 • 삼국유사, 삼국사기에 혼수품으로 진유(참기름) 기록 • **실임자** : 껍질을 벗긴 깨
들깨	들깨죽, 엿, 탕, 깻잎

14 두류

기적의 TIP

떡에 많이 사용하는 검은콩, 적두, 녹두, 완두, 땅콩 등의 특징에 대해 알아 두세요.

종류	특성
노란콩	• 황두, 황대두, 메주콩 • 두부, 된장, 간장 등에 사용
동부	• 강두, 동부콩, 돈부 등 • 단백질, 지질 함량이 낮고 탄수화물 함량 높음 • 청포묵, 앙금 등을 만들 때 이용
검은콩	• 오두, 서리태, 서목태, 흑태, 흑청 등 • 비타민 E가 풍부하나 비타민 C가 부족
적두	• 팥, 소두, 적소두 등 • 비타민 B₁, 사포닌 풍부 • 앙금, 팥죽 등에 이용
강낭콩	• 칼슘, 칼륨, 아연, 미네랄 풍부 • 떡, 빵, 과자의 내용물로 이용
녹두	• 리놀레산, 리놀렌산 풍부 • 찬 성질 • 청포묵, 숙주나물, 녹두전, 고물로 이용
완두	• 탄수화물, 단백질, 비타민 B₁, 비타민 A 풍부 • 완두배기로 빵, 떡에 많이 사용
땅콩	• 고지방, 고단백, 칼륨, 비타민 B₁, 비타민 B₂, 비타민 E 풍부 • 잘못된 저장 시 곰팡이독소 아플라톡신 생성 • 밥, 수프, 샐러드, 땅콩버터, 조림에 이용

떡류 재료의 영양학적 특성

▶ 합격 강의

빈출 태그 ▶ 영양소 · 탄수화물 · 지질 · 단백질 · 비타민 · 무기질

01 영양소의 기능 및 영양소 섭취기준

1) 식품

① 식품의 정의

- 모든 음식물(의약으로 섭취하는 것은 제외)을 말한다.
- 한 종류 이상의 영양소를 가지며, 유해물이 없는 천연물 또는 가공품을 말한다.

② 5가지 기초식품군

영양소	식품류	식품명
단백질	콩, 알, 생선류, 육류	소고기, 돼지고기, 닭고기, 달걀, 콩, 된장
칼슘	우유, 유제품, 뼈째 먹는 생선류	우유, 멸치, 뱅어포, 새우, 치즈
비타민 및 무기질	녹황색 채소류, 과일류, 해조류	당근, 배추, 사과, 토마토, 다시마, 파래
탄수화물	곡류, 서류, 전분류	쌀, 감자, 고구마, 설탕
유지	식물성, 동물성, 가공 유지	콩기름, 참기름, 마가린, 버터, 깨

③ 식품구성자전거

2020년도에 개정된 '2020 한국영양섭취기준 1차 개정 자료'에 따르면 식품군을 '곡류', '고기 · 생선 · 달걀 · 콩류', '채소류', '과일류', '우유 · 유제품류', '유지 · 당류'의 총 6가지로 구분하였다.

[식품구성자전거 / 자료출처 : 보건복지부, 2020 한국인 영양소 섭취기준]

✓ 개념 체크

1 식품구성자전거에서는 식품군을 곡류, 고기 · 생선 · 달걀 · 콩류, 채소류, 과일류, 우유 · 유제품류, ( )의 총 6가지로 구분하였다.

1 유지 · 당류

④ 소비성에 의한 식품의 분류

- **즉석식품** : 시간과 수고가 들지 않고 극히 간단한 수법으로 조리하여 바로 먹을 수 있는 저장식품이다.
- **레토르트식품** : 알루미늄으로 만든 주머니나 봉지에 넣은 다음, 고압살균솥(레토르트)에서 고온으로 멸균하고 밀봉한 식품이다.
- **강화식품** : 천연식품에 원래 함유되지 않은 성분을 보충하고 영양 가치를 높이거나 손실된 영양성분을 첨가한 식품이다.
  예 강화미(비타민 B_1 강화), 마가린(비타민 A, 비타민 D 강화)

⑤ 식품의 성분

2) 영양의 정의

① 영양과 영양소의 정의

- **영양** : 생리작용을 유지하는 물질적인 현상이다.
- **영양소** : 영양을 유지하기 위해서 외부로부터 받아들이는 물질이다.

② 영양소의 기능

- **체조직 구성식품** : 단백질, 무기질
- **생리작용 조절식품** : 무기질, 비타민
- **3대 영양소** : 탄수화물, 단백질, 지질

③ 칼로리(열량) 계산

- **당질** : 4kcal/g
- **단백질** : 4kcal/g
- **지질** : 9kcal/g
- **알코올** : 7kcal/g
- (탄수화물의 양×4) + (단백질의 양×4) + (지질의 양×9) = 총열량

④ 영양소 섭취기준

- 성인 남성의 기초대사량은 1,400~1,800kcal, 성인 여성은 1,200~1,400kcal이다.
- 성인 남성의 하루 권장섭취량은 2,400~2,800kcal, 성인 여성은 1,800~ 2,200 kcal이다.

⑤ 단백질 계산

- 조단백질★ = 질소함량×6.25
- 질소계수 = 100÷질소함량(%)

★ 조단백질(Crude Protein)
가공하지 않은 순수한 단백질

1) 단당류

더 이상 가수분해되지 않는 당류로, 탄소수에 따라 4탄당, 5탄당, 6탄당, 7탄당 등으로 나눈다.
- **예** • 5탄당 : 리보오스(Ribose), 아라비노오스(Arabinose), 자일로스(Xylose)
  - 6탄당 : 포도당, 과당, 갈락토오스, 만노오스, 소르보스

① 포도당(Glucose)
- 혈액 중에 혈당으로 0.1% 정도 존재한다.
- 맥아당, 유당, 설탕, 전분, 글리코겐의 구성 성분이다.
- 인슐린 부족 시 소변으로 포도당이 배설된다.

② 과당(Fructose)
- 과일, 꽃, 벌꿀 중에 존재한다.
- 가장 감미도가 크다.

③ 갈락토오스(Galactose)
- 한천을 구성하는 당으로, 젖과 우유에 함유하고 있다.
- 유당의 구성성분이다.
- 뇌, 신경조직을 구성한다.

2) 이당류

단당류가 2개 결합된 것을 말한다.

① 자당(Sucrose, 설탕, 서당)
- 포도당과 과당의 결합된 당이다.
- 과일, 채소류, 사탕수수, 사탕무
- 비환원당
- 설탕을 가수분해하여 얻어지는 포도당과 과당의 1:1 혼합물로 자당보다 단맛이 강하고, 강한 환원력을 갖는 것을 전화당(Invert Sugar)이라고 한다.

② 맥아당(Maltose)
- 포도당과 포도당의 결합된 당이다.
- 전분에 아밀라아제가 작용할 때 생성된다.
- 엿기름, 물엿

③ 유당(Lactose)
- 갈락토오스와 포도당의 결합된 당이다.
- 체내 성장 촉진, 뇌 신경조직에 중요한 역할을 한다.
- 살균작용, 정장작용에 도움을 준다.

> ✓ **개념 체크**
>
> 1 설탕을 가수분해하여 얻어지는 포도당과 과당의 1:1 혼합물로, 자당보다 단맛이 강하고, 강한 환원력을 갖는 것을 ( )이라고 한다.
>
> 2 포도당과 포도당이 결합된 당으로, 전분에 아밀라아제가 작용할 때 생성되는 탄수화물은 ( )이다.
>
> 1 전화당 2 맥아당

3) 다당류

① 전분(Starch)
- 포도당 수천, 수백 개가 중합한다.
- 식물 뿌리, 줄기, 잎 등에 존재한다.
- 아밀로오스와 아밀로펙틴으로 구성된다.
- 요오드에 멥쌀은 청자색, 찹쌀은 붉은색(적갈색)으로 반응을 띤다.

② 섬유소(Cellulose)
- 자연계에 널리 분포되어 있다.
- 소화가 불가능하여 영양학적 가치는 없으나 소화 운동을 촉진시킨다.

③ 펙틴(Pectin)
- 세포와 세포 사이, 세포막에 존재한다.
- 과일, 해조류 등에 함유되어 있다.

④ 만난(Manan)
- 곤약만난으로 불리며, 만노오스와 포도당으로 결합된다.
- 난소화성으로 저칼로리이다.

⑤ 한천(Agar) : 홍조류를 동결건조한 식품이며 갈락탄 형태로 존재한다.

⑥ 알긴산(Alginic Acid) : 갈조류의 세포막 성분이며 미역, 다시마에 함유되어 있다.

⑦ 글리코겐(Glycogen) : 동물의 간, 근육에 존재. 요오드에 적갈색 반응을 띤다.

⑧ 키틴(Chitin) : 새우, 갑각류의 껍질에 함유되어 있다.

⑨ 이눌린(Inulin) : 과당의 결합. 우엉, 돼지감자의 성분이다.

⑩ 리그닌(Lignin) : 목재, 대나무, 짚에 함유되어 있는 복잡한 화합물이다.

4) 탄수화물의 기능과 특성

① 탄소(C), 수소(H), 산소(O)로 구성되어 있다

② 지방의 완전연소를 위해서 필요(필수영양소)하다.

③ 곡류, 감자류, 설탕류 등의 성분이다.

④ 1g당 4kcal의 열량을 내고, 총열량의 65% 섭취가 적당하다.

⑤ 많이 먹으면 지방으로 되어 근육이나 글리코겐으로서 간에 저장된다.

⑥ 혈당성분을 유지(0.1%)시켜 준다.

⑦ 간의 해독 작용을 한다.

⑧ 단백질의 절약작용을 한다.

5) 당용액으로 만든 식품

① 결정형 캔디 : 퐁당

② 비결정형 캔디 : 캐러멜, 마시멜로, 젤리

1) 지방산의 분류

① 단순지질 : 유지, 납, 콜레스테롤에스터
② 복합지질 : 인지질, 당지질, 단백지질, 황지질
③ 유도지질★ : 지방산, 탄화수소, 고급알코올, 콜레스테롤, 에르고스테롤

2) 요오드가에 따른 분류

① 요오드가란 유지 100g 중 불포화 결합에 첨가되는 요오드의 g 수를 말한다.
② 분류

종류	요오드가	식품
건성유	130 이상	• 들깨, 아마인, 호두, 잣 • 공기 중에서 쉽게 건조됨
반건성유	100~130	면실유, 참기름, 유채
불건성유	100 이하	• 땅콩, 올리브 • 공기 중에서 쉽게 건조되지 않음

3) 지방산의 구조

구분	포화지방산	불포화지방산
이중결합	×	○
융점	높음	낮음
요오드가	낮음	높음
형태	고체	액체
식품	동물성 지방, 버터, 소·돼지기름	식물성 지방
종류	팔미트산, 스테아린산, 뷰티르산	리놀레산, 리놀렌산, 아라키돈산, 올레산

4) 필수지방산(비타민 F)

• 불포화지방산 중에서 영양상 필수적으로 체내에서 합성이 될 수 없어 반드시 음식물로 섭취해야 하는 지방산이다.
• 신체 성장 유지, 생리적 과정의 정상적인 기능을 유지하도록 돕는다.
• 혈액 내 콜레스테롤의 양을 감소시킨다.
• 생체막의 중요한 구성성분이다.
• 리놀레산, 리놀렌산, 아라키돈산

지방산	탄소수 : 이중결합수
올레산(Oleic acid)	18 : 1
리놀레산(Linoleic acid)	18 : 2
리놀렌산(Linolenic acid)	18 : 3
아라키돈산(Arachidonic acid)	18 : 4

★ 유도지질
단순지질 및 복합지질의 가수분해 산물 중 지용성인 것

요오드의 결핍과 과잉
요오드의 섭취가 부족하면 갑상선종, 임신부의 유산, 기형아 출산 등의 발생이 높아진다. 반대로 요오드를 과잉 섭취하면 갑상선호르몬의 합성이 저해된다.

5) 유화

① 유중수적형(W/O) : 지방 중에 물이 분산된 형태

　　예 마가린, 버터

② 수중유적형(O/W) : 수분 중에 지방이 분산된 형태

　　예 우유, 마요네즈, 아이스크림

6) 지질의 기능과 특성

① 탄소(C), 수소(H), 산소(O)로 구성되어 있다

② 지방산 3분자와 글리세롤의 에스테르 결합이다.

③ 물에 녹지 않고, 유기용매에 녹는다.

④ 1g당 9kcal의 열량을 내고, 총열량의 20% 섭취가 적당하다.

⑤ 필수 지방산, 지용성 비타민의 체내 운반 및 흡수를 도와준다.

⑥ 장기보호 및 체온 조절을 돕는다.

04　단백질

1) 아미노산의 특징

① 단백질은 체내에서 가수분해되어 아미노산으로 흡수되고 필요에 따라 단백질로 다시 합성한다.

② 20여 종의 아미노산이 존재한다.

2) 아미노산의 종류

① 중성 아미노산 : 글리시닌, 알라닌, 발린, 루신, 이소루신, 트레오닌, 시스테인, 메티오닌, 시스틴

② 산성 아미노산 : 글루탐산, 글루타민

③ 염기성 아미노산 : 알기닌, 히스티딘, 리신

3) 필수아미노산

① 필수 양을 반드시 음식물에서 섭취해야 한다.

② 성인 : 발린, 이소루신, 루신, 페닐알라닌, 트립토판, 메티오닌, 리신, 트레오닌

③ 성장기 어린이, 회복기 환자 : 성인 필수아미노산 + 알기닌, 히스티딘

4) 단백질의 종류

① 완전단백질 : 충분한 양의 필수아미노산이 함유(단백가 100, 달걀)

② 부분적 불완전단백질 : 일부 아미노산의 함량이 충분치 못한 단백질

③ 불완전단백질 : 생명유지와 성장을 촉진할 수 없는 단백질

✅ 개념 체크

1 중성 아미노산에는 글리시닌, 글루타민, 발린, 리신 등이 있다. (O, X)

2 인간은 필수아미노산의 필수 양을 음식물을 통해 섭취해야 한다. (O, X)

1 X 2 O

5) 단백질의 분류

① 단순단백질

- 아미노산으로만 구성되었다.
- 알부민, 글로불린, 글루테인, 프로말린 등

② 복합단백질

- 단순단백질에 아미노산 이외의 비단백성 물질이 결합된 것을 말한다.
- 인단백질(카제인, 오브비텔린), 지단백질(레시틴, 리포비텔린), 당단백질(뮤신, 오보뮤신)

③ 유도단백질

- 자연계에 존재하는 단백질이 물리적, 화학적, 효소에 의해 변성, 분해된 것이다.
- 젤라틴(콜라겐), 응고단백질(알부민, 달걀)

6) 단백질의 기능과 특성

① 탄소(C), 수소(H), 산소(O), 질소(N)로 구성되어 있다.
② 1g당 4kcal의 열량을 내고, 총열량의 15% 섭취가 적당하다.
③ 체조직 구성하고 효소, 호르몬의 성분으로 성장을 촉진한다.
④ 체액과 혈액의 중성 유지, 조직의 삼투압 조절한다.
⑤ 체온을 유지하는 작용을 한다.
⑥ 단백질은 용매에 분산되어 교질★용액이 된다.

- **진용액** : 소금, 설탕이 물에 녹는 현상
- **현탁액** : 전분이 물에 녹는 현상
- **유화액** : 지질과 물의 결합

★ 교질(콜로이드)
미립자가 기체 또는 액체 중에 분산된 상태로 되어 있는 전체

7) 단백질의 변성

① 소화율이 높아진다.
② 점도가 증가하고, 용해도가 감소한다.
③ 단백질의 2차, 3차 구조가 변하면서 폴리펩티드★ 사슬이 풀어진다.

★ 폴리펩티드(폴리펩타이드)
아미노산이 펩티드 결합한 고분자 화합물로서 사슬 형태로 결합되어 있다.

---

05 무기질

1) 무기질의 분류

① 알칼리성 식품 : Ca, Mg, Na, K, Fe, Cu, Mn, Co, Zn(야채, 과일, 해조류)
② 산성식품 : P, S, Cl, I(육류, 곡류)

2) 무기질의 종류

종류	기능	함유식품	결핍/과잉증		성인 1일 권장섭취량
			결핍	과잉	
칼슘 (Ca)	• 골격, 치아 구성 • 근육의 수축·이완 작용 • 신경 운동의 전달 • 혈액 응고 관여	뼈째 먹는 생선, 우유, 치즈	골다공증, 골연화증, 경련성 마비, 구루병		700~750mg
인(P)	• 골격, 치아 구성 • 삼투압 조절 • 신경자극 전달	유제품, 난황, 육류, 채소류	골연화증, 치아발육 부진		700mg
나트륨 (Na)	• 산/알칼리의 평형을 유지 • 삼투압 조절 • 수분균형 유지에 관여	소금		고혈압, 부종, 동맥경화	5g
염소 (Cl)	• 위액의 산도 유지 • 소화	소금	식욕부진		2g (충분섭취량)
칼륨 (K)	삼투압, pH를 조절	곡류, 채소	근육이완, 식욕 상실		3.5g
마그네슘 (Mg)	• 뼈, 치아의 구성 성분 • 단백질의 합성과정 • 신경흥분억제	녹색 채소, 견과, 대두	신경, 근육경련		280~350mg
철분 (Fe)	• 헤모글로빈 구성 성분 • 효소 활성화	간, 난황, 곡류의 씨눈	빈혈	신부전증	여자 8~14mg 남자 9~10mg
구리 (Cu)	철분 흡수·운반에 관여	홍차, 간, 호두	빈혈		800μg
요오드 (I)	• 기초대사를 촉진 • 갑상선 호르몬 구성 성분	해조류	갑상선 질환		150μg
아연 (Zn)	인슐린, 적혈구의 구성성분	육류, 해산물, 치즈, 땅콩	발육장애, 상처회복 지연		7~10mg
불소 (F)	• 충치 예방 • 골격, 치아 강화	해조류, 어류	충치	반상치	0.8~1ppm
코발트 (Co)	조혈작용에 관여	채소, 간, 어류	악성빈혈		극히 미량

3) 무기질의 기능과 특성

① 인체의 약 4%를 차지한다.
② 산과 알칼리 및 수분의 평형을 유지한다.
③ 필수적 신체 구성원으로 체조직의 성장에 관여하고, 근육의 수축성을 조절한다.
④ 생리적 작용의 촉매 역할을 한다.

평균필요량
건강한 사람들의 절반에 해당하는 사람들의 1일 필요량

권장섭취량
평균필요량에 표준편차의 두 배를 더하여 정한 값

충분섭취량
필요량에 관한 충분한 과학적 자료가 없을 때, 역학조사에서 관찰된 건강한 사람들의 영양소 섭취량을 기준하여 정한 섭취량

1) 수용성 비타민

종류	기능	함유 식품	결핍증
비타민 B$_1$ (티아민)	• 탄수화물의 대사에 중요역할 • 마늘과 함께 섭취 시 흡수 촉진	곡류, 돼지고기	각기병, 신경염
비타민 B$_2$ (리보플라빈)	• 당질 · 단백질 · 지질의 산화환원 작용에 관여 • 열과 산 : 안정 / 알칼리 : 불안정	효모, 달걀, 우유, 녹색 채소	구각염, 설염
비타민 B$_6$ (피리독신)	• 아미노산 대사 관여 • 열과 산 : 안정 / 알칼리 : 불안정	간, 효모, 곡류	피부염
비타민 B$_{12}$ (시아노코발라민)	• 혈액 생성 관여 • 산과 알칼리 : 불안정 • 코발트(Co) 함유	생선, 간, 달걀	악성빈혈, 신경증상
나이아신	• 옥수수를 주식으로 하면 부족 • 펠라그라의 원인	효모, 우유, 버섯	피부병
비타민 C (아스코르브산)	• 피로 회복, 칼슘과 철분의 흡수 촉진 • 산 : 안정 / 알칼리와 열 : 불안정	풋고추, 딸기, 무청, 과일	괴혈병
비타민 P (루틴)	모세혈관 강화	메밀, 레몬껍질	피부에 보라색 반점

옥수수를 주식으로 하면 나이아신, 트립토판의 함량이 적어 펠라그라에 걸린다. 피부염이 생기고, 구강의 통증, 소화불량, 설사의 증상이 있다.

2) 지용성 비타민

종류	기능	함유식품	결핍증
비타민 A (레티놀)	• 피부, 점막을 보호 • 카로티노이드가 체내에서 비타민 A 작용(프로비타민 A) • 열 : 안정 • 산과 빛 : 불안정	녹황색 채소, 간, 우유, 과일	야맹증
비타민 D (칼시페롤)	• 칼슘과 인의 흡수 촉진 • 에르고스테롤의 자외선조사로 생성 (프로비타민 D) • 열, 산소 : 안정	효모, 버섯, 간, 난황, 버터	구루병, 골연화증
비타민 E (토코페롤)	• 천연 항산화 작용 • 생식세포의 작용 정상 유지 • 열 : 안정 • 알칼리 : 불안정	식물성기름, 두류, 견과류	불임증, 생식불능
비타민 K (필로퀴논)	• 혈액의 응고에 관여 • 열 : 안정 • 알칼리와 빛 : 불안정	양배추, 녹황색 채소, 달걀, 간	출혈 (과잉증 : 황달)
비타민 F	• 피부 보호, 혈압 강화 • 필수불포화지방산	식물성기름	성장정지, 피부염 및 건조

1) 가수분해효소

구분	효소	작용	소재
탄수화물 분해효소	아밀라아제(Amylase)	전분 → 덱스트린 + 맥아당	타액, 췌장액
	수크라아제(Sucrase)	설탕 → 포도당 + 과당	소장, 효모
	말타아제(Maltase)	맥아당 → 포도당 2분자	장액
	락타아제(Lactase)	젖당 → 포도당 + 갈락토오스	장액
단백질 분해효소	펩신(Pepsin)	단백질 → 펩톤	위액
	펩티다제(Peptidase)	펩티드 → 아미노산	소화액
	트립신(Trypsin)	단백질 → 펩티드, 아미노산	췌장액, 장액
지질 분해효소	리파아제(Lipase)	지방 → 글리세린 + 지방산	췌장액
응고효소	레닌(Renin)	응유효소, 치즈 제조	유아, 송아지의 위액

2) 산화환원효소

효소	작용	식품
티로시나아제	티로신 → 멜라닌	버섯, 감자, 사과의 갈변 (효소적 갈변)
폴리페놀옥시다아제, 페놀라아제	폴리페놀 → 퀴논	
아스코르브산 옥시다아제	비타민 C 산화	양배추, 오이, 당근 (효소적 갈변)
리폭시다아제	불포화지방산의 변색, 변향	두류, 곡류

01 쌀의 가공에 대한 설명으로 옳은 것은?

① 벼에서 왕겨층을 제거하면 10분 도미이다.

② 벼에서 왕겨층을 제거하면 현미이다.

③ 5분 도미는 현미에서 외피를 50% 제거한 것으로 도정도 95%이다.

④ 10분 도미는 벼에서 왕겨층을 10% 제거한 것으로 도정도 90%이다.

벼에서 왕겨층을 제거하면 현미이며, 현미에서 외피를 50% 제거하면 5분 도미, 100% 제거하면 10분 도미이다. 외피는 8%로 5분 도미의 도정도는 96%, 10분 도미의 도정도는 92%이다.

02 전분의 구조에 대한 설명으로 옳지 않은 것은?

① 멥쌀은 아밀로오스 20%, 아밀로펙틴 80%로 구성되어 있다.

② 찹쌀은 아밀로오스 100%이다.

③ 아밀로오스의 함량이 많을수록 노화가 잘 된다.

④ 요오드 반응에 멥쌀은 청자색, 찹쌀은 적갈색을 띤다.

찹쌀은 아밀로펙틴 100%이다.

03 호화와 노화에 대한 설명으로 옳은 것은?

① 쌀과 보리는 물이 없어도 호화가 잘 된다.

② 떡의 노화는 냉장고보다 냉동고에서 더 잘 일어난다.

③ 호화된 전분을 80℃ 이상에서 급속히 건조하면 노화가 촉진된다.

④ 설탕의 첨가는 노화를 지연시킨다.

오답 피하기

① 물과 열을 가하여야 호화가 잘 된다.

② 떡의 노화는 냉동고보다 냉장고에서 더 잘 일어난다.

③ 0℃ 이하로 동결시키거나 60℃ 이상으로 온장시키면 노화를 방지할 수 있다.

04 멥쌀과 찹쌀이 노화 속도에서 차이가 나는 원인이 되는 성분은?

① 아밀라아제(Amylase)

② 글리코겐(Glycogen)

③ 아밀로펙틴(Amylopectin)

④ 글루텐(Gluten)

멥쌀은 아밀로오스(Amylose) 20%, 아밀로펙틴(Amylopectin) 80%로 구성되어 있어서 찹쌀보다 노화가 더 잘 된다.

05 전분의 노화에 영향을 미치는 인자에 대한 설명 중 옳지 않은 것은?

① 노화가 가장 잘 일어나는 온도는 0~5℃이다.

② 수분함량 10% 이하인 경우 노화가 잘 일어나지 않는다.

③ 다량의 수소이온은 노화를 저지한다.

④ 아밀로오스 함량이 많은 전분일수록 노화가 빨리 일어난다.

염기성은 노화를 억제한다. 수소이온은 중성으로 노화에 영향을 끼치지 않는다.

06 다음 중 전분의 노화가 진행된 떡은?

① 먹고 남은 떡을 냉장고에 넣었다.

② 떡을 만들고 한 김이 나간 후 냉동실에 얼렸다.

③ 쑥을 넣어 찹쌀떡을 하고 잘라 콩가루를 뿌려 인절미를 만들었다.

④ 만든 떡을 60℃로 맞춘 온장고에 보관했다.

온도가 0~5℃인 냉장고의 온도는 노화가 잘 되는 온도이다.

정답 01 ② 02 ② 03 ④ 04 ③ 05 ③ 06 ①

07 올리고당에 대한 설명으로 옳지 않은 것은?

① 단당류이다.

② 소화되지 않는 당이다.

③ 충치를 예방한다.

④ 라피노오스, 스타키노오스는 올리고당이다.

올리고당은 단당류가 결합된 소당류이다.

08 다음 중 붉은색 발색제는?

① 백년초　　　　② 승검초

③ 신감초　　　　④ 모싯잎

승검초, 신감초, 모싯잎은 녹색 발색제이다.

09 종실유에 대한 설명으로 옳지 않은 것은?

① 실임자는 껍질이 있는 깨를 말한다.

② 깨는 떡의 노화를 방지한다.

③ 호두는 비타민 A, B가 풍부하다.

④ 밤은 비타민 B$_1$, C가 풍부하다.

실임자는 껍질을 벗긴 깨이다.

10 팥무시루떡에 부족한 영양소는?

① 비타민 A　　　② 탄수화물

③ 비타민 C　　　④ 비타민 B$_1$

팥에는 비타민 B$_1$, 무에는 비타민 C, 쌀에는 탄수화물이 풍부하다.

11 녹색 발색제로 옳은 것은?

① 코치닐　　　　② 송화

③ 차조기　　　　④ 승검초

발색제별 색깔
① 코치닐 : 빨간색
② 송화 : 황색
③ 차조기 : 빨간색

12 떡의 주재료로 옳은 것은?

① 밤, 현미

② 녹두, 팥

③ 감자, 토란

④ 멥쌀, 찹쌀

찹쌀은 주로 찹쌀떡, 멥쌀은 설기떡을 만드는 데 쓰인다.

13 노란색 발색제가 아닌 것은?

① 송화　　　　② 송기

③ 샤프란　　　　④ 울금

송기는 갈색 발색제이다.

14 수분활성도에 대한 설명으로 옳지 않은 것은?

① 곰팡이는 0.65~0.80에서 잘 번식한다.

② 순수한 물의 수증기압은 1이다.

③ 식품의 수증기압은 1보다 작다.

④ 일반 쌀의 수증기압은 0.2이다.

쌀은 수증기압이 0.6~0.64이다.

15 팥의 영양학적 특성은?

① 사포닌이 풍부해 물에 한 번 데쳐서 사용한다.

② 고지방, 고단백이며, 비타민 B, 비타민 C가 많다.

③ 앙금, 묵을 만들 때 이용한다.

④ 삼국유사, 삼국사기에 혼수품으로 보낸 기록이 있다.

② 팥은 사포닌과 비타민 B1이 풍부하다.
③ 묵을 만들 때는 사용하지 않는다.
④ 삼국유사, 삼국사기에 혼수품을 보낸 기록이 있는 것은 참깨이다.

정답　07 ①　08 ①　09 ①　10 ①　11 ④　12 ④　13 ②　14 ④　15 ①

떡의 분류 및
제조도구

SECTION

01

출제빈도 상 중 하
반복학습 1 2 3

떡의 종류

▶ 합격강의

빈출 태그 ▶ 증병 · 도병 · 경단의 종류와 특징 · 쌀의 세척 · 수침 · 물 내리기 · 찌기

01 떡의 종류

1) 찌는 떡(증병, 甑餅, Steamed Rice Cake)

곡물 가루를 시루에 안쳐 수증기로 쪄내는 떡을 시루떡, 증병이라고 한다.

① 설기떡(무리떡)

- 곡물 가루에 물을 내려 켜를 만들지 않고 한 덩어리가 되도록 찌는 고물이 없는 떡을 말한다.
- 백설기, 콩설기, 팥설기, 모둠설기, 호박설기, 쑥설기, 무시루떡, 잡과병, 석탄병 등

② 켜떡

- 곡물 가루 켜켜이 팥, 녹두, 깨, 밤, 대추 등 고물을 넣어 찌는 떡이다.
- 원재료에 따른 분류
  - 메시루떡 : 멥쌀 100%
  - 반찰시루떡 : 찹쌀 50% + 멥쌀 50%
  - 찰시루떡 : 찹쌀 100%
- 고물에 의한 분류 : 녹두시루떡, 팥시루떡, 거피팥시루떡, 동부시루떡, 콩시루떡, 깨시루떡

③ 빚는 떡

- 송편 : 멥쌀가루를 익반죽하고 소를 넣어 빚은 후 시루에 솔잎을 켜켜이 깔고 찐다.
- 쑥개떡 : 멥쌀가루에 데친 쑥을 넣어 익반죽하고 절구에 끈기가 생기게 쳐서 동그랗게 빚어 찐 떡이다. 멥쌀과 데친 쑥을 같이 가루를 내어 사용하기도 한다.

④ 모양을 만들어 찌는 떡

- 두텁떡 : 거피팥에 간장, 계핏가루를 넣고 볶아 고물을 만들고, 고물의 일부에 밤, 꿀, 대추 등을 넣어 소를 만든다. 찜기에 볶은 고물을 뿌리고 그 위에 찹쌀가루 한 수저, 소, 찹쌀가루 한 수저를 넣고 볶은 고물을 덮어 찌는 궁중 떡이다.
- 혼돈병 : 만드는 방법은 두텁떡과 비슷하나 쌀가루에 승검초가 들어가고 황률소를 얹어 모양을 만들어 찌는 떡이다.

✓ 개념 체크

1 (   )은(는) 곡물 가루 켜켜이 팥, 녹두, 깨, 밤, 대추 등 고물을 넣어 찌는 떡이다.

2 (   )은(는) 쌀가루에 승검초가 들어가고 황률소를 얹어 모양을 만들어 찌는 떡이다.

1 켜떡 2 혼돈병

⑤ 발효떡

증편 : 멥쌀가루에 막걸리를 넣고 발효시켜 찐다.

⑥ 약식

정월대보름의 절식으로 꿀을 넣어 만들어 약밥, 약식이라고 한다.

기적의 TIP

약식, 약과, 약고추장 등 꿀이 들어가면 약(藥)을 붙여서 불러요.

2) 치는 떡(도병, 搗餠, Punched Rice Cake)

시루에 찐 떡을 안반이나 절구로 쳐서 끈기가 나게 만든 떡이다.

① 찹쌀도병

- 인절미 : 찹쌀가루에 물을 주어 시루에 찌고 절구에 끈기가 생기게 쳐서 적당한 크기로 자르고 콩가루, 깻가루 등을 묻힌다.
- 단자류 : 찹쌀가루에 물을 주어 시루에 찌고 절구에 끈기가 생기게 쳐서 모양을 빚어 대추, 석이, 잣 등 고물을 묻힌다.

기적의 TIP

인절미의 다른 이름
인병, 은절병, 인절병

② 멥쌀도병

가래떡, 절편, 골무떡, 개피떡 : 멥쌀가루에 물을 주어 시루에 찌고 절구에 끈기가 생기게 쳐서 길게 만들면 가래떡이다. 가래떡을 떡살로 찍으면 절편, 작게 만들면 골무떡, 얇게 밀어 소를 넣고 반달 모양으로 접으면 개피떡이다.

3) 삶는 떡(경단류, 瓊團類, Boiled Rice Cake)

① 경단 : 찹쌀가루, 수수가루를 익반죽하고 동그랗게 빚어 끓는 물에 삶아 내고 고물을 묻힌다.
② 오메기떡 : 차조 가루를 익반죽하고 도넛 모양으로 만들어 물에 익힌 다음 콩가루나 팥고물을 묻힌다.

4) 지지는 떡(유병, 유전병, 油煎餠, Fried Rice Cake)

① 화전 : 찹쌀가루를 익반죽하고 동그랗게 빚어 진달래, 국화꽃 등을 붙여서 지진 떡이다.
② 주악 : 찹쌀가루에 막걸리를 넣어 반죽하고 빚어 튀긴 떡이다.
③ 부꾸미 : 찹쌀, 수수, 녹두 가루를 익반죽해 납작하게 만들어 지지고 안에 소를 넣어 반 접어 만든 떡이다.
④ 빙떡 : 메밀가루에 물을 넣어 묽게 반죽하여 지지고 안에 무채를 소로 넣어 말아서 만든다.
⑤ 노티떡 : 찹쌀가루, 찰기장 가루, 차수수가루에 엿기름으로 반죽하고 삭혀서 지진 떡이다.
⑥ 곤떡 : 익반죽한 찹쌀가루를 지질 때 지치기름(붉은색)으로 지져 내고 시럽을 끼얹는다.

02 떡의 제조원리

1) 떡의 제조 과정

재료	부피	무게
불리지 않은 멥쌀	5컵	800g
멥쌀 가루	12컵	960g

★ 수침
물이나 기타 용액에 침지하는 공정. 수용성 유독물질을 제거하는 한 방법

① 세척과 수침★

- 쌀을 흐르는 물에 깨끗이 씻어 8~12시간 정도 불린다.
- 쌀의 수침시간이 증가할수록 쌀의 조직이 연화되어 습식제분을 할 때 전분 입자가 미세화된다.
- 채반에 받쳐 30분 정도 물기를 뺀다.
- 충분히 불리면 무게가 멥쌀은 1.2~1.3배, 찹쌀은 1.4배 정도 증가하고 수분의 함유량은 30~40%가 된다.

② 분쇄

- 불린 쌀의 1.2% 소금을 넣어 가루로 빻는다.
- 멥쌀은 입자를 곱게 해야 부드럽게 나오고 잘 쪄지므로 두 번 빻는다. 첫 번째 빻을 때는 소금을 넣어 빻고, 두 번째 빻을 때는 물을 넣어 빻는다.
- 찹쌀은 입자가 고우면 김이 올라오지 못해 잘 익지 않으므로 한 번 빻는다.

③ 물 내리기

떡의 분류	쌀의 종류	물의 양(무게)
찌는 떡	멥쌀	불린 쌀의 약 15%
	찹쌀	불린 쌀의 약 5%
치는 떡	멥쌀(절편)	불린 쌀의 약 20%
	멥쌀(꿀떡)	불린 쌀의 약 30~40%
	찹쌀	불린 쌀의 약 10%
삶는 떡	찹쌀	불린 쌀의 약 20%
지지는 떡	찹쌀	불린 쌀의 약 20%

④ 반죽하기

- 빚는 떡, 지지는 떡, 삶는 떡은 물을 끓여 익반죽을 한다.
- 익반죽을 하면 전분의 호화에 도움을 주어 반죽에 끈기가 생긴다.
- 반죽을 여러 번 치댈수록 찰기가 생겨 쫄깃한 식감이 생긴다.
- 쑥이나 수리취 등을 섞어 반죽할 때 노화속도가 지연된다.

⑤ 부재료 첨가하기

- 찌는 떡에 콩, 팥, 호박 등을 넣어 같이 찔 수 있다.
- 반죽을 해서 앙금, 소를 첨가하여 찌거나 물에 삶거나 기름에 지져서 익힐 수 있다.

⑥ 찌기
- 물이 끓는 솥에 찜통이나 시루를 올려서 찐다. 뚜껑에 면보를 감싸 떡에 물이 떨어 지는 것을 방지한다.
- 멥쌀은 20분 정도 찌고 5분간 뜸을 들인다.
- 찹쌀은 익는 시간이 더디므로 30분 정도 찐다. 중간에 고물을 얹거나 주먹 쥐어 찌 거나 중간에 공기구멍을 주어 골고루 익게 한다.

⑦ 치기
- 인절미, 단자, 절편 등은 안반이나 절구에 떡메로 쳐서 찰기가 생기게 한다.
- 많이 칠수록 쫄깃해지고 노화가 늦어진다.

03 제조원리별 떡의 종류

증병	설기떡(무리떡)	백설기, 콩설기, 팥설기, 모둠설기, 호박설기, 쑥설기, 무시루떡, 잡과병, 석탄병, 느티떡, 남방감저, 상추시루떡, 감설기, 쑥설기
	켜떡	녹두시루떡, 팥시루떡, 거피팥시루떡, 동부시루떡, 콩시루떡, 깨시루떡
	빚는 떡	송편, 쑥개떡, 부편
	모양 만들어 찌는 떡	혼돈병, 두텁떡
	발효떡	증편, 상화
도병		인절미, 단자, 가래떡, 골무, 개피떡, 절편, 달떡
경단		경단, 개성 경단, 오메기, 수수경단
유병		화전, 주악, 부꾸미, 노티떡, 곤떡, 총떡, 빙자병

제조기기(롤밀, 제병기, 편칭기 등)의 종류 및 용도

▶합격강의

빈출 태그 ▶ 현대 떡 제조기기의 용도

01 현대 떡 도구

1) 세척기

쌀과 물이 여러 번 회전하며 물은 배수되고 쌀은 걸러진다. 많은 양의 곡식을 세척할 때 편리하다.

2) 분쇄기(롤러)

불린 곡식을 가루로 롤러를 통해 분쇄한다. 롤러의 간격, 분쇄 횟수를 조절해서 용도에 맞게 사용한다.

3) 설기체

쌀가루를 체에 풀어 주는 기계이다. 손으로 일일이 내리는 번거로움을 덜어 주는 기계로 다량의 쌀가루를 내릴 때 유용하다.

4) 스팀 보일러

물을 데워 수증기로 만들어서 짧은 시간 안에 떡을 찔 수 있게 한다.

5) 펀칭기

인절미, 바람떡, 꿀떡 등을 치대거나 반죽을 해서 찰기가 생기게 한다.

전통도구의 종류 및 용도

▶ 합격 강의

빈출 태그 ▶ 전통 떡 제조도구의 용도

01 전통 떡 도구

1) 키 : 곡식들을 까불러(아래위 혹은 양옆으로 가볍게 흔들어 주는 것) 가벼운 쭉정이 는 바람에 날아가거나 앞에 남고, 무거운 것은 뒤로 모여 따로 구분할 수 있다.

2) 이남박(인함박) : 나무 바가지 모양으로 안에 요철이 있어 곡식을 씻을 때 돌을 분 리할 수 있다.

3) 조리 : 쌀을 씻어 일어 돌을 걸러 낼 때 사용한다.

4) 쳇다리 : 체를 올려 놓을 때 사용한다.

5) 체
① 굵은체 : 어레미, 도드미, 얼레미, 얼맹이, 지름 3mm 이상, 고물용, 약 6~7mesh
② 중간체 : 중거리, 지름 2mm, 시루떡용, 약 10mesh
③ 고운체 : 깁체, 가루체, 지름 0.5~0.7mm, 증편용, 약 28~30mesh

6) 시루 : 떡을 찔 때 사용하는 도구로 바닥에 구멍이 있어 증기가 올라와 떡이 익는 다. 시루를 솥 위에 올릴 때 김이 새지 않도록 밀가루에 물을 섞어 반죽해서 시룻 번을 만들고 시루와 솥 이음새에 붙여 둔다.

7) 시룻밑 : 시루 구멍에 쌀가루가 새어 나가지 않게 한지, 짚, 풀 등을 엮어서 짠다.

8) 시룻방석 : 짚이나 풀로 두껍게 엮은 방석 모양으로 물이 떨어지지 않게 시루 위에 덮는 뚜껑이다.

9) 안반(떡판) : 떡을 칠 때 사용하는 넓고 긴 나무판이다.

10) 떡메 : 떡을 내려치는 도구이다.

11) 떡살 : 절편에 꽃, 선, 수레 모양을 내는 나무나 사기로 만들어진 도구이다.

12) 홉, 되, 말 : 곡식이나 액체 등의 부피를 계량하는 도구로 1홉은 160g, 1되는 10 홉, 1말은 10되에 해당한다.

13) 맷방석 : 멍석보다는 작고 둥글며 곡식을 널 때 사용한다.

> **기적의 TIP**
> • 쌀가루는 용도에 따라 다 른 굵기의 체를 사용한다.
> • 1인치(inch)는 25.4mm이 며 1메시(mesh)는 1인치 길이 안에 들어 있는 체 구 멍의 수이다.

01 다음 중 증병이 아닌 것은?

① 콩설기 ② 오메기

③ 석탄병 ④ 송편

오메기는 삶는 떡, 즉 경단에 해당한다.

02 치는 떡의 표기로 옳은 것은?

① 증병(甑餅)

② 도병(搗餅)

③ 유병(油餅)

④ 전병(煎餅)

도병은 시루에 찐 떡을 안반이나 절구로 쳐서 끈기가 있게 만든 떡이다.

03 떡의 종류로 잘못 짝지어진 것은?

① 증병 – 신과병

② 증병 – 유엽병

③ 도병 – 빙떡

④ 도병 – 대추단자

도병은 시루에 찐 떡을 안반이나 절구로 쳐서 끈기가 있게 만든 떡이고, 빙떡은 지지는 떡이다.

04 다음 중 지지는 떡이 아닌 것은?

① 노티떡 ② 곤떡

③ 오메기 ④ 우메기

오답 피하기

① 노티떡은 찹쌀가루에 찰기장가루와 엿기름을 넣어 삭혀서 지지는 떡이고, 느티떡은 연한 느티나무 잎을 따서 멥쌀가루와 섞어 버무린 다음 팥고물을 켜켜이 얹어 찐 설기떡이다.

② 곤떡은 익반죽한 찹쌀가루를 지치기름(붉은색)으로 지져 내고 시럽을 끼얹은 떡이다.

④ 우메기는 주악의 다른 이름으로 지지는 떡이다.

05 병과에 쓰이는 도구 중 깁체에 대한 설명으로 옳은 것은?

① 고운 가루를 내릴 때 사용한다.

② 2mm 크기로 증편을 만들 때 사용한다.

③ 녹두고물을 내릴 때 사용한다.

④ 콩설기에서 쌀가루를 내릴 때 사용한다.

• 깁체는 지름 0.5~0.7mm로 증편을 만들 때 쌀가루를 내릴 때 사용한다.

• 고물을 내릴 때는 어레미, 설기떡 쌀가루를 내릴 때는 중간체를 사용한다.

06 다음 중 발효떡끼리 짝지어진 것은?

① 증편, 상화 ② 증편, 약식

③ 부편, 상화 ④ 빙자병, 부편

증편은 멥쌀가루에 막걸리를 발효시켜 만드는 떡이며, 상화는 밀가루에 누룩이나 막걸리를 넣어 발효시켜 팥소를 넣어 만든 떡이다.

07 다음 중 도병의 종류가 아닌 것은?

① 인절미, 단자 ② 고치떡, 절편

③ 골무떡, 개피떡 ④ 달떡, 노티떡

노티떡은 지지는 떡이다.

08 익반죽에 대한 설명으로 옳은 것은?

① 빚는 떡, 삶는 떡, 찌는 떡은 끓인 물로 익반죽을 한다.

② 익반죽을 하면 전분의 호화에 도움을 준다.

③ 반죽을 여러 번 치댈수록 노화가 진행된다.

④ 익반죽한 떡은 냉장 보관이 가능하다.

익반죽을 하면 호화에 도움을 주어 떡이 잘 익는다. 그래서 지지는 떡, 삶는 떡, 빚는 떡을 할 때는 익반죽을 하는 편이지만, 찌는 설기떡을 할 때는 익반죽을 하지 않는다.

정답 01 ② 02 ② 03 ③ 04 ③ 05 ① 06 ① 07 ④ 08 ②

09 떡의 제조 과정으로 옳지 않은 것은?

① 멥쌀은 불리면 무게가 1.4배가 된다.

② 충분히 불린 쌀의 수분함량은 30~40%이다.

③ 멥쌀가루를 만들 때 첫 번째는 소금을 넣어 빻고, 두 번째는 물을 넣어 빻는다.

④ 소금은 1~1.2% 정도 넣는다.

멥쌀은 물에 불리면 무게가 1.2~1.3배가 되고, 찹쌀은 1.4배가 된다.

10 인절미를 만들 때 필요하지 않은 도구는?

① 떡메　　　　② 안반

③ 펀칭기　　　④ 도드미

• 도드미는 굵은체로 인절미에 사용하지 않는다.
• 펀칭기는 인절미를 찰지게 만드는 현대식 도구이다.

11 설기떡 쌀가루를 내리는 용도의 체로 적절한 것은?

① 10mesh

② 30mesh

③ 60~100mesh

④ 600~1000mesh

설기떡 쌀가루는 2mm 사이즈의 10mesh 규격의 중간체에 내려 사용한다.

12 떡 도구에 대한 설명으로 옳지 않은 것은?

① 떡메 : 떡을 내려치는 도구이다.

② 떡살 : 절편에 꽃, 선, 수레 모양을 내는 도구이다.

③ 시룻방석 : 짚이나 풀로 엮어 떡 밑에 들러붙지 않게 까는 면포 대용 도구이다.

④ 이남박 : 나무 바가지 모양으로 안에 요철이 있어 곡식을 씻을 때 돌을 분리하는 도구이다.

시룻방석이란 떡을 찔 때 떡에 물이 떨어지는 것을 방지하기 위해 시루 위에 덮는 뚜껑이다.

13 설기떡에 대한 설명으로 옳은 것은?

① 고물 없이 한 덩어리로 쪄서 무리병이라고 한다.

② 곡물을 켜켜이 넣어 찌는 떡이다.

③ 콩, 쑥 팥 등 고물은 일체 넣지 않는다.

④ 도병의 한 종류이다.

설기떡은 증병의 한 종류로 곡물가루를 켜를 내지 않고 한 덩어리로 쪄낸 떡이다.

14 멥쌀 5컵을 물에 불려 가루로 빻았을 때 나오는 양은?

① 6컵

② 7컵

③ 10컵

④ 12컵

멥쌀을 물에 불려 빻아 멥쌀가루를 만들면 무게는 1.2~1.3배 늘어나며, 부피는 2.4배가 된다. 5 × 2.4 = 12

15 켜떡의 종류로 알맞은 것은?

① 녹두시루떡

② 율고

③ 유엽병

④ 석이병

오답 피하기

율고, 유엽병, 석이병은 무리떡이다.

16 두텁떡의 재료가 아닌 것은?

① 녹두

② 거피팥

③ 잣

④ 간장

두텁떡에는 녹두가 들어가지 않는다. 거피팥에 간장, 계핏가루를 넣고 볶아 고물을 만들고, 고물의 일부에 밤, 꿀, 대추 등을 넣어 소를 만들어 고물, 찹쌀가루, 소, 찹쌀가루, 고물을 덮어 익혀 찌는 궁중떡이다.

떡류 만들기

CHAPTER

01

재료 준비

재료관리

빈출 태그 ▶ 계량 단위 · 계량하는 방법 · 저울의 사용법

01 계량 단위와 계량법

1) 계량 단위

- 1C = 컵 = Cup = 200cc = 200mL(미국은 240mL)
- 1TS = 큰술 = Table Spoon = 15cc = 15mL = 3ts
- 1ts = 작은술 = Tea Spoon = 5cc = 5mL
- 1홉 = 160g
- 1되 = 10홉 = 1.6kg
- 1말 = 10되 = 16kg
- 1Pound = 파운드 = 453.6g
- 1Pint = 파인트 = 473mL = 16oz
- 1Quart = 쿼터 = 960mL = 32oz
- 1Gallon = 갤런 = 4Quart = 128oz

2) 계량법

① 밀가루 : 체로 쳐서 수북하게 담고 평평하게 깎아 측정한다. 이때 밀가루를 누르거나 흔들지 않는다.
② 지방 : 버터, 마가린과 같은 지방은 저울로 계량하는 것이 바람직하나 컵이나 스푼으로 계량할 때는 실온에서 계량컵에 꼭꼭 눌러 담아 깎아서 계량한다.
③ 설탕 : 흑설탕은 꼭꼭 눌러서 잰다.
④ 액체 : 물엿, 꿀과 같은 점성이 큰 것은 큰 계량컵을 사용하고 눈금과 액체 표면의 아랫부분을 눈과 같은 높이로 맞추어 계량한다. 투명 계량컵에 담아 측정하면 편리하다.

3) 저울의 사용법

무게를 측정할 때 사용한다. 저울을 편편한 곳에 두고 0점을 맞추고 사용한다. 그릇을 사용하는 경우에는 그릇을 저울 위에 올려 0점을 맞추고 재료를 담아 계량한다.

✔ 개념 체크

1 1작은술 = (   )mL
2 1홉 = (   )g
3 1말 = (   )되

1 5 2 160 3 10

1) 멥쌀가루(10컵) 준비하기

① 멥쌀 4컵, 소금 10g, 물 50mL를 계량한다.
② 쌀을 5회 이상 씻고 물에 8시간 이상 충분히 불려 체에 물기를 30분 동안 뺀다.
③ 롤러의 조절 레버를 12시 방향으로 하고 쌀과 소금을 넣어 빻은 후 잘 혼합한다.
④ ③의 쌀가루와 물을 넣어 빻는다.

2) 찹쌀가루(10컵) 준비하기

① 찹쌀 4컵, 소금 10g, 물 50mL를 계량한다.
② 쌀을 5회 이상 씻고 물에 8시간 이상 충분히 불린 다음 체를 이용해 30분간 물기를 제거한다.
③ 롤러의 조절 레버를 12시 방향으로 하여 쌀과 소금, 물을 넣고 1번 빻는다.

3) 부재료 준비하기

부재료로 발색제, 두류, 견과류 등을 준비한다.

4) 기타 도구 준비하기

솥에 물을 끓이고 찜통, 시룻밑, 행주, 면보 등을 준비한다.

기적의 TIP

통쌀을 빻을 때 물의 양이 너무 적으면 기계의 손상, 쌀가루 굵기에 영향을 미친다. 때문에 기계에는 소량의 수분 첨가가 필요하며 이렇게 만들어진 쌀가루에 2차로 물을 주는데, 이때 멥쌀보다 찹쌀이 수분이 적게 필요하다.

재료의 전처리

빈출 태그 ▶ 재료별 전처리 방법

01 재료의 전처리

1) 주재료의 전처리

① **백미** : 여러 번 씻으면 비타민 B_1의 손실이 있으므로 2~3번 가볍게 씻는다.

② **엽채류** : 중성세제 0.2% 용액으로 세척한 후 흐르는 물로 4~5회 씻는다.

③ **근채류** : 뿌리채소는 부드러운 솔로 깨끗하게 비벼 씻는다.

④ **건조식품** : 물에 가볍게 씻은 후 물에 담가 불린 후 사용한다.

2) 떡 재료의 전처리

① **콩** : 물에 2~3번 헹궈 2시간 이상 물에 불려 15분 정도 삶아 사용한다.

② **풋콩** : 물에 2~3번 씻어서 3분 정도 삶아 사용한다.

③ **팥** : 깨끗하게 씻어 처음 팥 삶은 물은 버리고, 두 번째 물부터 30분 정도 삶는다.

④ **거피팥, 녹두** : 물에 씻어 2시간 이상 물에 불리고 손으로 문질러 껍질을 제거하고 찜통에 쪄서 사용한다.

⑤ **치자** : 가볍게 씻어 치자 1개에 물 1/2컵 정도를 넣어 30분 물에 불려서 사용한다.

⑥ **대추** : 마른행주로 닦고 돌려 깎아서 씨를 제거하고 사용한다.

⑦ **호박고지** : 물에 가볍게 씻고 물에 10분 정도 불려 물기를 짜고 사용한다.

⑧ **석이** : 미지근한 물에 불려 이끼와 돌기를 제거하고 사용한다.

⑨ **쑥** : 줄기 부분은 제거하여 끓는 물에 소금을 넣어 데치고 찬물에 헹궈 물기를 꼭 짠다. 소분해서 냉동 보관하여 사용 가능하다. 쑥설기나 쑥버무리를 할 때는 데치지 않는다.

✓ **개념 체크**

1 엽채류는 중성세제 용액을 사용해 세척하는 것이 좋다. (O, X)

2 쑥설기나 쑥버무리를 만들기 위해 쑥은 반드시 데친 후 사용한다. (O, X)

1 O 2 X

01 계량 방법이 잘못된 것은?

① 된장, 흑설탕은 꼭꼭 눌러 담아 수평으로 깎아서 계량한다.

② 우유는 투명 기구를 사용하여 액체 표면의 윗부분을 눈과 수평으로 하여 계량한다.

③ 저울은 반드시 수평한 곳에서 0으로 맞추고 사용한다.

④ 마가린은 실온일 때 꼭꼭 눌러 담아 평평한 것으로 깎아 계량한다.

우유는 투명 기구를 사용하여 액체 표면의 아랫부분을 눈과 수평으로 하여 계량한다.

02 고명의 재료가 아닌 것은?

① 석이채, 비늘잣

② 송화, 경아 가루

③ 대추채, 대추꽃

④ 밤채, 밤편

송화는 발색제로 사용할 수는 있으나, 고명으로는 사용하지 않는다.

03 식품을 계량하는 방법으로 옳지 않은 것은?

① 밀가루 계량은 부피보다 무게가 더 정확하다.

② 흑설탕은 계량 전 체로 친 다음 계량한다.

③ 고체 지방은 계량 후 고무 주걱으로 잘 긁어 옮긴다.

④ 꿀과 같이 점성이 있는 것은 계량컵을 이용한다.

흑설탕은 수저로 꼭꼭 눌러 담아 계량한다.

04 쌀을 지나치게 문질러서 씻을 때 가장 손실이 큰 비타민은?

① 비타민 A

② 비타민 B

③ 비타민 D

④ 비타민 E

쌀은 배아의 비타민 B의 손실을 줄이기 위하여 가볍게 2~3회 세척하는 것이 가장 바람직하다.

05 떡에 들어가는 부재료를 전처리하는 방법으로 옳지 않은 것은?

① 대추는 흐르는 물에 가볍게 씻는다.
② 호박고지는 씻어서 물에 10분 정도 불려 사용한다.
③ 쑥은 줄기를 제거하고 잎만 따서 생으로 밀봉하여 냉동 보관한다.
④ 풋콩은 물에 2~3번 씻어서 3분 정도 삶아 사용한다.

쑥은 끓는 물에 데쳐서 물기를 꼭 짜서 냉동 보관을 한다.

06 찹쌀가루 만드는 방법으로 바르게 설명한 것은?

① 쌀은 충분히 불려서 물기를 2시간 정도 뺀다.
② 롤러에 쌀을 넣어 2번 빻는다.
③ 첫 번째는 소금을 넣고 빻고, 두 번째는 물을 넣어 빻는다.
④ 롤러를 12시 방향으로 하고 쌀, 소금, 물을 넣고 한 번에 빻는다.

찹쌀은 30분간 물기를 제거한 후 한 번 빻아 찹쌀가루를 만든다.

고물 만들기

찌는 고물 제조과정

▶ 합격강의

01 찌는 고물의 종류

1) 흰팥고물

거피팥, 동부 등으로 만든 고물로 주로 편, 인절미, 경단의 겉 고물과 경단, 찹쌀떡, 개피떡, 부꾸미 등의 앙금으로 사용한다. 붉은팥은 제사용으로는 사용하지 않고, 흰 팥고물은 제사용으로 사용하는 편이다.

2) 녹두고물

녹두는 색이 고와서 고물로 사용할 경우 색이 매우 고운 떡을 만들 수 있다. 편, 인절 미, 경단의 겉 고물과 경단, 찹쌀떡, 개피떡의 앙금으로 사용한다. 특히 녹두편은 팥 고물이 상하기 쉬운 여름에 흰팥고물 편 대신 제사용 편으로 많이 사용된다.

3) 찌는 콩고물

찐 콩고물은 주로 여름철에 편 고물로 사용된다. 콩에서 돌과 같은 이물질을 선별하 고 반골 롤러에 내려 콩을 탄(쪼갠)다. 탄 콩은 물에 담가 재빨리 씻어 껍질을 제거하 고 소쿠리에 건져 물기를 뺀다. 물기가 빠지면 쪄서 다시 롤 밀로 내려 어레미로 쳐서 사용한다.

02 녹두고물 소용량 만드는 방법

1) 재료

녹두 2컵, 소금 1작은술

2) 만드는 방법

① 거피 녹두는 2시간 이상 물에 불리고 껍질을 손으로 비벼 벗긴다.
② 김 오른 찜통에 젖은 면보를 깔고 녹두를 안쳐 푹 무르게 30분 정도 찐다.
③ 찐 녹두에 소금을 넣어 절구로 빻는다.
④ 질면 팬에 볶아서 수분을 날린다.
⑤ 굵은체에 내려 사용한다.

🅑 기적의 TIP

녹두를 여러 번 문질러 씻어 녹색 물이 빠지도록 해야 색 이 좋다. 이때 같은 물에 비벼 씻어 껍질을 체로 거르고 또 같은 물에 씻어 걸러야 녹두 의 맛이 많이 빠지지 않는다.

03 거피팥 대용량으로 만들기

1) 재료

불린 거피팥 5kg, 소금 40g(거피팥 무게의 0.8%), 설탕 250g(거피팥 무게의 5%)

2) 만드는 방법

① 거피팥을 3시간 이상 불려 껍질을 비벼 씻어 벗기고 물기를 30분 정도 뺀다.

② 김 오른 찜기에 젖은 면포를 깔고 거피팥을 안쳐 푹 무르게 30분 정도 찐다.

③ 소금을 넣고 잘 섞어 냉각시킨다.

④ 거피팥을 롤러로 9시 방향에 1차, 11시 방향에 2차로 빻는다.

⑤ 넓은 팬에 고물을 넣고 타지 않도록 볶으면서 설탕을 넣는다.

⑥ 고물은 냉각 팬을 이용해 냉각한다.

⑦ 냉각한 고물은 어레미로 쳐서 입자를 균일하게 한다.

삶는 고물 제조과정

▶합격강의

01 팥고물 3컵 만드는 방법

1) 재료

팥 2컵, 물 8~10컵, 소금 1작은술

2) 만드는 방법

① 팥은 씻어서 물 4컵을 붓고 강불에 올린 후 끓으면 팥물은 따라 버린다.
② 다시 냄비에 물 10컵을 붓고 강불에 올린 후 끓으면 중불로 낮추어 30~40분 정도 삶는다.
③ 푹 삶아지면 불을 끄고 5~10분 뜸을 들인다.
④ 절구에 쏟아 소금을 넣고 대강 찧어 고물을 만든다.

02 팥고물 앙금, 고물, 앙금가루 공정도의 차이

① 붉은 팥고물 : 팥 수세 → 삶기 → 냉각
② 팥앙금 : 팥 수세 → 삶기 → 파쇄 → 체에 거르기 → 탕수 → 졸이기
③ 팥앙금 가루 : 팥 수세 → 삶기 → 파쇄 → 체에 거르기 → 탕수 → 볶기

볶는 고물 제조과정

▶ 합격강의

빈출 태그 ▶ 볶는 고물의 종류와 제조법

01 볶는 고물의 종류

1) 콩고물

콩을 씻어 볶아 껍질이 갈라지기 시작하면 꺼내어 식혀서 만든다. 볶은 콩고물은 인절미 고물과 켜떡, 송편에 많이 사용하며, 지역에 따라 조금씩 차이가 있다.

2) 깨고물

깨를 볶아 롤 밀, 맷돌 믹서 등으로 빻아 기름을 빼서 사용한다. 편, 인절미, 경단의 겉 고물로 주로 사용한다. 특히 여름에는 팥고물이 잘 상하므로 대신하여 깨고물을 많이 사용한다.

02 콩고물 대용량 만드는 방법

1) 재료

콩(백태) 8kg, 소금 40g, 설탕 640g

2) 만드는 방법

① 씻어 물기를 뺀 콩을 250℃ 전기 볶음 솥에 20분 정도 볶는다.
② 콩을 냉각 팬으로 냉각한다.
③ 곡물 분쇄기에 소금, 설탕을 혼합하여 분쇄기 내의 체 망의 메시를 선택하여 빻는다.

03 흰깨(흑임자)고물 소용량 만드는 방법

1) 재료

흰깨(또는 흑임자) 2컵, 소금 1작은술

2) 만드는 방법

① 깨는 씻어서 물기를 뺀다.
② 팬에 볶아 식힌다.
③ 소금 간을 한다.
④ 맷돌믹서에 갈아 고운체에 내린다.

> ✓ 개념 체크
>
> 1 콩고물을 만들 때는 콩을 볶은 후 식기 전에 재빠르게 가루를 낸다. (O, X)
>
> 1 X

01 녹두고물을 만드는 방법으로 옳지 않은 것은?

① 여러 번 문질러 씻어서 녹색 물을 빼 녹두의 색이 깨끗해지도록 만든다.

② 녹두 껍질을 비벼 벗기면서 새로운 물로 계속 교체한다.

③ 김이 오른 찜통에 젖은 면포를 깔고 30분 정도 무르게 찐다.

④ 굵은체에 내려 사용한다.

녹두 껍질을 양손으로 비벼 벗기고 체에 받쳐 녹두 껍질을 제거한다. 사용했던 물에 다시 녹두를 비벼 껍질을 제거한다. 계속 물을 새로 갈게 되면 녹두의 맛이 지나치게 빠져 맛이 좋지 못하다.

02 찌는 고물이 아닌 것은?

① 녹두고물

② 거피팥고물

③ 붉은팥고물

④ 동부고물

붉은팥고물은 삶아서 만든다.

03 팥고물을 만드는 방법으로 옳은 것은?

① 팥은 씻어서 물에 1시간 담가 사용한다.

② 팥의 2배의 물에 불려 첫물은 버리고 사용한다.

③ 팥은 비타민 손실을 방지하기 위해 삶는 것보다 찌는 것이 좋다.

④ 팥에 식소다를 넣어 삶으면 영양소 파괴가 없다.

팥의 사포닌 성분 때문에 첫물은 버리고 두 번째 물부터 푹 삶아 사용한다.

04 주로 녹두, 팥고물을 내릴 때 사용하는 체는?

① 어레미

② 깁체

③ 중간체

④ 고운체

녹두, 팥고물 등은 주로 굵은체로 내리고 깨고물은 고운체에 내려 사용한다.

05 거피팥고물의 제조 과정 중 옳은 것은?

① 거피팥은 삶아서 소금을 넣고 절구에서 빻는다.

② 거피팥을 삶은 첫 물은 버리고, 물을 갈아 30분간 끓인다.

③ 충분히 불려서 껍질을 제거한다.

④ 껍질을 벗길 때마다 새로운 물로 교체한다.

오답 피하기
①, ②는 붉은 팥에 대한 설명이며 거피팥고물은 삶지 않고 쪄서 만든다.

03

떡류 만들기

찌는 떡류(설기떡, 켜떡 등) 제조과정 ※ 소금을 넣어 준비한 쌀가루 기준 레시피입니다.

▶ 합격 강의

빈출 태그 ▶ 찌는 떡류를 만드는 방법

01 백설기(지름 25cm 대나무찜기 기준)

1) 백설기 재료

멥쌀가루 10컵, 물 10큰술, 설탕 10큰술

2) 만드는 방법

① 멥쌀가루에 물을 넣고 손으로 잘 비빈다. 쌀가루를 주먹으로 가볍게 쥐어 뭉친 다음 손에서 튕겼을 때 세 번 정도에 깨질 수 있도록 물의 양을 맞춘다.
② 쌀가루를 중간체에 내린다. 두 번 체에 내리면 부드럽고 촉촉한 식감의 떡이 된다.
③ 쌀가루에 설탕을 넣어 고루 섞는다.
④ 찜기에 시룻밑을 깔고 쌀가루를 고루 펴서 담고 윗부분을 편편하게 한다.
⑤ 김이 오른 찜통에 시루를 올려 뚜껑을 닫고 강한 불로 20분 정도 찌고 약한 불로 5분 뜸을 들인다.
⑥ 도마나 접시에 쏟은 다음 썬다. 솥에 올리기 전에 칼집을 넣어 찌면 깨끗하게 칼집의 모양대로 떨어진다.

02 무지개떡

1) 무지개떡 재료

멥쌀가루 10컵, 물 10큰술, 설탕 10큰술, 치자물 2큰술, 쑥가루 1/2큰술, 코코아가루 1/2큰술, 복분자가루 1/2큰술

2) 만드는 방법

① 멥쌀가루 2컵에 물 2큰술을 넣고 손으로 잘 비벼 중간체에 내린다.
② 멥쌀가루 2컵에 치자물 2큰술을 넣고 손으로 잘 비벼 중간체에 내린다.
③ 멥쌀가루 2컵에 쑥가루 1/2큰술을 먼저 섞고 물 2~3큰술을 넣고 손으로 잘 비벼 중간체에 내린다.
④ 멥쌀가루 2컵에 복분자가루 1/2큰술을 먼저 섞고 물 2~3큰술을 넣고 손으로 잘 비벼 중간체에 내린다.
⑤ 멥쌀가루 2컵에 코코아가루 1/2큰술을 먼저 섞고 물 2~3큰술을 넣고 손으로 잘 비벼 중간체에 내린다.

⑥ 각각 쌀가루에 설탕 2큰술씩을 넣어 고루 섞는다.

⑦ 찜기에 시룻밑을 깔고 각각의 쌀가루를 고루 펴서 담고 윗부분을 편편하게 한다.

⑧ 김이 오른 찜통에 시루를 올리고 뚜껑을 닫고 강한 불로 20분 정도 찌고 약한 불로 5분 뜸을 들인다.

⑨ 도마나 접시에 쏟은 다음 썬다.

03 콩설기

1) 콩설기 재료

멥쌀가루 10컵, 물 10큰술, 설탕 10큰술, (6~10시간 이상) 불린 서리태콩 160g

2) 만드는 방법

① 불린 서리태는 찜기에서 20분간 강한 불로 찌고 약한 불로 5분간 뜸을 들이거나 콩이 충분히 잠기는 물에서 20분 정도 삶은 후 뚜껑을 닫고 뜸을 들인다.

② 멥쌀가루에 물을 넣고 손으로 잘 비빈다.

③ 쌀가루를 중간체에 내린다.

④ 쌀가루에 설탕을 넣어 고루 섞는다.

⑤ 쌀가루와 콩을 섞고 시룻밑을 깐 찜기 위에 고루 펴 담고 윗부분을 편편하게 한다.

⑥ 김이 오른 찜통에 시루를 올리고 뚜껑을 닫고 강한 불로 20분 정도 찌고 약한 불로 5분간 뜸을 들인다.

⑦ 도마나 접시에 쏟은 다음 썬다.

04 쑥설기

1) 쑥설기 재료

멥쌀가루 5컵, 물 2큰술, 설탕 5큰술, 생쑥 100g

2) 만드는 방법

① 쑥은 연한 부분을 골라 깨끗이 씻어 물기를 뺀다.

② 멥쌀가루에 물을 넣고 손으로 잘 비빈다. 쑥에 수분이 있으므로 물을 적게 넣는다.

③ 쌀가루를 중간체에 내린다.

④ 쌀가루에 설탕을 넣어 고루 섞는다.

⑤ 쌀가루에 쑥을 섞고 시룻밑을 깐 찜기 위에 고루 펴 담고 윗부분을 편편하게 한다.

⑥ 김이 오른 찜통에 시루를 올리고 뚜껑을 닫고 강한 불로 20분 정도 찌고 약한 불로 5분 뜸을 들인다.

⑦ 도마나 접시에 쏟은 다음 썬다.

> **✔ 개념 체크**
>
> 1 백설기 제조 시 물의 양은 쌀가루를 주먹으로 뭉친 다음 손에서 튕겼을 때 다섯 번 정도에 금이 가는 정도로 양을 맞춘다. (O, X)
>
> 2 설기떡은 찜솥에 올리기 전에 칼집을 넣어 찌면 깨끗하게 칼집의 모양대로 썰 수 있다. (O, X)
>
> 3 콩설기 제조 시 서리태는 찌는 대신 삶은 후 사용해도 된다. (O, X)
>
> 1 X 2 O 3 O

05 잡과병

1) 잡과병 재료

멥쌀가루 6컵, 물 1큰술, 꿀 3큰술, 설탕 4큰술, 밤 4개, 대추 8개, 곶감 1개, 호두 4개, 잣 1큰술

2) 만드는 방법

① 대추는 돌려 깎아 씨를 제거한다, 밤, 대추, 곶감, 호두는 1~2cm 정도로 자른다.
② 멥쌀가루에 물과 꿀을 넣고 손으로 잘 비빈다.
③ 쌀가루를 중간체에 내린다.
④ 쌀가루에 설탕을 넣어 고루 섞는다.
⑤ 쌀가루에 밤, 대추, 곶감, 호두, 잣을 넣어 잘 섞는다.
⑥ 찜기에 시룻밑을 깐 다음 쌀가루를 고루 펴서 담고 윗부분을 고루 펴 준다.
⑦ 김이 오른 찜통에 시루를 올려 뚜껑을 달아 강한 불로 20분 정도 찌고 약한 불로 5분간 뜸을 들인다.
⑧ 도마나 접시에 쏟은 다음 썬다.

06 녹두찰떡

1) 녹두찰떡 재료

녹두고물 6컵, 찹쌀가루 9컵, 물 4큰술, 설탕 9큰술

2) 만드는 방법

① 찹쌀가루에 물을 넣고 손으로 잘 비빈다.
② 찹쌀가루를 중간체에 내린다.
③ 찹쌀가루에 설탕을 넣어 고루 섞는다.
④ 찜기에 시룻밑을 깔고 녹두고물 1/3 → 쌀가루 1/2 → 녹두고물 1/3 → 쌀가루 1/2 → 녹두고물 1/3 순서대로 켜켜이 쌓는다.
⑤ 김이 오른 찜통에 시루를 올리고 뚜껑을 닫고 강한 불로 30분 정도 찐다.
⑥ 도마나 접시에 쏟아 썬다.

07 깨찰편

1) 깨찰편 재료

깨고물 2컵, 찹쌀가루 6컵, 물 3~4큰술, 설탕 6큰술

2) 만드는 방법

① 찹쌀가루에 물을 넣고 손으로 잘 비빈다.
② 찹쌀가루를 중간체에 내린다.
③ 찹쌀가루에 설탕을 넣어 고루 섞는다.
④ 찜기에 시룻밑을 깔고 깨고물 1/3 → 쌀가루 1/2 → 깨고물 1/3 → 쌀가루 1/2 →
　 깨고물 1/3 순서대로 켜켜이 쌓는다.
⑤ 김이 오른 찜통에 시루를 올리고 뚜껑을 닫고 강한 불로 30분 정도 찐다.
⑥ 도마나 접시에 쏟은 다음 썬다.

08 콩찰편

1) 콩찰편 재료

찹쌀가루 6컵, 물 3~4큰술, 설탕 6큰술
※ 콩조림용 : 서리태 3컵, 설탕 3큰술, 소금 1작은술, 물 1컵

2) 만드는 방법

① 불린 서리태 3컵과 물 9컵을 넣어 15분 정도 삶는다.
② 삶은 서리태에 설탕 3큰술, 소금 1작은술, 물 1컵을 넣어 물기 없게 졸이고 펼쳐
　 식힌다.
③ 찹쌀가루에 물을 넣고 손으로 잘 비빈다.
④ 찹쌀가루를 중간체에 내린다.
⑤ 찹쌀가루에 설탕을 넣어 고루 섞는다.
⑥ 찜기에 시룻밑을 깔고 서리태 1/2 → 찹쌀가루 → 서리태 1/2 순서대로 켜켜이 쌓
　 는다.
⑦ 김이 오른 찜통에 시루를 올려 뚜껑을 닫고 강한 불로 30분 정도 찐다.

> ✅ 개념 체크
>
> 1 잡과병은 대추고, 귤병, 청매 등의 설탕 절임 대신 꿀을 넣어서 만들 수 있다. (O, X)
> 2 콩찰편 제조 시 콩조림에는 소금을 넣어서는 안 된다. (O, X)
>
> 1 O 2 X

09 팥시루떡

1) 팥시루떡 재료

쌀가루(멥쌀 : 멥쌀가루 5컵, 물 5큰술, 설탕 5큰술 / 찹쌀 : 찹쌀가루 5컵, 물 2~3큰술, 설탕 5큰술), 팥고물 3컵

2) 만드는 방법

① 팥고물을 준비한다.
② 각각의 쌀가루에 물을 넣고 손으로 잘 비빈다.
③ 각각의 쌀가루를 중간체에 내린다.
④ 각각의 쌀가루에 설탕을 넣어 고루 섞는다.
⑤ 찜기에 시룻밑을 깔고 팥고물 1/3 → 멥쌀가루 → 팥고물 1/3 → 찹쌀가루 → 팥고물 1/3 순서대로 켜켜이 쌓는다.
⑥ 김이 오른 찜통에 시루를 올리고 뚜껑을 닫고 강한 불로 30분 정도 찐 다음 5분 뜸을 들인다.
⑦ 도마나 접시에 쏟은 다음 썬다.

10 쇠머리떡(모두배기, 영양찰떡)

1) 쇠머리떡 재료

찹쌀가루 500g, 설탕 50g, 물 2~3큰술, 불린 서리태 100g, 대추 5개, 깐 밤 5개, 호박고지 20g, 식용유

2) 만드는 방법

① 불린 서리태는 찜기에서 20분간 강한 불로 찌고 약한 불로 5분간 뜸을 들이거나 콩이 충분히 잠기는 물에서 20분 정도 삶은 후 뚜껑을 닫고 뜸을 들인다.
② 호박고지는 씻어서 찬물에 10분 정도 불린 다음 물기를 제거한다. 밤, 대추, 호박은 2~3cm의 적당한 크기로 자른다.
③ 쌀가루에 물 2~3큰술을 섞는다.
④ 쌀가루에 설탕 50g을 넣는다.
⑤ 쌀가루와 밤, 대추, 호박고지, 콩을 섞는다. 장식용으로 밤, 대추, 호박고지, 콩을 조금 남겨 둔다.
⑥ 찜기에 젖은 면보를 깔고 설탕을 뿌린다.
⑦ 그 위에 밤, 대추, 호박고지, 콩과 같이 버무리지 않은 것들을 깐다.
⑧ 쌀가루를 주먹으로 쥐어 올린다.
⑨ 김이 오른 찜통에 약 30분 찐다.
⑩ 랩(비닐)에 식용유를 바르고 떡을 쏟아 15×15cm 크기로 만든다.

기적의 TIP

찌는 떡을 만들 때 주의사항을 외워 두세요.

1) 멥쌀 찌는 떡을 만들 때 주의사항

① 쌀가루에 물이 적으면 익지 않고, 과하면 질어지기 쉽다.

② 체에 두 번 내리면 부드러운 식감의 떡이 만들어진다.

③ 설탕은 나중에 넣어야 쌀가루의 뭉침 현상이 덜하다.

④ 쌀가루를 찜기에 넣을 때 꾹꾹 누르면 익지 않으므로 살살 편다.

⑤ 틀을 이용해서 떡을 찔 때는 가장자리가 안 익을 수 있으므로 떡을 찌기 시작하고 10분 뒤 틀을 빼서 가장자리의 쌀가루까지 익도록 한다.

⑥ 멥쌀은 익은 후에 자르면 떡의 형태가 거칠게 나온다. 떡을 찌기 전 쌀가루에 칼집을 내어서 찌면 단면이 깨끗한 떡을 만들 수 있다.

⑦ 물을 흡수하지 못하는 찜기 뚜껑의 경우 면보나 행주로 감싸 수증기가 고인 물기가 떡에 흐르지 않게 한다.

2) 찹쌀 찌는 떡을 만들 때 주의사항

① 쌀가루에 물을 많이 주면 질어져서 늘어진다.

② 체에 과하게 내리면 떡이 익지 않는다.

③ 젖은 면보에는 설탕을 솔솔 뿌리고 떡을 쪄야 다 익은 후 쉽게 잘 떨어진다.

④ 찹쌀은 익는 시간이 멥쌀보다 10분 정도 더 걸린다.

⑤ 찹쌀을 찔 때는 찹쌀의 끈적이는 성질 때문에 수증기가 올라오지 못해 익지 않을 수 있으므로 중간에 뚜껑을 열어 하얀 날가루가 없는지 확인해 보고 수증기가 고루 잘 올라올 수 있도록 젓가락으로 공기구멍을 만들어 준다.

⑥ 찹쌀가루를 주먹으로 쥐어서 안치면 떡을 잘 익힐 수 있다.

개념 체크

1 멥쌀 찌는 떡 제조 시 쌀가루에 설탕과 물을 한꺼번에 넣고 비벼야 뭉침 현상이 덜하다. (O, X)

2 멥쌀 떡을 찔 때 틀을 이용면 가장자리가 안 익을 수 있으므로, 떡을 찌기 시작하고 10분쯤 뒤 틀을 빼는 것이 좋다. (O, X)

3 찹쌀은 끈적이는 성질이 있어 찔 때 상단이 익지 않을 수 있으므로, 찹쌀 떡을 찔 때는 중간에 뚜껑을 열고 공기구멍을 만들어 준다. (O, X)

1 X 2 O 3 O

치는 떡류(인절미, 절편, 가래떡) 제조과정

※ 소금을 넣어 준비한 쌀가루 기준 레시피입니다.

▶합격강의

빈출 태그 ▶ 치는 떡류를 만드는 방법

01 인절미

1) 인절미 재료

찹쌀가루 6컵, 설탕 6큰술, 물 3큰술, 콩가루 1컵

2) 만드는 방법

① 찹쌀가루에 물을 넣고 비빈다.
② 설탕을 넣고 골고루 섞는다.
③ 찜기에 젖은 면보를 깔고 설탕을 솔솔 뿌린다.
④ 쌀가루를 덩어리로 만들어 30분 정도 찐다.
⑤ 익은 떡은 소금물을 묻혀 가며 절구에 치거나 펀칭기에 5분 정도 돌려서 찰지게
   한다.
⑥ 먹기 좋은 크기로 잘라서 콩가루를 묻힌다.

02 절편

1) 절편 재료

멥쌀가루 2컵, 물 4큰술

2) 만드는 방법

① 멥쌀가루에 물을 넣고 비빈다.
② 찜기에 젖은 면포를 깔고 설탕을 솔솔 뿌린다.
③ 쌀가루를 안쳐 10~15분 정도 찐다.
④ 익은 떡은 소금물을 묻혀 가며 절구에 치거나 펀칭기에 5분 정도 돌려서 찰지게
   한다.
⑤ 떡을 길게 막대 모양으로 밀어 떡살로 눌러 찍는다.

03 가래떡

1) 가래떡* 재료

불린 멥쌀 5kg, 소금 50~60g, 물 3~4컵

2) 만드는 방법

① 불린 멥쌀을 방아에 소금을 넣고 한 번 빻는다.
② 쌀가루에 물을 넣고 한 번 더 빻는다.
③ 시루에 시룻밑을 깔고 쌀가루를 골고루 펴서 20분간 찌고 5분간 뜸을 들인다.
④ 제병기에 가래떡 모양틀을 끼우고 가래떡을 뽑는다.
⑤ 뽑자마자 찬물에 담길 수 있도록 하고 용도에 맞게 자른다.

★ 가래떡, 절편, 골무떡, 개피떡
멥쌀가루에 물을 주어 시루에 찌
고 절구에 끈기가 생기게 쳐서 길
게 만들면 가래떡이다. 가래떡을
떡살로 찍으면 절편, 작게 만들면
골무떡, 얇게 밀어 소를 넣고 반달
모양으로 접으면 개피떡이다.

✅ 개념 체크

1 절편은 찹쌀가루로 제조한
다. (O, X)

2 골무떡과 가래떡은 둘 다 치
는 떡류이지만, 골무떡은 찹
쌀, 가래떡은 멥쌀을 사용한
다는 점에서 차이가 있다.
(O, X)

1 X 2 X

빛는 떡류(찌는 떡, 삶는 떡) 제조과정

※ 소금을 넣어 준비한 쌀가루 기준 레시피입니다.

▶ 합격강의

빈출 태그 ▶ 빛는 떡류를 만드는 방법

01 쑥개떡

1) 쑥개떡 재료

쑥쌀가루 6컵, 설탕 1큰술, 끓는 물 1컵, 참기름 1작은술, 식용유 3큰술, 소금 약간

2) 만드는 방법

① 쌀가루에 설탕을 넣고 끓는 물을 넣어 익반죽한다.
② 반죽을 원하는 크기로 떼어 둥글납작하게 만든다.
③ 김이 오른 찜통에 10분 정도 찐다.
④ 참기름, 식용유, 소금을 섞어 쑥개떡에 바른다.

02 송편

1) 송편 재료

멥쌀가루 200g, 물 5~7큰술, 불린 서리태 70g, 참기름 1~2큰술

2) 만드는 방법

① 불린 서리태는 찜기에서 20분간 강한 불로 찐 다음 약한 불로 5분간 뜸을 들이거나 콩이 충분히 잠기는 물에서 20분 정도 삶고 뚜껑을 닫아서 뜸을 들인다.
② 물을 끓인다.
③ 멥쌀가루는 체에 내리고 물을 조금씩 넣으면서 익반죽을 한다.
④ 반죽을 하나씩 동그랗게 만들고 속을 파서 삶은 서리태를 넣어 오므린 후 안쪽 공기를 빼고 송편 모양으로 빚는다.
⑤ 김이 오른 찜통에 20분간 찌고 5분간 뜸을 들인다.
⑥ 찬물에 한 번 씻어 물기를 빼고, 참기름을 바른다.

03 경단

1) 경단 재료

찹쌀가루 200g(약 2컵), 콩가루 50g, 끓는 물 4~5큰술

2) 만드는 방법

① 찹쌀가루는 체에 내리고 물을 조금씩 넣어 익반죽을 한다.
② 반죽을 지름 2.5~3cm, 12g정도씩 분할하여 동그랗게 만든다.
③ 끓는 물에 반죽을 넣고 약~중불에서 1분 30초~2분간 익힌다.
④ 체로 경단을 건져 찬물에 넣고, 다시 찬물로 2~3번 헹궈 충분히 식힌 후 물기를 뺀다.
⑤ 콩가루에 경단을 넣어 골고루 묻힌다.

04 개성 경단

1) 개성 경단 재료

찹쌀 300g, 멥쌀 200g, 팥고물 300g, 조청 220g, 잣가루 $\frac{2}{3}$ 큰술, 끓는 물 약 10큰술

2) 만드는 방법

① 찹쌀가루와 멥쌀가루는 물을 조금씩 넣으면서 익반죽을 한다.
② 떡 반죽을 은행알 크기로 동그랗게 빚어 끓는 물에 삶는다.
③ 떡이 떠오르면 건져 물기를 빼서 먼저 팥고물을 묻힌다. 그리고 조청을 묻힌 다음 잣가루를 뿌린다.

✔ 개념 체크

1 쑥개떡 제조 시 사용하는 쑥쌀가루는 찹쌀가루이다. (O, X)

2 송편 제조 시 반죽은 익반죽으로 하는 것이 좋다. (O, X)

1 X 2 O

지지는 떡류(부꾸미, 개성주악) 제조과정

※ 소금을 넣어 준비한 쌀가루 기준 레시피입니다.

▶ 합격 강의

빈출 태그 ▶ 지지는 떡류를 만드는 방법

01 부꾸미

1) 부꾸미 재료

찹쌀가루 200g(약 2컵), 설탕 30g, 팥앙금 100g, 쑥갓 20g, 대추 3개, 끓는 물 4~5큰술

2) 만드는 방법

① 찹쌀가루는 체에 내리고 물을 조금씩 넣으면서 익반죽을 한다.
② 대추는 씨 주변으로 돌려 깎고, 얇게 펴서 돌돌 말아 두껍지 않게 썬다. 쑥갓은 작은 잎 위주로 사용한다.
③ 찹쌀 반죽은 분할하여 동글납작하게 만든다.
④ 팬에 기름을 조금 두르고 불을 약하게 해서 찹쌀 반죽을 익힌다. 반죽이 투명해지면 뒤집고 안에 팥앙금을 넣어 반을 접고 고명을 붙인다.
⑤ 접시에 설탕을 뿌리고 부꾸미를 겹치지 않게 담는다.

02 개성주악

1) 개성주악 재료

찹쌀가루 5컵, 밀가루 1/2컵, 설탕 1/2컵, 막걸리 1/2컵, 끓는 물 2~3큰술
※ 집청 : 생강편 10g, 조청 1컵, 물 1/2컵

2) 만드는 방법

① 찹쌀가루와 밀가루를 섞어 중간체에 내려 설탕을 섞는다.
② 막걸리를 넣어 버무리고, 끓는 물을 넣어 반죽하고 치댄다.
③ 반죽을 지름 3cm, 두께 1cm 정도로 만든다. 가운데 위아래를 눌러 움푹 들어가게 한다. 젓가락으로 가운데를 구멍이 나도록 콕 찍는다.
④ 80~100℃로 3분 정도 튀기고 떠오르면 중불로 높여서 1~2분 정도 더 튀긴다.
⑤ 약불 혹은 중불로 생강편, 조청, 물을 넣어 농도가 걸쭉해지도록 끓인다.
⑥ 집청에 주악을 담갔다 뺀다.
⑦ 호박씨, 대추로 장식을 한다.

SECTION 05

출제빈도 상 중 하
반복학습 1 2 3

기타 떡류(약밥, 증편, 두텁떡) 제조과정

※ 소금을 넣어 준비한 쌀가루 기준 레시피입니다.

▶합격강의

빈출 태그 ▶ 약밥과 증편을 만드는 방법

01 약밥

1) 약밥 재료

불리지 않은 찹쌀 5컵(800g), 황설탕 1컵, 참기름 4큰술, 진간장 3큰술, 계핏가루 1작은술, 밤 10개, 대추 10개, 꿀, 참기름

2) 만드는 방법

① 찹쌀은 씻어 5시간 이상 불린 후 물기를 빼고, 찜통에 1시간 정도 무르게 찐다.
② 밤은 4~6등분, 대추는 씨를 발라내어 3~4조각으로 썬다.
③ 찐 찹쌀에 황설탕, 참기름, 진간장, 계핏가루, 밤, 대추 순서로 넣는다.
④ 찜통에 40분 정도 찌고 꿀, 계핏가루, 참기름을 섞는다.
⑤ 먹기 좋은 크기로 자르거나 쥐어 포장한다.

3) 캐러멜 소스 만들기

① 재료 : 설탕 200mL, 물 100mL, 끓는 물 100mL, 물엿 2큰술
② 설탕, 물을 넣고 약, 중불에서 갈색이 될 때까지 젓지 않고 졸인다.
③ 설탕이 갈색으로 변하면 불을 끄고 끓는 물과 물엿을 넣는다.

> **기적의 TIP**
>
> **약밥의 약(藥)자의 의미**
> • 몸에 이로운 음식이라는 개념
> • 꿀과 참기름 등을 많이 넣은 음식
> • 꿀을 넣은 과자와 밥을 각각 약과(藥果)와 약식(藥食)이라 칭함

02 증편

1) 증편 재료

멥쌀가루 5컵, 물 1/2컵, 생막걸리 2/3컵, 설탕 1/2컵, 고명(잣, 석이, 호박씨, 대추 등)

2) 만드는 방법

① 물을 50℃로 데워 설탕과 막걸리를 섞는다.
② ①에 쌀가루를 넣어 멍울 없이 고루 섞고 랩을 씌운다.
③ 1차 : 반죽을 따뜻한 곳(30~35℃)에서 4시간 발효한다.
④ 2차 : 1차 발효된 반죽을 잘 섞어 공기를 빼고 다시 랩을 씌워 2시간 발효한다.
⑤ 3차 : 2차 발효된 반죽을 잘 섞어 공기를 빼고 다시 랩을 씌워 1시간 발효한다.
⑥ 발효된 반죽을 잘 섞어 공기를 빼고 기름칠한 틀에 7~8부 정도 붓는다.
⑦ 준비한 고명으로 장식한다.

⑧ 김 오른 찜통에 약불 5분, 센불 10분, 약불 5분간 찐다.
⑨ 한 김 나간 후 윗면에 식용유를 바른다.

03 두텁떡

1) 두텁떡 재료
① **거피팥** : 거피팥 2컵, 진간장 1큰술, 설탕 5큰술, 계핏가루 1/3작은술, 후춧가루 조금
② **소** : 볶은 거피팥 1컵, 밤 2개, 대추 4개, 계핏가루 2꼬집, 유자청 1큰술, 꿀 1큰술, 잣 1큰술
③ **찹쌀가루** : 찹쌀가루 4컵, 진간장 1~2큰술, 설탕 4~5큰술

2) 만드는 방법
① **거피팥**
• 거피팥은 씻고 물에 2시간 이상 불린다.
• 손으로 비벼 껍질을 벗긴다.
• 김 오른 찜통에 젖은 면포를 깔고 30~40분 정도 무르게 찐다.
• 볼에 쏟아 절구로 대강 찧어 중간체에 내린다.
• 진간장, 설탕, 계핏가루, 후춧가루 넣어 팬에 보슬보슬하게 볶는다.

② **소**
• 밤, 대추는 곱게 채를 썰고, 유자는 다진다.
• 볶은 거피팥에 밤, 대추, 유자청, 계핏가루, 꿀을 섞어 반죽하고 지름 2cm 정도로 만들면서 잣을 하나씩 넣는다.

③ **찹쌀가루**
• 찹쌀가루에 진간장 1큰술을 넣어 비빈다.
• 중간체에 내린다
• 설탕을 넣는다.

④ **찌기**
• 찜통에 젖은 면포를 깐 후 거피팥 고물을 깐다.
• 쌀가루를 한 큰술씩 드문드문(3~4번) 놓는다.
• 쌀가루 가운데에 소를 넣고 다시 쌀가루를 덮는다.
• 거피팥 고물을 덮는다. 빈자리를 같은 방식으로 채운다.
• 김이 오른 찜통에 약 30분 찐다.
• 수저로 하나씩 떠낸다.

개념 체크

1 증편 제조 시 반죽은 총 (   ) 차례 발효시킨다.

13

01 백설기 제조 과정에 대한 설명으로 옳지 않은 것은?

① 멥쌀을 충분히 불려 물기를 빼고 소금을 넣어 롤러로 빻는다.

② 멥쌀가루에 물과 설탕을 한번에 섞어 비벼 중간체에 내린다.

③ 찜기에 쌀가루를 살살 펴서 담는다.

④ 강한 불로 20분 정도 찌고 뜸을 들인다.

설탕은 체에 내리고 나중에 넣어야 떡이 뭉치지 않는다.

02 전통적인 약밥을 만드는 과정에 대한 설명으로 옳지 않은 것은?

① 찜기에 면포를 깔고 찹쌀을 1시간 정도 무르게 찐다.

② 불린 찹쌀에 밤, 대추, 간장, 설탕, 참기름 등을 한 번에 넣고 찐다.

③ 찹쌀을 불려서 1차로 찔 때 충분히 쪄야 간과 색이 잘 밴다.

④ 양념한 밥을 오래 중탕하여 갈색이 나도록 한다.

약밥은 1차로 불린 찹쌀을 먼저 찌고, 2차로 부재료를 넣어 쪄서 만든다.

03 캐러멜 소스 제조 과정에 대한 설명으로 옳은 것은?

① 설탕, 간장, 물을 넣어 끓인다.

② 끓일 때 잘 저어 내용물이 덩어리지지 않도록 한다.

③ 설탕이 갈색으로 변하면 불을 끄고 물엿을 혼합한다.

④ 캐러멜화는 100℃에서 갈색이 된다.

설탕 시럽이 갈색이 되면 물엿을 넣어 굳지 않도록 한다.

오답 피하기

① 설탕과 물을 넣어 젓지 않고 끓인다.
② 설탕 시럽을 저으면 결정화되어 굳으므로 주의한다.
④ 캐러멜화는 160℃에서 일어난다.

04 증편 만드는 과정 중 옳지 않은 것은?

① 물을 100℃ 정도로 데워 설탕과 막걸리를 섞는다.

② 멥쌀가루에 설탕, 막걸리, 따뜻한 물을 넣어 발효시켜 만든다.

③ 30~35℃ 따뜻한 곳에서 발효시킨다.

④ 찜통에서 약불 5분, 강불 10분, 약불 5분간 쪄서 만든다.

물을 50℃ 정도로 데워 설탕과 막걸리를 섞으며, 이때 온도가 높으면 막걸리의 효모가 죽어 발효가 일어나지 않는다.

05 개성주악을 만드는 방법으로 옳지 않은 것은?

① 멥쌀가루를 체에 내려 설탕, 막걸리를 넣고 미지근한 물로 반죽한다.

② 80~100℃의 약한 불로 3분 정도 튀기고 온도를 서서히 높인다.

③ 집청에 생강, 조청, 물을 넣어 만든다.

④ 집청을 만들 때는 계속 저으면 결정이 생기므로 젓지 않고 끓인다.

개성주악은 찹쌀가루로 만든 유전병이며 반죽을 할 때는 뜨거운 물로 익반죽을 해야 한다.

06 개성 경단 제조 방법으로 옳지 않은 것은?

① 찹쌀가루와 멥쌀가루를 섞어 익반죽한다.

② 반죽 안에 팥소를 넣고 둥글납작하게 빚는다.

③ 끓는 물에 삶아서 떠오르면 건져 물기를 뺀다.

④ 경아 가루를 묻히고 조청을 묻혀 잣가루를 뿌린다.

개성 경단은 은행알 크기로 작게 빚어 삶아 경아 가루(팥고물)에 묻혀 먹는 삶는 떡이다.

정답 01 ② 02 ② 03 ③ 04 ① 05 ① 06 ②

07 송편 제조 방법으로 옳지 않은 것은?

① 물을 끓여 뜨거운 물로 익반죽을 해야 호화가 잘 된다.

② 송편 반죽은 많이 치댈수록 부드럽고 씹는 맛이 좋다.

③ 송편 소를 넣을 때 공기를 빼지 않으면 송편이 터질 수 있다.

④ 송편은 약한 불로 20분 천천히 쪄야 부드러운 식감이 생긴다.

송편을 익힐 때는 강한 불로 20분 찌고, 약불로 5분 뜸을 들인다.

08 인절미를 만드는 방법으로 옳은 것은?

① 찐 쌀을 펀칭기에 넣고 기름을 넣어 가면서 친다.

② 떡을 쳐서 모양을 잡은 후 고물을 묻힌다.

③ 쌀을 찜기에 1시간 정도 무르게 찐다.

④ 쌀가루를 체에 여러 번 쳐서 부드럽게 한다.

인절미 제조 방법

㉠ 찹쌀가루에 물과 설탕을 섞어 30분 정도 찜기에 찐다.

㉡ 찹쌀가루를 여러 번 체에 치면 익지 않을 수 있으니 체에 치지 않거나 1번 정도만 친다.

㉢ 찜기에서 오래 익히면 인절미가 수분을 많이 먹어 모양이 잘 잡히지 않으므로 주의한다.

㉣ 절구로 치거나 대량생산을 할 때는 펀칭기라는 기계로 찰지게 만든다. 이때 소금물을 조금씩 바르면서 들러붙지 않게 한다.

㉤ 모양을 잡아 콩가루를 묻힌다.

09 찜기에 불린 찹쌀을 통으로 푹 무르게 찐 후 밥알이 안 보일 때까지 치대서 콩고물을 묻히는 떡을 무엇이라고 하는가?

① 고치떡

② 구름떡

③ 오그랑떡

④ 연안인절미

연안 지역에서 생산되는 찹쌀로 큼직하게 만든 인절미로 밥알인절미, 통찹쌀인절미 또는 혼인 때 많이 만들어 먹어 혼인인절미라고도 부른다.

10 가래떡을 만드는 제조 방법으로 옳은 것은?

① 찹쌀에 소금을 넣고 한 번 빻는다.

② 면포를 깔고 30분 정도 찐다.

③ 제병기에 가래떡 모양 틀을 끼우고 가래떡을 뽑는다.

④ 나온 가래떡은 따뜻한 물에 담가 식지 않게 하고 용도에 맞게 자른다.

가래떡 제조 방법

㉠ 가래떡은 멥쌀로 만든 떡으로 소금을 넣고 한 번, 물을 넣고 두 번 빻아 만든다.

㉡ 백설기처럼 20분 강불로 찌고, 약불로 5분 뜸을 들인 후 가래떡으로 뽑는다.

㉢ 떡은 나오자마자 찬물에 담가 식혀 굳힌 다음 자른다.

11 떡의 명칭과 재료의 연결이 옳지 않은 것은?

① 상실병 – 도토리

② 서여향병 – 더덕

③ 남방감저병 – 고구마

④ 청애병 – 쑥

서여향병은 마를 썰어 찌고 꿀에 담갔다가 찹쌀가루를 묻혀서 기름에 지져내어 잣가루를 입힌 떡이며 서여는 마를 뜻한다.

12 쌀가루에 술을 넣어 발효시켜 만든 떡이 아닌 것은?

① 증병

② 재증병

③ 기정떡

④ 술떡

재증병은 찌는 과정을 2번 거치는 떡으로 술을 넣은 것은 아니다.

떡류 포장 및 보관

SECTION

01

출제빈도 상 중 하
반복학습 1 2 3

떡의 포장방법

▶합격강의

빈출 태그 ▶ 떡의 포장 종류와 방법

01 식품의 포장

1) 식품 포장의 목적

① 품질 보호 및 보존성
② 제품의 위생적 보관과 보호, 안전성
③ 취급 및 운반의 편리성
④ 제품의 판촉 및 홍보, 정보성, 상품성
⑤ 물류비 절감, 경제성
⑥ 환경친화성

2) 식품 포장의 분류

① 낱개 포장 : 여러 물품을 하나하나 낱개로 포장하는 것이다. 물품의 상품 가치를 높이거나 물품 개개를 보호하기 위하여 적합한 재료 및 용기 등으로 물품을 포장하는 방법 및 포장한 상태를 말한다.
② 속포장 : 포장된 물품 안쪽의 포장으로, 물품에 대한 습기, 광염, 충격 등을 방지하기 위하여 적합한 재료 및 용기 등으로 물품을 포장하는 방법 및 포장한 상태를 말한다.
③ 겉포장 : 물품 외부의 포장으로 상자, 포대, 스티로폼, 금속 등의 용기에 넣거나 그대로 묶어 포장한 상태를 말한다.

3) 포장재의 종류

① 종이 : 인쇄가 용이하고 다른 적층 포장재의 초기 포장재로 사용된다. 노루지, 유산지, 골수지, 습지 등이 있다.
② 폴리에틸렌(Polyethylene, PE) : PE는 에틸렌의 중합으로 얻어지는 열에 강한 소재로, 주방용품에 많이 사용된다. 가공이 쉬워 다양한 제품군에 사용되며, 페트병의 주원료가 되기도 한다.
③ 폴리프로필렌(Polypropylene, PP) : PP는 프로필렌의 중합으로 얻어지는 열가소성 수지이다. PP는 PE보다 더 질기고 융점이 높으며 인장 강도도 크다. 폴리프로필렌은 카펫, 실내 장식품, 음식 및 화장품의 용기병, 장난감, 가구, 자동차 부품에서도 사용되고 있다.
④ 폴리스티렌(Polystyrene, PS) : PS는 스티렌의 중합으로 얻어지는 열가소성 수지이다. 가격이 저렴하고 가공성이 용이하며 투명, 무색이고, 광학적 성질이 우수하며 질긴 특성이 있다.

4) 포장 방법

① 냉각 건조 공정

• 떡은 찹쌀, 멥쌀의 종류나 수분의 함량에 따라 품질에 밀접한 관계가 있으므로 주의해서 건조를 해야 한다.

• 떡을 찌고 한 김이 날아갈 정도로 건조하여 안에 수증기가 생기지 않도록 포장을 한다.

• 간혹 보관 또는 유통 중에 온도 차이가 발생할 경우에 포장지 내면에 응축수가 발생하지 않도록 방담* 기능의 포장재를 사용하는 것이 바람직하다.

★ 방담(Anti Fogging)
물체의 표면에 물기가 맺히지 않도록 하는 것

② 포장

• 소량 생산 : 속포장 PE 봉투에 계량하여 포장한 후 진공 밴드 실러를 사용하여 포장한다.

• 대량 생산 : 로터리 포장기 등을 이용하여 연속적으로 생산되는 제품들이 금속 검출기를 통과하여 주입, 계량, 탈산소제 투입, 진공 실링 후 중량 선별 단계를 통과하면 포장이 완료된다.

③ 포장기를 이용한 포장

• 포장용지 규격에 맞는 포장지 넣기
• 포장기 회전판의 위생 상태 점검하기
• 포장기의 전원 켜기
• 포장기 예열하기
• 회전판에 떡 놓기
• 자동 포장기 작동시키기
• 회전판에 계속적으로 떡 놓기
• 열선 부위에서 포장되어 나오는 떡 옮기기
• 포장 상태 점검하기

✓ 개념 체크

1 폴리에틸렌보다 더 질기고 융점이 높으며 인장 강도도 큰 재질로, 카펫, 실내 장식품 등에 사용되는 포장재는 ( )이다.

2 떡을 포장할 때는 수분기가 증발하지 않도록 찐 직후 뜨거운 상태로 포장한다. (O, X)

1 폴리프로필렌(PP) 2 X

포장용기 표시사항

▶ 합격 강의

01 표시사항

1) 식품 등의 표시 · 광고에 관한 법률의 목적

식품 등에 대하여 올바른 표시 · 광고를 하도록 하여 소비자의 알 권리를 보장하고 건전한 거래질서를 확립함으로써 소비자 보호에 이바지함을 목적으로 한다.

2) 과자류, 빵류 또는 떡류의 표시사항

① **제품명** : 제품을 나타내는 고유의 명칭
② **식품 유형** : 과자류, 빵류, 떡류
③ **용량** : 중량(kg, g, mg) 또는 용량(L, mL) 또는 개수로 표시
④ **업소명 및 소재지**
⑤ **제조 연월일, 소비기한 또는 품질유지기한**
  • 연 · 월 · 일, 제조일로부터 ○일, 냉동보관 ○일
  • **소비기한** : 식품 등에 표시된 보관방법을 준수할 경우 섭취하여도 안전에 이상이 없는 기한
⑥ **원재료명** : 식품 또는 식품첨가물의 제조 · 가공 또는 조리에 사용되는 물질로서 최종 제품 내에 들어 있는 것
⑦ **포장 재질** : 폴리에틸렌(내질)
⑧ **과자, 캔디류, 빵류** : 영양 표시(단백질, 탄수화물, 지방, 열량, 나트륨 등)
⑨ **해당하는 경우** : 방사선 조사, 유전자변형식품, 보관상 주의사항에 해당하는 경우 표시
⑩ **분리 배출 표시, 바코드, 부정 불량 식품 신고(전화번호), 반품 및 교환 장소**
⑪ **소비자 안전을 위한 주의사항**

🅑 기적의 TIP

식품 등의 표시, 광고에 관한 법률
떡류 포장 표시의 기준을 포함하며, 소비자의 알 권리를 보장하고 건전한 거래질서를 확립함으로써 소비자 보호에 이바지함을 목적으로 한다.

🅑 기적의 TIP

유통기한은 제품의 제조일로부터 소비자에게 판매가 허용되는 기한이다. 소비자가 식품의 폐기 시점 등으로 오인할 수 있어 소비기한 표시제로 개정되고 있다.

냉장, 냉동 등 보관방법

▶ 합격 강의

빈출 태그 ▶ 냉동방법 · 냉장방법

01 냉동

1) 냉동식품의 정의

① 전처리를 하고 −18℃ 이하가 되도록 급속 동결한 다음 소비자에게 판매하는 목적으로 포장된 식품을 말한다.
② 미생물은 10℃ 이하에서 발육이 억제되고, 반응 속도가 느려진다.
③ 0℃ 이하에서는 거의 작용을 하지 못한다.

2) 냉동방법

① 식품을 서서히 얼리면 얼음 결정이 크게 되어 조직을 상하게 하므로 품질의 저하를 막기 위해 −40℃의 급속 동결법이나 −194℃의 액체 질소를 이용한 냉동법이 있다.
② 온도조절은 강으로 하여 급속 냉동한다.
③ 야채류는 데친 후(블랜칭) 차게 식혀 동결시킨다.
④ 밀폐하여 냉동한다.
⑤ 재료는 신선한 것으로 선택한다.
⑥ 재냉동은 하지 않는다.
⑦ 날짜와 식품명을 기입한다.

3) 냉동 중의 변화

① 조직 중의 빙결정의 수가 줄고, 대형의 빙결정이 생긴다.
② 근섬유가 손상되어 해동을 해도 수분이 흡수되지 않아 구멍이 생긴다.
③ 드립 중 수용성 단백질, 염류, 비타민류 등 영양분의 손실이 있다.
④ 중량, 풍미, 식미가 감소된다.
⑤ 동결육의 건조에 의한 지방 산화로 변색, 변성 등의 동결화상이 생길 수 있다.

 기적의 TIP

채소를 냉동시키기 전에 블랜칭(Blanching)하는 이유
• 효소의 불활성화
• 미생물의 살균
• 조직의 연화
• 부피의 감소

02 냉장

1) 냉장법

① 0~4℃로 저장하는 방법이다.
② 채소, 과일, 육류 등을 저장한다.
③ 떡은 냉장 보관 시 노화가 일어나므로 0℃ 이하로 동결시키거나 60℃ 이상으로 온장시킨다.

✅ 개념 체크

1 미생물은 ( )℃ 이하에서 발육이 억제되고, 반응 속도가 느려진다.

1 10

01 떡류 포장 표시의 기준을 포함하며, 소비자의 알 권리를 보장하고 건전한 거래질서를 확립함으로써 소비자 보호에 이바지함을 목적으로 하는 것은?

① 식품안전기본법
② 식품안전관리인증기준
③ 식품 등의 표시 · 광고에 관한 법률
④ 식품위생 분야 종사자의 건강진단 규칙

식품 등의 표시 · 광고에 관한 법률의 목적
식품 등에 대하여 올바른 표시 · 광고를 하도록 하여 소비자의 알 권리를 보장하고 건전한 거래질서를 확립함으로써 소비자 보호에 이바지함을 목적으로 한다.

02 식품 등의 기구 또는 용기·포장의 표시기준으로 옳지 않은 것은?

① 재질
② 영업소 명칭 및 소재지
③ 소비자 안전을 위한 주의사항
④ 섭취량, 섭취 방법 및 섭취 시 주의사항

표시 사항
• 제품명, 식품 유형, 용량, 업소명 및 소재지, 제조연월일, 소비기한 또는 품질유지기한, 원재료명, 포장 재질, 품목보고번호
• 과자류, 캔디류, 빵류 : 영양 표시(단백질, 탄수화물, 지방, 열량, 나트륨 등)
• 해당하는 경우 : 방사선 조사, 유전자변형식품, 보관상 주의사항
• 분리배출 표시, 바코드, 부정 불량 식품 신고(전화번호), 반품 및 교환 장소

03 저온 저장이 미생물 생육 및 효소 활성에 미치는 영향에 관한 설명으로 옳지 않은 것은?

① 일부의 효모는 −10℃에서도 생존 가능하다.
② 곰팡이 포자는 저온에 대한 저항성이 강하다.
③ 부분 냉동 상태보다는 완전 동결 상태에서 효소 활성이 촉진되어 식품이 변질되기 쉽다.
④ 리스테리아균이나 슈도모나스균은 냉장 온도에서도 증식 가능하여 식품의 부패나 식중독을 유발한다.

완전 동결 상태에서 효소 활성이 억제되어 식품의 변질이 되지 않는다.

04 떡류의 보관관리에 대한 설명으로 옳지 않은 것은?

① 당일 제조 및 판매 물량만 확보하여 사용한다.
② 오래 보관된 제품은 판매하지 않도록 한다.
③ 진열 전의 떡은 서늘하고 빛이 들지 않는 곳에서 보관한다.
④ 여름철에는 상온에서 24시간까지는 보관해도 된다.

여름철에는 상온에서 24시간 보관하면 쉽게 상할 수 있으며 가능한 바로 섭취하는 것이 좋고, 바로 섭취가 불가능하다면 밀봉하여 냉동 보관하는 것이 좋다.

정답 01 ③ 02 ④ 03 ③ 04 ④

05 얼음 결정의 크기가 크고 식품의 텍스처 품질 손상 정도가 큰 저장 방법은?

① 완만 냉동
② 급속 냉동
③ 빙온 냉장
④ 초급속 냉동

식품을 냉동할 때는 급속 냉동을 통해 얼음 결정을 최소화하고 식품의 품질 손상이 없도록 하는 것이 좋다.

06 조리에 사용하는 냉동식품의 특성이 아닌 것은?

① 완만 동결하여 조직이 좋다.
② 미생물 발육을 저지하여 장기간 보존이 가능하다.
③ 저장 중 영양가 손실이 적다.
④ 산화를 억제하여 품질 저하를 막는다.

급속 동결해야 조직이 덜 손상된다.

07 채소를 냉동시키기 전에 블랜칭(Blanching)하는 이유로 적절하지 않은 것은?

① 효소의 활성화
② 미생물의 살균
③ 조직의 연화
④ 부피의 감소

효소의 불활성화를 위해 채소를 데쳐 사용한다.

08 다음이 설명하는 포장재의 종류는?

> 에틸렌의 중합으로 얻어지며 열에 강한 소재로 주방용품에 많이 사용된다. 가공이 쉬워 다양한 제품군에 사용되고, 페트병의 주원료가 되기도 한다.

① 종이
② PE
③ PP
④ PS

가공이 쉬워 다양한 제품군에 사용되고 열에 강한 소재로 주방용품에 많이 사용되는 소재는 폴리에틸렌이다.

09 식품 포장의 목적이 아닌 것은?

① 품질 보호 및 보존성
② 제품의 위생적 보관
③ 식품의 식감의 유지
④ 제품의 판촉 및 홍보, 정보성, 상품성

오답 피하기

①, ②, ④ 외에 취급 및 운반의 편리성, 물류비 절감, 경제성, 환경친화성의 목적이 있다.

10 물품 외부의 포장으로, 상자, 포대, 스티로폼, 금속 등의 용기에 넣거나 그대로 묶는 포장을 무엇이라고 하는가?

① 낱개 포장
② 속포장
③ 겉포장
④ 개별포장

① 낱개 포장 : 물품을 따로 하는 포장하는 방법
② 속포장 : 포장된 물품 안쪽의 포장으로 습기, 광열, 충격 등을 방지하기 위한 포장법

11 인쇄가 용이하고 다른 적층 포장재의 초기 포장재로 사용되는 노루지, 유산지, 골수지, 습지 같은 포장재의 종류는?

① 종이
② PE
③ PP
④ PS

② 폴리에틸렌(PE) : 페트병의 주원료
③ 폴리프로필렌(PP) : 카펫, 장식품, 음식 및 화장품 병, 장난감, 가구, 자동차 부품 등에 사용
④ 폴리스티렌(PS) : 일회용 포장 용기, 플라스틱 등

12 포장 용기 표시사항이 아닌 것은?

① 제품명 : 제품을 나타내는 고유의 명칭
② 식품 유형 : 과자류, 빵류, 떡류
③ 식품을 만든 사람과 업소명 및 소재지
④ 제조 연월일 또는 소비기한

식품을 만든 사람은 표기할 필요가 없다.

13 떡을 포장하는 방법으로 바람직하지 않은 것은?

① 떡은 찌고 한 김이 날아간 후에 포장한다.
② 떡은 충분히 식은 후에 포장을 해야 수증기가 생기지 않아 좋다.
③ 떡은 포장지 내면에 응축수가 발생하지 않도록 방담기능의 포장재를 쓰는 것이 좋다.
④ 떡은 수분의 함량이 품질과 밀접한 관련이 있으므로 주의하여 건조시킨다.

떡은 한 김만 날아가면 바로 포장을 해야 떡이 건조되지 않아 좋은 품질을 유지할 수 있다.

14 떡의 노화를 억제하는 방법으로 적합하지 않은 것은?

① 설탕을 첨가한다.
② 식품을 냉장 보관한다.
③ 식품의 수분함량을 15% 이하로 한다.
④ 유화제를 사용한다.

떡을 냉장 보관하면 노화가 진행되므로 냉동실에 보관하는 것이 적합하다.

15 다음 중 냉동 중의 변화로 옳지 않은 것은?

① 조직 중 빙결정의 수가 늘어나고, 대형 빙결정이 생긴다.
② 근섬유가 손상을 받아 해동을 해도 수분이 흡수되지 못하고 유출되어 구멍이 생긴다.
③ 드립 중 수용성 단백질, 염류, 비타민류 등의 영양분 손실이 있다.
④ 동결육의 건조에 의한 지방의 산화로 변색, 변성되는 동결화상이 생길 수 있다.

조직 중의 빙결정의 수가 줄어들고, 대형의 빙결정이 생긴다.

위생 안전관리

CHAPTER

01

개인 위생관리

SECTION 01
개인 위생관리 방법

출제빈도 상 중 **하**
반복학습 1 2 3

▶합격강의

빈출 태그 ▶ 식품 위생 · 질병

---

01 위생관리기준

1) 손의 세척 및 소독

식품을 취급하기 전에는 반드시 손을 세척한다. 역성비누*로 손을 소독하는 방법은 일반 비누로 먼저 손을 세척하고, 10% 희석한 역성비누로 약 30초 정도 손을 비비면서 소독한다. 일반 비누와 역성비누를 같이 섞어 사용하면 살균력이 떨어지니 주의해야 한다.

2) 상처 및 질병

① 식품 취급자 자신의 건강상태를 확인하고 개인위생에 주의를 기울인다.
② 음식물을 통해 감염될 수 있는 병원균을 보유하고 있거나 설사, 구토, 황달, 기침, 콧물, 가래, 오한, 발열 등의 증상이 있을 때는 일을 해서는 안 된다.
③ 위장염 증상, 부상으로 인한 화농성 질환, 피부병, 상처 부위가 있을 때는 즉시 상급자에게 보고하고 작업하지 않는다.

3) 개인 위생수칙

① 주기적으로 위생교육을 받아야 하며 교육에 대한 효과를 확인받는다.
② 작업장에서는 지정된 위생복, 위생모, 위생화, 위생장갑 및 위생 마스크를 청결한 상태로 착용한다. 위생모는 머리카락이 외부로 노출되지 않도록 착용한다. 앞치마는 조리용, 서빙용, 세척용으로 용도에 따라 색상을 달리 하거나 구분하여 사용한다. 위생장갑은 전처리용, 조리용, 설거지용, 청소용 등 용도에 따라 색상별로 구분, 관리한다.
③ 작업자는 작업 전에 손, 신발을 세척하고 소독한다.
④ 손톱은 청결하게 하고, 매니큐어 및 짙은 화장, 향수는 사용하지 않는다.
⑤ 작업장 내 음식물, 담배, 장신구 및 기타 불필요한 개인용품을 반입하지 않는다.
⑥ 작업장 내에서는 흡연행위, 껌 씹기, 음식물 섭취 등을 하지 않는다.
⑦ 작업장 내에서는 지정된 이동 경로를 따라서 이동한다.
⑧ 작업장 출입은 반드시 지정된 출입구를 통해야 하며, 별도의 허가를 받지 않은 인원은 출입할 수 없다.
⑨ 작업장에서 사용하는 모든 설비 및 도구는 항상 청결한 상태로 정리, 정돈한다.
⑩ 모든 종업원은 작업장 내에서의 교차오염 또는 이차오염의 발생을 방지한다.

★ 역성비누
• 식품공장의 소독, 종업원의 손 소독제로 널리 쓰이는 양이온 계면활성제
• 수용액 속에서 이온화하여 생성된 양이온 부분이 계면 활성 작용을 하는 비누
• 세척력은 없으나 살균작용과 단백질 침전 작용이 커서 소독용 비누로 쓰임

1) 식품취급 시의 위생관리

① 식품은 항상 청결하고 위생적으로 취급하여 병원 미생물, 먼지, 유해 물질 등에 의한 오염을 방지한다.
② 식품이 오염되거나 부주의에 의한 위생사고가 없도록 주의한다.
③ 사람의 손, 파리, 바퀴, 쥐, 먼지 등에 의해 오염되지 않도록 위생적으로 취급한다.
④ 살충제, 살균제, 기타 유독 약품류는 식품과 별도로 보관한다.

2) 건강진단의 의무

식품 또는 식품첨가물을 채취 · 제조 · 가공 · 조리 · 저장 · 운반 또는 판매하는 일에 직접 종사하는 영업자 및 종업원(단, 완전 포장된 식품 또는 식품첨가물을 운반하거나 판매하는 일에 종사하는 사람은 제외)은 1년에 1회 건강진단을 해야 한다.

3) 조리사의 결격 사유

① 정신질환자(전문의가 조리사로서 적합하다고 인정하는 자는 제외)
② 감염병 환자(B형간염 환자는 제외)
③ 마약이나 그 밖의 약물 중독자
④ 조리사 면허의 취소처분을 받고 그 취소된 날부터 1년이 지나지 아니한 자

✅ **개념 체크**

1 식품 취급 전 손 세척 시 일반 비누와 역성비누를 한 번에 섞어 사용하면 살균력 높아진다. (O, X)

2 손에 상처가 생긴 경우에는 상급자에게 보고하고 처치한 후 작업한다. (O, X)

3 B형간염 환자를 포함한 감염병 환자는 조리사의 결격 사유에 해당한다. (O, X)

1 X 2 X 3 X

오염 및 변질의 원인

▶ 합격강의

빈출 태그 ▶ 미생물의 종류 · 곰팡이 · 세균 · 바이러스 · 기생충 · 살균 · 소독

01 미생물의 종류와 특성

★ 미생물
육안으로 볼 수 없고, 현미경으로만 식별할 수 있는 생물군

1) 미생물★의 종류

① 곰팡이(Mold)

- 포자법으로 번식하고, 호기성으로 약산성 pH 5~6에서 잘 자란다.
- 질병, 감염, 알레르기 반응한다.
- 비정상적인 곰팡이 식품은 폐기한다.

종류	식품
Aspergillus(누룩곰팡이) 속	누룩과 메주 제조에 이용
Penicillium(푸른곰팡이) 속	치즈의 제조, 떡, 빵, 과일 등에 번식
Mucor(털곰팡이) 속	전분의 당화나 치즈 숙성에 이용
Rhizopus(거미줄곰팡이) 속	채소, 과일, 빵에 번식, 술 양조에 이용

② 효모(Yeast)

- 형태로는 원형, 균사형, 소시지형이 있다.
- 출아법★으로 번식하고, 비운동성이다.

★ 출아법(出芽法, Budding)
성체 일부에서 이를 꼭 닮은 작은 개체(눈, Bud)가 만들어지고, 이 개체가 어느 정도 자란 후 모체로부터 떨어져 나가 독립적인 개체가 되는 번식 방법

종류	식품
Zygo saccharomyces(사카로미세스) 속	누룩과 메주 제조에 이용
Torula(토룰라) 속	된장, 간장, 포도주, 맥주, 청량음료, 꿀, 치즈의 당을 변패
Pichia(피키아), Hansenula(한세눌라) 속	• 산막효모 • 알코올 제조에 이용
Candida(칸디다), Mycoderma(마이코더마) 속	• 산막효모 • 맥주, 간장, 포도주의 유해 균주

③ 스피로헤타(Spirochaeta)

- 연약한 나선형 구조를 하고 있다.
- 운동성을 갖는다.
- 매독, 재귀열, 바일병의 병원체이다.

④ 세균(Bacteria)

- 병원 미생물의 대부분이 세균이다.
- 단세포이고, 분열에 의하여 증식하여 분열균이라고 부른다.
- 형태로는 구균, 간균, 나선균의 형태로 존재한다.

종류	식품
Bacillus(바실루스) 속	쌀밥, 어묵, 통조림 식품 부패의 원인균
Vibrio(비브리오) 속	어류
Clostridium(클로스트리듐) 속	육류, 가공품, 어패류, 통조림 등에 번식
Lactobacillus(락토바실러스) 속	치즈, 발효음료, 술, 된장, 간장의 제조에 이용

⑤ 리케차(Rickettsia)
- 운동성이 없고, 살아 있는 세포 속에서만 증식한다.
- 발진티푸스, 발진열의 병원체이다.

⑥ 바이러스(Virus)
- 보통의 광학현미경으로 볼 수 없고 세균여과기에 통과될 정도로 아주 작은 미생물이다.
- 천연두, 인플루엔자, 소아마비, 일본뇌염의 병원체이다.
- 식품 취급자의 위생으로 예방이 가능하다.

2) 미생물 증식에 필요한 조건

① 영양소
- 질소원 : 아미노산, 무기질소
- 탄소원 : 탄수화물, 포도당 등의 당류 등(주로 에너지원으로 이용)
- 무기질 : 황(S), 인(P) 등
- 비타민 : 비타민 B군 등

② 수분
- 미생물의 증식에 이용되는 물은 자유수이다.
- 수분활성도(Aw) 0.6 이하에서는 미생물 번식 억제가 가능하다.
- 미생물 생육 수분활성도(Aw) : 세균(0.94) 〉효모(0.88) 〉곰팡이(0.80)

③ 온도
- 미생물은 최저 온도 이하에서는 증식이 정지되지만 사멸되지는 않는다.
- 저온균 : 최적 온도 10~20℃인 세균으로 물속, 냉장고에서도 번식한다.
- 중온균 : 최적 온도 25~40℃인 세균으로 자연계에 가장 광범위하게 분포한다.
- 고온균 : 55℃ 이상에서 증식이 가능하고, 온천수에서도 번식한다.

④ 산소
- 호기성균 : 산소가 존재하는 상태에서만 증식하는 세균이다.
  예 곰팡이, 효모, 바실루스, 식초산균, 방선균 등
- 혐기성균 : 산소가 없거나 아주 미량일 경우에만 증식하는 세균으로 산소를 필요로 하지 않는다.
  예 낙산균, 클로스트리듐 등
- 통성 혐기성균 : 산소가 있거나 없거나 관계없이 발육하는 세균이다.
  예 젖산균, 효모 등
- 편성 혐기성균 : 산소를 절대적으로 기피하는 균이다.
  예 보툴리누스균, 웰치균 등

⑤ pH(수소이온농도)
- 곰팡이, 효모 : pH 4.0~6.0인 약산성에서 잘 자란다.
- 세균 : pH 6.5~8의 중성 내지 약알칼리성에서 잘 자란다.

⑥ 삼투압
- 식염용액의 경우 보통 1~2% 정도 농도가 미생물 생육을 저해한다.
- 내염성 미생물 : 10~20% 농도에서도 생육이 가능한 균이다.
- 호염성 세균 : 어느 정도의 식염 농도가 없으면 증식되지 않는 균이다.

3) 미생물에 의한 식품의 변질

① 변질의 정의 : 식품이 여러 환경 요인에 의해 맛, 냄새, 색, 유해 물질 등이 생성되어 섭취가 불가능한 상태를 말한다.

② 변질의 원인
- 미생물의 번식(세균, 곰팡이, 효모)
- 자가소화, 효소적 갈변 현상
- 공기 중 산화로 비타민 파괴, 지방의 산패

③ 변질의 종류

종류	정의
변패	식품 성분 중 탄수화물, 지방이 분해되어 변질된 현상
부패	단백질 식품이 미생물에 의해 분해되어 악취, 유해 물질이 생성되는 현상
산패	지방질 식품이 산화되어 불쾌한 냄새를 형성하고, 성분과 색이 변질된 현상
발효	탄수화물 식품이 미생물에 의해 알코올과 유기산을 생성하여 유용한 물질을 만들어 내는 현상

④ 식품의 부패판정
- 관능검사 : 시각, 촉각, 미각, 후각을 이용한다.
- 생균 수 : 식품 1g당 생균 수가 10^7~10^8인 경우 초기 부패로 판정한다.
- VBN(휘발성 염기질소) : 초기 부패 어육은 30~40mg/100g, 부패 생선은 50mg/100g 이상으로 보고 있다. 식품 공전에서 20mg/100g 이하로 규정, 우육에서는 15mg/100g 이상이 되면 부패 감지가 가능하다.
- TMA(트리메틸아민) : $1\mu g$에서 맛이 저하되고, 2~$3\mu g$ 정도면 부패 어류이다.
- K값 : 생선의 K값이 20 전후라면 생선회로 섭취가 가능하고, 40~50이면 가열 조리가 필요하다.
- 히스타민 : 어육은 4~10mg/100g이면 알레르기성 식중독을 일으킨다.
- pH : 어육은 pH 5.5 전후면 신선하고, pH 6.2이면 초기 부패로 판정한다.
- 황화수소(H_2S), 인돌, 암모니아, 피페리딘 : 식품의 부패 과정에서 생기는 냄새

1) 중간숙주에 의한 기생충 분류

① 중간숙주가 없는 것
- 회충 : 경구감염, 일광에 사멸, 소장에 기생, 우리나라에서 가장 높은 감염률
- 요충 : 집단감염, 항문소양증★
- 편충 : 대장에 기생, 채소류로부터 감염, 충란으로 감염
- 구충(십이지장충) : 경피 감염
- 동양모양선충 : 내염성, 절인 채소에도 붙어 감염

② 중간숙주가 하나인 것
- 무구조충, 민촌충 : 소
- 유구조충, 선모충 : 돼지
- 만손열두조충 : 닭

③ 중간숙주가 두 개인 것

기생충	제1중간숙주	제2중간숙주
간흡충(간디스토마)	왜우렁이	붕어, 잉어
폐흡충(폐디스토마)	다슬기	가재, 게
요꼬가와흡충	다슬기	담수어, 은어, 잉어
광절열두조충(긴촌충)	물벼룩	연어, 송어
유극악구충	물벼룩	민물고기(가물치), 양서류
아니사키스	플랑크톤	대구, 청어, 조기, 오징어

★ 항문소양증
항문 주변이 가렵거나 화끈거리는 질환

2) 선충 예방법

① 육류나 어패류를 날것으로 먹지 않는다.
② 야채류는 희석시킨 중성세제로 세척 후 흐르는 물에 5회 이상 씻는다.
③ 조리기구를 잘 소독한다.
④ 개인위생 관리를 철저히 한다.
⑤ 인분뇨를 사용하지 않고 화학비료를 사용하여 재배한다.

3) 구충 및 구서

해충	감염병	예방법
파리	소화기계, 호흡기계 감염병	서식처 제거, 방충망, 살충제, 끈끈이 테이프
모기	말라리아, 사상충증, 황열, 뎅기열	발생지 제거, 하수도의 고인물 정체 방지
이	발진티푸스, 재귀열	주위 청결, 세탁, 세발, 살충제 살포
벼룩	발진티푸스, 페스트, 발진열, 재귀열	주위 청결, 살충제
바퀴	소화기계 질병, 소아마비	서식처 제거, 청결, 살충제
진드기	쯔쯔가무시, 재귀열, 유행성출혈열, 양충병	서식처 제거, 청결, 온도습도 관리
쥐	유행성출혈열, 쯔쯔가무시, 페스트, 서교증, 바일병, 발진열	살서제(쥐약), 쥐덫, 훈증법(연막탄)

🅑 기적의 TIP

구충과 구서의 구제법
- 발생의 근원지, 서식지를 제거한다.
- 광범위하게 동시에 처리한다.
- 생태, 습성에 따라 알맞게 조치를 취한다.
- 발생 초기에 대응한다.

SECTION
03

출제빈도 상 중 하
반복학습 1 2 3

감염병 및 식중독의 원인과 예방대책

▶ 합격강의

빈출 태그 ▶ 감염병의 종류 · 예방 대책 · 살균과 소독의 종류 · 식중독의 종류

01 위생관리기준

1) 법정 감염병

① 제1급감염병(17종)

- 생물테러감염병★ 또는 치명률이 높거나 집단 발생 우려가 커서 발생 또는 유행 즉시 신고하고 음압격리가 필요한 감염병
- 에볼라바이러스병, 마버그열, 라싸열, 크리미안콩고출혈열, 남아메리카출혈열, 리프트밸리열, 두창, 페스트, 탄저, 보툴리눔독소증, 야토병, 신종감염병증후군, 중증급성호흡기증후군(SARS), 중동호흡기증후군(MERS), 동물인플루엔자 인체감염증, 신종인플루엔자, 디프테리아

② 제2급감염병(21종)

- 전파가능성을 고려하여 발생 또는 유행 시 24시간 이내에 신고해야 하고 격리가 필요한 감염병
- 결핵, 수두, 홍역, 콜레라, 장티푸스, 파라티푸스, 세균성이질, 장출혈성대장균감염증, A형간염, 백일해, 유행성이하선염, 풍진, 폴리오, 수막구균 감염증, b형헤모필루스인플루엔자, 폐렴구균 감염증, 한센병, 성홍열, 반코마이신내성황색포도알균(VRSA) 감염증, 카바페넴내성장내세균속균종(CRE) 감염증, E형간염

③ 제3급감염병(26종)

- 발생 또는 유행 시 24시간 이내에 신고해야 하고 발생을 계속 감시할 필요가 있는 감염병
- 파상풍, B형간염, 일본뇌염, C형간염, 말라리아, 레지오넬라증, 비브리오패혈증, 발진티푸스, 발진열, 쯔쯔가무시증, 렙토스피라증, 브루셀라증, 공수병, 신증후군출혈열, 후천성면역결핍증(AIDS), 크로이츠펠트-야콥병(CJD) 및 변종크로이츠펠트-야콥병(vCJD), 황열, 뎅기열, 큐열, 웨스트나일열, 라임병, 진드기매개뇌염, 유비저, 치쿤구니야열, 중증열성혈소판감소증후군(SFTS), 지카바이러스 감염증

★ 생물테러감염병
고의 또는 테러 등을 목적으로 이용된 병원체에 의해 발생한 감염병으로서 보건복지부 장관이 고시하는 감염병

④ 제4급감염병(23종)

- 제1~3급 감염병 외에 유행 여부를 조사하기 위해 표본감시 활동이 필요한 감염병
- 인플루엔자, 매독, 회충증, 편충증, 요충증, 간흡충증, 폐흡충증, 장흡충증, 수족구병, 임질, 클라미디아감염증, 연성하감, 성기단순포진, 첨규콘딜롬, 반코마이신내성장알균(VRE) 감염증, 메티실린내성황색포도알균(MRSA) 감염증, 다제내성녹농균(MRPA) 감염증, 다제내성아시네토박터바우마니균(MRAB) 감염증, 장관감염증, 급성호흡기감염증, 해외유입기생충감염증, 엔테로바이러스감염증, 사람유두종바이러스 감염증

⑤ 신고

- 신고 경로 : 의사, 치과의사, 한의사, 의료기관의 장, 부대장, 병원체 확인기관의 장 등 → 관할 보건소장(제1급감염병의 경우 신고서 제출 전 구두 · 전화로 보건소장 또는 질병관리본부장에게 신고)
- 신고 기간

구분	신고기간	신고대상
제1급감염병	즉시	발생, 사망, 병원체 검사결과
제2, 3급감염병	24시간 이내	
제4급감염병	7일 이내	발생, 사망
예방접종 후 이상반응	즉시	이상반응 발생

- 벌칙
  - 감염병 신고의무자의 보고 · 신고 의무 위반, 거짓 보고 · 신고 및 보고 · 신고 방해자에 대한 벌칙
  - (제1, 2급감염병) 벌금 500만 원 이하
  - (제3, 4급감염병) 벌금 300만 원 이하

2) 검역 감염병

① 해외에서 유입된 해충이나 감염병의 예방, 전파를 방지하기 위해 관리하는 감염병
② 자동차, 배, 비행기, 화물 따위를 검진하고 소독
③ 여객들에게 예방 주사를 접종, 병이 있는 사람을 격리
④ 동물이나 식물을 따로 보관하여 병의 유무를 살핀 뒤 폐기하거나 통과
⑤ 국내검역, 국제검역, 가축 및 동물 검역, 식물 검역 등으로 구분되어 실시
⑥ 검역 질병과 기간

- 콜레라 : 120시간
- 페스트 : 144시간
- 황열 : 144시간

 개념 체크

1 제2급감염병은 전파가능성을 고려하여 발생 또는 유행 시 ( ) 이내에 신고해야 하고 격리가 필요한 감염병이다.

2 제3급감염병은 유행 여부 조사를 위해 발생 시 7일 이내에 신고해야 한다. (O, X)

1 24시간 2 X

3) 인축공동감염병

① 사람과 동물 사이에서 동일한 병원체에 의해 발생하는 질병을 말한다.
② 인수공통감염병이라고도 한다.

질병	가축(품목)
결핵	소
탄저, 비저	양, 말
살모넬라증, 돈단독, 선모충, Q열	돼지
광견병	개
페스트	쥐, 벼룩
야토병	산토끼, 쥐, 다람쥐
파상열(브루셀라)	소, 양, 돼지

4) 감염병의 변화

① 추세변화
- 10~40년 주기로 유행한다.
- 디프테리아(20년), 성홍열(30년), 장티푸스(30~40년)

② 순환변화
- 2~5년 주기로 유행한다.
- 백일해(2~4년), 홍역(2~3년), 일본뇌염(3~4년)

③ 계절적 변화 : 여름에는 소화기계 감염병, 겨울에는 호흡기계 감염병이 발생한다.

5) 잠복기가 있는 감염병

① 1주일 이내의 잠복기 : 콜레라(가장 짧음), 이질, 성홍열, 파라티푸스, 디프테리아, 일본뇌염, 인플루엔자
② 1~2주의 잠복기 : 발진티푸스, 두창, 홍역, 백일해, 장티푸스, 폴리오
③ 장기간의 잠복기 : 나병, 결핵

02 감염병의 예방대책

1) 종합적인 예방대책

① 병원체에 대한 대책 : 환자 조기발견, 격리 및 치료, 보균자 조사
② 환경에 대한 대책 : 소독, 살균, 해충 구제
③ 숙주의 감수성 대책 : 저항력과 면역력의 증진

④ 질병의 예방 단계
- 1차적 예방 : 건강한 사람의 예방접종, 환경 관리, 건강증진
- 2차적 예방 : 질병의 초기 또는 걸릴 가능성이 있는 사람의 건강 검진, 조기 진단 후 치료
- 3차적 예방 : 질병의 발생 후 치료, 재활

⑤ 보균자
- 병원체를 보유하고 있지만 증상은 나타나지 않는 자
- 건강보균자, 잠복기보균자, 병후보균자 등

2) 숙주의 면역

① 선천적 면역 : 개인특이성, 종속면역, 인종면역
② 후천적 면역

후천적 면역의 종류		
능동면역	자연능동면역	• 질병감염 후 얻은 면역 • 두창, 소아마비
	인공능동면역	• 예방접종 후 얻은 면역 • **생균 백신** : 홍역, 결핵, 황열, 폴리오, 탄저, 두창 • **사균 백신** : 파라티푸스, 장티푸스, 콜레라, 백일해, 일본뇌염 • **순화독소 접종** : 세균의 독성을 약하게 한 것. 디프테리아, 파상풍
수동면역	자연수동면역	태반, 모유 등 모체로부터 얻은 면역
	인공수동면역	• 수혈 후 얻은 면역 • 글로불린 주사, 성인 또는 회복기 환자의 혈청

3) 정기예방접종

구분	연령	예방접종의 종류
기본접종	4주 이내	BCG(결핵)
	2, 4, 6개월	경구용 소아마비, DPT
	15개월	홍역, 볼거리, 풍진(MMR)
	3~15세	일본뇌염
추가접종	18개월, 4~6세, 11~13세	경구용 소아마비, DPT
	매년	일본뇌염

- D(디프테리아), P(백일해), T(파상풍)
- 예방접종 효과가 가장 강한 것 : 두창(천연두)
- 예방접종 효과가 가장 약한 것 : 이질
- 환경위생 철저, 예방접종이 가장 좋은 감염병 : 소아마비

✔ 개념 체크

1 살모넬라균에 의한 질병은 인간에게만 발생한다. (O, X)

2 여름에는 소화기계 감염병, 겨울에는 호흡기계 감염병이 주로 발생한다. (O, X)

3 접종으로 예방하는 것이 가장 좋은 감염병은 소아마비이다. (O, X)

1 X 2 O 3 O

1) 세척과 살균의 정의

① 세척 : 시설, 도구 및 조리 장비로부터 더러운 오염물질을 제거하는 과정
② 살균, 소독 : 세척표면에서 미생물의 수를 안전한 수준으로 줄이는 과정

2) 소독의 종류

★ 아포(포자, Spore)
특정한 세균의 체내에 형성되는
원형 또는 타원형의 구조

① 멸균 : 병원 미생물뿐만 아니라 균, 아포★, 독소 등을 사멸시키는 것이다.
② 살균 : 미생물 사멸 또는 불활성화시키는 것을 말한다.
③ 소독 : 병원성 미생물을 죽이거나 병원성을 약화시키지만 아포는 죽이지 못한다.
④ 방부 : 미생물의 증식을 억제하여 균의 발육을 저지시켜 부패나 발효를 방지한다.
⑤ 살균 작용의 정도 : 멸균 〉 살균 〉 소독 〉 방부

3) 세척제의 종류

① 알칼리성 세제 : 유리창용 세제, 가정용 왁스세제, 기름때 전용세제, 얼룩제거세제, 탄화 전용세제, 만능세제 등
② 중성 세제 : 가정용 식기세제나 욕조전용 세제 등
③ 산성 세제 : 불산, 염산, 인산, 붕산 등 산성을 띤 세제, 화장실 전용세제
④ 표백제 : 염소계 세제, 화장실용 세제
⑤ 살균제 : 도마 등의 조리용구의 살균에 사용하는 알코올이 주성분인 세제

구분	사용 용도
1종 세제	야채, 과일 세척제
2종 세제	식기 세척제
3종 세제	식품의 가공기구 세척제

4) 소독의 물리적인 방법

① 무가열에 의한 방법
• 일광법 : 장티푸스, 결핵균, 페스트균은 10~15초의 조사로 사멸
• 자외선 조사
  – 살균 파장 : 2,500~2,800 Å
  – 소독 : 공기, 물, 식품, 기구, 용기 등
  – 자외선 살균 효과가 크고, 내성이 없음
  – 자외선이 닿는 표면에만 살균 효과
  – 단백질이 많은 식품에 살균력 저하

- 방사선 조사
  - Co-60(코발트), Cs-137(세슘)의 γ선이 널리 이용
  - 양파, 감자의 발아 억제, 과일, 채소의 후숙 지연
  - 열에 의하지 않고 성질의 변화 없이 살균 가능
- 여과
  - 미생물이 통과할 수 없는 여과기에 제거하는 방법(바이러스는 제거되지 않음)
  - 가열로 맛이 변할 수 있는 음료수에 적절
  - 가열 살균으로 조성이 불안해지는 의약품이나 세균배양기 등에 적절

② 가열에 의한 방법

분류	소독 방법	용도
화염멸균법	화염 20초 접촉	불에 타지 않는 금속, 도자기 멸균
고압증기멸균법	121℃, 15~20분	통조림, 고무제품, 거즈 및 약액
유통증기간헐멸균법	100℃의 증기, 30분씩, 3회	유리그릇, 금속제품
유통증기소독법	100℃의 증기, 30~60분	기구, 의류, 고무제품
자비소독★	100℃, 10~20분	식기, 행주
저온살균법(LTST법)	61~65℃, 30분간	
고온단시간살균법	70~75℃, 15~20초	우유
초고온단시간살균법	130~140℃, 2초	

★ 자비소독
끓는 물 속에 넣어 소독하는 것.
100℃ 이상으로는 올라가지 않으므로 균 전부를 사멸시키는 것은 불가능

5) 소독의 화학적인 방법

① 소독약의 구비 조건
- 살균력과 침투력이 강할 것
- 간편하고 저렴할 것
- 금속부식성이 없을 것
- 표백성이 없을 것

② 소독약의 종류

분류	사용 용도	사용 농도
염소	수돗물, 과일, 야채, 식기	상수도 0.2ppm, 수영장 0.4ppm
표백분(클로르칼키)	우물, 수영장, 과일, 야채, 식기	50~200ppm
역성비누(양성비누)	과일, 야채	0.01~0.1%
	식기, 손 소독	10%
석탄산	변소, 하수도, 오물, 의류	3%
포름알데히드(기체)	병원, 도서관, 거실	40%
포르말린	변소, 하수도, 진개 등의 오물	30~40%
생석회	변소, 하수도, 진개 등의 오물	석회:물 = 2:8
크레졸	변소, 하수도, 진개 등의 오물	3%
과산화수소	피부, 상처 소독	3%
승홍수	피부 소독, 금속 부식성	0.1%
에틸알코올	손 소독	70%

③ 석탄산
- 비교적 안정적이고 유기물에도 소독력이 저하되지 않으므로 살균력의 지표가 된다.
- 독성이 강하고 피부 점막에 자극성이 있으며 금속을 부식시키는 단점이 있다.
- 석탄산 계수 = 소독약의 희석배수 ÷ 석탄산의 희석배수
- 석탄산 계수가 낮을수록 소독력이 약하다.
- 크레졸은 석탄산보다 냄새와 소독력이 강하고 피부 자극은 약하다.

04 역학

1) 역학의 정의

인간집단에 발생하는 유행병 및 모든 질병을 의학적, 생태학으로서 보건학적 진단학을 연구하는 학문이다.

2) 감염병의 3대 원인

① 감염원(병원체, 병원소) : 질병을 일으키는 원인이며 환자, 보균자, 토양 등을 말한다.
② 환경(전염경로) : 질병이 전파되는 과정이다.
③ 숙주의 감수성 : 감수성이 높으면 면역성이 낮으므로 질병이 발병하기 쉽다.

3) 감염병의 생성 6단계

6개 요소 중 어느 한 단계라도 차단되면 감염병은 생성되지 않는다.
① 병원체 : 세균(박테리아), 바이러스, 리케차, 기생충 등
② 병원소 : 사람, 동물, 토양, 매개 곤충
③ 병원소로부터 병원체의 탈출 : 호흡기계로 탈출, 대변 및 소변으로 탈출, 기계적 탈출
④ 병원체 전파 : 직접전파, 간접전파, 공기전파 등
⑤ 병원체의 침입 : 새로운 숙주의 호흡기계 침입, 소화기계 침입, 피부 점막 침입
⑥ 숙주의 감수성 : 병원체가 침입해도 면역력이 있으면 감염은 성립되지 않는다.

B 기적의 TIP

바이러스와 세균으로 인한 감염병을 각각 구분하고, 호흡기계와 소화기계 감염병을 구분할 수 있어야 해요.

4) 병원체에 따른 감염병의 분류

① 바이러스(Virus)
- 0.1~0.3μ 정도의 크기로 전자 현미경으로만 볼 수 있고, 크기가 가장 작으며 세균 여과기를 통과한다.
- 질병
  - 호흡기계 침입 : 인플루엔자, 천연두(두창), 홍역, 유행성이하선염 등
  - 소화기계 침입 : 급성회백수염(소아마비=폴리오), 유행성 간염 등
  - 경피 침입 : 일본뇌염, 광견병(공수병), AIDS 등

② 세균(Bacteria)
- 병원성 박테리아는 적절한 온도와 습도의 환경 조건하게 급속하게 증식한다.
- 질병
  - 호흡기계 침입 : 디프테리아, 백일해, 결핵, 성홍열, 폐렴, 나병 등
  - 소화기계 침입 : 장티푸스, 파라티푸스, 세균성이질, 콜레라 등
  - 경피 침입 : 페스트, 파상풍 등

③ 리케차(Rickettsia)
- 생세포에 존재한다.
- 질병 : 발진티푸스, 발진열, 양충병 등

④ 스피로헤타성 질병 : 매독, 서교증, 바일병 등

⑤ 원충성 질병 : 말라리아, 아메바성이질 등

5) 인체 침입 장소에 따른 감염병의 분류

① 호흡기계 침입
- 대화, 기침, 재채기를 통해 전파된다.
- 코, 비강, 기도 등으로 성립된다.

병명	특징	증세
디프테리아	1~4세 어린이에게 주로 발생	발열과 함께 코, 인두, 편도, 후두 등에 염증
백일해	9세 이하에서 주로 발생	얼굴이 빨개지고 눈이 충혈되며, 기침 끝에 구토가 동반되고, 끈끈한 점액성 가래
결핵	폐에서 발병하는 만성 감염병	기침, 호흡장애, 가슴통증, 미열, 전신쇠약
인플루엔자	독감으로 알려진 바이러스에 의한 급성 호흡기 질환	발열과 오한, 복통
천연두(두창)	주로 겨울철에 발생	발열, 불쾌감, 전신 발진, 두통, 농포, 수포, 근육통
홍역	바이러스에 의해 1~2세에 주로 발생	발열과 전신에 발진
풍진	어린이에게 많이 발생	발열, 발진 증세
성홍열	사람 사이의 긴밀한 접촉이 흔한 학교, 군대 등에서 유행발생	편도선염, 발진, 고열 증세
유행성이하선염	볼거리라 불리는 급성열성질환	오한, 두통, 전신권태감
결핵	인류 역사상 가장 많은 생명을 앗아간 감염 질환	기침, 호흡장애, 객담, 가슴통증

✔ 개념 체크

1 바이러스로 인한 감염병에는 인플루엔자, 유행성이하선염, 광견병, AIDS 등이 있다. (O, X)
2 호흡기계 감염병은 신체적 접촉을 통해 전파되며, 경피 등을 통해 감염된다. (O, X)
3 백일해, 천연두(두창), 홍역은 호흡기계 감염병에 해당한다. (O, X)

1 O 2 X 3 O

② 소화기계 침입 : 분변이나 토사물에 의해서 소화기계 감염병이나 기생충 질환의 병원체가 체외로 배설된다.

병명	특징	증세
장티푸스	위생상태가 나쁜 지역에서 유행	두통, 근육통, 구역, 구토, 변비, 설사
파라티푸스	장티푸스와 유사	지속적인 고열, 두통, 발진, 설사
세균성이질	급성 염증성 장염	발열, 혈변
아메바성이질	아메바의 감염에 의하여 생기는 일종의 소화기 감염병	심한 설사와 혈변·복통의 증상을 나타내는 대장의 질환
콜레라	분변, 구토물로 오염된 음식이나 물을 통해 감염	구토, 변비, 설사
폴리오	급성 이완성 마비를 일으키는 질환 급성회백수염, 소아마비	발열, 인후통, 구역, 구토 등의 비특이적인 증상을 보이다가 수 일간의 무증상기를 거친 후 비대칭성의 이완성 마비
유행성 간염	A형간염 바이러스 감염에 의해 집단발생으로 나타나는 급성바이러스성간염	전신권태감, 식욕부진, 오심, 구토, 발열, 황달

③ 경피 침입
• 신체의 일부가 직접 토양이나 퇴비 접촉하거나 성병과 같이 육체적 접촉을 통해 감염된다.
• 십이지장충, 파상풍, 나병, 매독 등

6) 전염 경로에 따른 분류

① 직접 접촉 감염 질병 : 매독, 임질

② 간접 접촉 감염
• 비말감염 : 환자의 인후분비물에 의한 감염
  예 디프테리아, 인플루엔자, 성홍열 등
• 진애감염 : 먼지나 티끌 등에 병원균이 묻어 전파
  예 결핵, 천연두, 디프테리아 등

③ 개달물 감염
• 의복, 손수건, 식기, 침구 등에 의해 감염된다.
• 질병 : 결핵, 트라코마, 천연두 등

7) 숙주의 감수성 지수

① 급성호흡기계 감염병에 대해 감수성이 있는 사람이 환자와 접촉했을 때 발병하는 비율이다. 감수성 지수가 높은 두창, 홍역은 전염력이 높다.
② 두창, 홍역(95%) 〉 백일해 〉 성홍열 〉 디프테리아 〉 소아마비(0.1%)

종류	구분	예
세균성 식중독	감염병	• 살모넬라 식중독 • 장염비브리오 식중독 • 병원성대장균 식중독
	독소형	• 황색포도상구균 식중독 • 비브리오 식중독
	중간형	웰치균 식중독
	기타	알러지성 식중독
바이러스성 식중독	감염형	• 노로바이러스 • 아스트로바이러스 • 장관아데노바이러스 • 로타바이러스
자연독 식중독	식물성	독버섯, 감자
	동물성	복어독, 조개류
	곰팡이	아플라톡신, 황변미독
화학성 식중독	의도적	인공감미료, 착색료 등 식품첨가물
	비의도적	농약, 수은, 납 등

1) 세균성 식중독

① 감염형 식중독 : 미생물에 의해 오염된 음식물의 섭취가 원인이 되는 식중독으로 균이 증식하는 데 일정한 시간이 걸리므로 잠복기가 대체로 길다.

• 살모넬라 식중독(Salmonella)

특징	• 식품이 쥐, 파리에 의해 오염되며, 우리나라에서 흔하게 발병한다. • 그람음성균, 통성 혐기성, 무포자 간균
잠복기	12~24시간(평균 18시간)
증상	두통, 복통, 설사
원인식품	어패류, 난류, 우유, 채소, 샐러드
예방대책	• 조리기구 청결 유지 • 열에 약하므로 60℃에서 30분간 가열하여 사멸 • 저온에서 보존

• 장염비브리오 식중독(Vibrio)

특징	• 3% 소금이 있는 환경에서 생육하는 호염성 세균이다. • 통성 혐기성, 아포가 없는 간균, 그람음성균
잠복기	식후 13~18시간
증상	빈번한 설사, 두통, 복통
원인식품	어패류, 조리기구 등을 통한 2차 감염, 7~9월 집중 발생
예방대책	가열 조리 후 섭취, 청결한 관리

✓ 개념 체크

1 파라티푸스, 아메바성이질, 폴리오는 소화기계 감염병에 해당한다. (O, X)

2 나병은 경피를 통해 감염되는 질병이다. (O, X)

3 감염형 세균성 식중독은 잠복기가 비교적 짧은 편이다. (O, X)

1 O 2 O 3 X

• 병원성 대장균 식중독(Enterotoxigenic Escherichia Coli)

특징	• 물, 흙 속에서 존재, 분변오염지표로 사용한다. • 젖먹이(영유아)에게 많이 발생하며, 분변으로 오염된다. • 그람음성균, 간균, 호기성 또는 통성 혐기성균 • E.Coli O157:H7
잠복기	평균 13시간
증상	두통, 복통, 설사, 발열
원인식품	우유, 가정에서 만든 마요네즈
예방대책	분변오염 유의, 변소시설 및 위생상태 관리

② 독소형 식중독 : 식중독 세균이 증식할 때에 생산된 독소를 함유한 음식물을 섭취함으로써 일어나는 균으로 포도상구균, 보틀리눔균, 세레우스균이 있다. 잠복기가 비교적 짧다.

• 황색포도상구균 식중독(Staphylococcus)

특징	• 독소인 엔테로톡신은 100℃에서 30분 가열해도 파괴되지 않지만, 포도상구균은 열에 약하여 80℃에서 30분 가열 시 파괴된다. • 밥을 주식으로 하는 나라에서 많이 발생한다. • 그람양성균
잠복기	1~6시간(평균 3시간)
증상	급성 위장염
원인식품	떡, 콩가루, 쌀밥
예방대책	• 화농성질환자의 식품 조리 및 가공 금지 • 조리사의 마스크, 모자 착용

• 클로스트리듐 보틀리눔 식중독(Clostridium Botulinum)

특징	• 독소인 뉴로톡신은 열에 약하여 80℃에서 30분 가열 시 파괴된다. • 아포는 열에 강하여 120℃에서 20분 이상 가열해야 한다. • 그람양성균, 혐기성균
잠복기	12~36시간
증상	특이한 신경 증상, 시력 저하, 동공 확대, 청각마비, 언어장애, 높은 치사율
원인식품	햄, 소시지, 병조림, 통조림 식품
예방대책	음식물 가열처리, 통조림 살균 철저

• 바실루스 세레우스 식중독(Bacillus Cereus)

특징	• 포자는 내열성으로 135℃에서 4시간 가열에도 죽지 않는다. • 엔테로톡신, 그람양성균, 간균, 통성혐기성균
잠복기	8~16시간(평균 12시간)
증상	복통, 설사, 구토
원인식품	• 가열 조리 식품 중에서 살아남아 냉각과 함께 발아, 증식한다. • 쌀밥, 면류, 복합식품, 육류, 채소, 수프, 푸딩 등
예방대책	오염 가능한 식품은 조리 후 바로 섭취, 저온 저장

③ 기타 식중독

• 웰치균 식중독(Clostridium Perfringens)

특징	• 식중독 원인균은 A, F형이다. • A, C형이 감염형, 나머진 독소형이므로 중간형으로 분리하기도 한다. • 포자 형성 시 엔테로톡신을 형성한다. • 그람양성균, 편성 혐기성, 열에 강한 아포 형성
잠복기	8~22시간(평균 12시간)
증상	심한 설사, 1~2일이면 회복
원인식품	육류, 가공품, 통조림, 족발, 국 등의 재가열 식품
예방대책	10℃ 이하나 60℃ 이상에서 보관

• 알러지성 식중독

특징	• 세균이 직접 원인이 아니라, 세균의 효소작용에 의해 유독 물질이 생산되어 발생한다. • 식품 중의 아미노산의 분해로 히스타민이 생성된다. • 원인균은 프로테우스 모르가니균이다.
잠복기	30~60분
증상	두드러기성 발진, 두통, 발열, 구토, 설사
원인식품	꽁치, 고등어, 정어리, 건어물, 가공품 등 히스티딘 함량이 많은 식품
예방대책	항히스타민제 투여

• 바이러스 식중독

특징	• 원인 물질에 따라 식중독으로 분류되고 감염형에 속한다. • 미량의 개체로 발병하며, 2차 감염으로 인한 대형 식중독 유발 가능성이 있다. • 노로바이러스, 아스트로 바이러스, 장관아데노바이러스, 로타바이러스 A군
잠복기	24~48시간
증상	오심(메스꺼움), 구토, 복통 및 설사
원인식품	오염된 음식물, 물, 물체
예방대책	청결, 손씻기, 철저한 위생관리

④ 경구 감염병과 세균성 식중독의 차이점

구분	경구 감염병(소화기계 감염병)	세균성 식중독
원인	감염병균에 오염된 식품과 물을 섭취한 경우 발생	감염병균에 오염된 식품을 섭취한 경우 발생
균의 양	적은 양의 균으로도 감염	많은 양의 균과 독소가 있음
2차 감염	있지만 적은 편	없음
잠복기	세균성 식중독에 비하여 긴 기간	짧음
예방	예방접종이 가능한 경우도 있지만, 대부분 불가능	식품 중 균의 증식을 억제
음료수	물에 기인하는 경우가 많음	음료수와 관련이 적음
독성	강함	약함
면역성	대부분 면역이 있음	대부분 면역성이 없음

✓ 개념 체크

1 황색포도상구균 식중독에 걸리면 시력이 저하되고 동공이 확대되는 등의 증상을 보이며 치사율이 높다. (O, X)

2 알러지성 식중독은 바이러스 식중독에 해당한다. (O, X)

1 X 2 X

2) 자연독 식중독

① 식물성 식품과 독성

종류	독성물질
감자 싹	솔라닌(Solanine)
부패한 감자	셉신(Sepsine)
독미나리	시큐톡신(Cicutoxin)
청매, 살구씨	아미그달린(Amygdalin)
피마자	리신(Ricin)
목화씨(면실유)	고시폴(Gossypol)
독보리	테물린(Temuline)
맥각	에르고톡신(Erogotoxin)
미치광이풀	히오시아민(Hyoscyamine)
꽃무늬	리코린(Lycorine)
독버섯	무스카린, 무스카리딘, 팔린, 아마니타톡신, 필지오린

② 독버섯의 특징
- 줄기가 세로로 찢어지지 않고 부스러지며, 찢었을 때 액즙이 분비된다.
- 특유의 향이 나고 악취가 있다.
- 색깔이 선명하고 아름답다.
- 표면에 점액이 있다.
- 쓴맛, 신맛이 나지만 절대 맛을 봐서는 안 된다.
- 은수저 등으로 문질렀을 때 검은색으로 변한다.

③ 독버섯의 중독 증상
- **콜레라형 중독** : 경련, 허탈, 혼수상태(알광대버섯, 독우산버섯)
- **위장형 중독** : 위장장애(무당버섯, 큰붉은버섯, 화경버섯)
- **신경계 장애 중독** : 중추신경장애, 발한, 광증, 침흘림(파리버섯, 광대버섯)
- **혈액형 중독** : 콜레라형 위장장애, 용혈작용, 황달, 혈색뇨(마귀곰보버섯)

3) 동물성 식중독

① 동물성 식품과 독성

종류	독성물질
복어	테트로도톡신(Tetrodotoxin)
섭조개, 대합조개	삭시톡신(Saxitoxin)
모시조개, 굴, 바지락	베네루핀(Venerupin)

② 복어
- 독성 : 테트로도톡신
- 독소량 : 난소 > 간 > 내장 > 피부
- 치사량 : 2mL
- 치사율 : 50~60%
- 유독시기 : 5~6월(산란기)
- 증상 : 마비성식중독, 사지의 마비, 호흡곤란, 호흡마비로 인한 사망

③ 모시조개, 굴, 바지락
- 독성 : 베네루핀
- 특징 : 끓여도 파괴되지 않는다.
- 유독시기 : 5~6월
- 증상 : 피하의 출혈성 반점, 구토, 변비, 의식혼란 등

④ 검은 조개, 섭조개, 대합조개
- 독성 : 삭시톡신
- 특징 : 끓여도 파괴되지 않는다.
- 유독시기 : 2~4월
- 증상 : 신경마비, 신체마비, 호흡곤란 등

4) 화학성 식중독

① 유해성 금속에 의한 식중독

금속	원인	증상
Cu(구리)	첨가물, 식기, 용기	구토, 매스꺼움
Zn(아연)	식기, 용기	구토, 설사, 복통
Cd(카드뮴)	식기, 기구, 용기	골연화증, 신장장애, 이타이이타이병
Hg(수은)	유기수은 오염된 해산물	지각이상, 구토, 미나마타병
Pb(납)	인료, 농약	피로, 지각소실, 시력장애
As(비소)	농약, 살충	구토, 설사, 심장마비
Sn(주석)	통조림	구토, 설사, 복통
PCB(미강유중독)	PCB	식욕부진, 구토, 흑피증

② 농약에 의한 식중독

농약	종류	증상	예방법
유기인제	파라티온, 말라티온, 다이아지논, TEPP	설사, 구토, 두통, 전신 권태의 증상	살포 시 흡입주의, 과채류의 산성액 세척, 수확 전 15일 이내에 살포를 금지
유기염소제	DDT, BHC		
비소화합물	산성비산납, 비산석회		
카바메이트제	BPMC, MIMC, NAC		

🅱 기적의 TIP

주석의 식중독에 관한 문제가 많이 출제되므로 특징까지 알아 두면 좋습니다. 통조림에 철이 녹스는 것을 막기 위해 표면에 주석을 입히는데 산성이 강한 과일, 캔, 주스 등에서 용출될 가능성이 높습니다.

✅ 개념 체크

1 부패한 감자에는 셉신이라는 독성물질이 있으므로 섭취하지 않는다. (O, X)

2 모시조개, 바지락 등에 함유된 독성물질인 베네루핀은 3분 이상 끓이면 사라지므로 주의하여 조리한다. (O, X)

3 통조림 제조 시 주로 사용하는 주석은 구토, 복통, 설사 등을 일으킬 수 있다. (O, X)

1 O 2 X 3 O

③ 식품 반응에 의한 발암성 물질

- 니트로소아민(Nitrosoamine)
  - 아질산염과 아민류가 산성조건하에서 반응하여 생성하는 물질로 강한 발암성을 갖는 물질이다.
  - 햄, 베이컨, 소시지 등의 붉은색을 내고 장기 보관할 수 있도록 발색제로 아질산염을 첨가하는데, 식품의 아민과 반응하여 생성되기도 하고 섭취 후 위장에서 합성될 가능성이 있다.
- 벤조피렌(Benzopyrene)
  - 다환방향족 탄화수소이며, 훈제육이나 태운 고기에서 다량 검출되는 발암 물질이다.
  - 석탄, 석유, 목재 등을 태울 때 매연, 담배연기 등 불완전 연소에서 생성된다.
- 메탄올(Methyl Alcohol)
  - 과실주의 알코올 발효 과정에서 펙틴으로부터 생성되고, 정제가 덜 된 에탄올, 증류주에 미량씩 함유하고 있다.
  - 중독 증상은 두통, 현기증, 구토, 복통, 심하면 시신경의 염증, 실명, 사망을 초래하는 경우도 있다.
- 트리할로메탄(THM) : 물의 염소 소독 시 유기물질과의 반응에 의해 생성되는 오염물질이다.
- 다이옥신(Dioxin) : 석탄, 석유를 쓰는 발전소, 쓰레기 소각, 염소계 표백공정, 자동차나 도시가스, 염소 등의 세정수에서 검출된다.

④ 기구, 용기 및 포장의 유해 물질

- 종이류
  - 외관을 희게 하기 위하여 형광 증백제가 사용되고 있다.
  - 유해 물질 : 착색제, 형광염료, 파라핀, PCB 펄프용 잔류 방부제
- 금속제품
  - 식품의 조리기구, 용기를 금속이나 합금으로 많이 사용하며 금속의 용출과 불순물의 용출이 되어 위생상에 문제가 된다.
  - 유해 물질 : 납, 주석(도금), 도료성분, 구리, 안티몬, 카드뮴, 아연
- 도자기, 법랑 기구, 유리제품
  - 오래된 법랑 용기나 산성물질과 접촉한 경우 금속이 쉽게 용출된다.
  - 도자기는 표면에 채색할 때 전사지에 연단, 붕산 또는 붕산을 사용하며 산성물질과 접촉할 경우 쉽게 용출된다.
  - 유리는 규산을 주성분으로 하여 만들며 오랫동안 산성물질과 접촉하면 용출된다.
  - 유해 물질 : 납(유약, 크리스털 잔), 안료, 규산
- 플라스틱
  - 플라스틱을 만들 때는 안정제, 착색제, 가소제, 산화방지제 등 각종 첨가제가 사용된다.
  - 유해 물질 : 페놀, 포르말린, 독성이 강한 첨가제

⑤ 방사성 물질

• 90Sr(스트론튬) : 골수의 조혈 기능 저해, 백혈병, 골수암을 일으킨다.
• Cs−137(세슘) : 생식선 조사 장해를 일으킨다.
• 131I(요오드) : 갑상선 장애를 일으킨다.

5) 곰팡이 식중독(Mycotoxin)

① 식중독을 일으키는 곰팡이 독

구분	독소	증상	원인식품
아스퍼질러스 속	아플라톡신	간장독	재래식 된장, 간장, 고추장, 밀가루
	오크라톡신		쌀, 보리, 밀, 옥수수
	루테오스키린		황변미
페니실리움 속	시트리닌	신장독	황변미
	아이슬란디톡신	간장독	황변미
	시트레오비리딘	신경독	황변미
	파툴린		젖소(사료)
맥각균	에르고톡신, 에르고타민	간장독	호밀, 보리, 밀

② 곰팡이 독의 특징

• 발생한 지역의 식품이나 사료에 곰팡이 오염과 독이 함께 존재한다.
• 고온다습한 환경에서 존재한다.
• 계절과 밀접한 관련이 있다.
• 탄수화물이 풍부한 곡류에 많이 발생한다.
• 감염성, 항생 물질의 효과가 없다.

✅ 개념 체크

1 훈제육에서 다량 검출되는 ( )은(는) 불완전 연소에서 생성되는 발암물질이다.

2 물의 염소 소독 시 유기물질과의 반에 의해 생성되는 발암물질은 ( )이다.

3 곰팡이 독은 탄수화물보다 단백질이 풍부한 식품에서 많이 발생한다. (O, X)

1 벤조피렌
2 트리할로메탄(THM) 3 X

01 화학물질의 취급 시 유의사항으로 옳지 않은 것은?
① 작업장 내에 물질안전보건 자료를 비치한다.
② 고무장갑 등 보호복장을 착용하도록 한다.
③ 물 이외의 물질과 섞어서 사용한다.
④ 액체 상태인 물질을 덜어 쓸 경우 펌프기능이 있는 호스를 사용한다.

화학물질 취급 시 물을 포함한 어떤 물질과도 반응이 일어날 수 있으므로 취급 주의사항과 사용방법을 잘 알고 사용한다.

02 식품영업장이 위치해야 할 장소의 구비조건이 아닌 것은?
① 식수로 적합한 물이 풍부하게 공급되는 곳
② 환경적 오염이 발생하지 않는 곳
③ 전력 공급 사정이 좋은 곳
④ 가축 사육 시설이 가까이 있는 곳

가축 사육 시설은 식품영업장의 구비조건에 해당하지 않는다.

03 100℃에서 30분간 가열하여도 균에 의한 독소가 파괴되지 않아 식품을 섭취한 후 3시간 정도 만에 구토, 설사, 심한 복통 증상을 유발하는 미생물은?
① 노로바이러스
② 황색포도상구균
③ 캠필로박터균
④ 살모넬라균

포도상구균은 열에 약해 80℃에서 30분 가열 시 파괴되지만 황색포도상구균의 독소인 엔테로톡신은 100℃에서 30분 가열해도 파괴되지 않는다.

04 물리적 살균 소독방법이 아닌 것은?
① 일광 소독
② 화염 멸균
③ 역성비누 소독
④ 자외선 살균

화학적 살균 소독 방법
염소, 표백분, 역성비누, 석탄산, 포름알데히드, 생석회, 크레졸, 과산화수소, 승홍수, 에틸알코올 소독

05 다음과 같은 특성을 지닌 살균소독제는?

- 가용성이며 냄새가 없다.
- 자극성 및 부식성이 없다.
- 유기물이 존재하면 살균 효과가 감소한다.
- 작업자의 손이나 용기 및 기구 소독에 주로 사용한다.

① 승홍
② 크레졸
③ 석탄산
④ 역성비누

오답 피하기
- 크레졸, 생석회 : 변소, 하수도, 진개 등의 오물 소독
- 승홍 : 피부 소독, 금속 부식성

06 식품의 변질에 의한 생성물로 옳지 않은 것은?
① 과산화물
② 암모니아
③ 토코페롤
④ 황화수소

토코페롤은 식품의 변질을 막는 비타민 E이다.

정답 01 ③ 02 ④ 03 ② 04 ③ 05 ④ 06 ③

07 떡 제조 시 작업자의 복장에 대한 설명으로 옳지 않은 것은?

① 지나친 화장을 피하고 인조 속눈썹을 부착하지 않는다.
② 반지나 귀걸이 등 장신구를 착용하지 않는다.
③ 작업 변경 시마다 위생장갑을 교체할 필요는 없다.
④ 마스크를 착용하도록 한다.

작업 변경 시마다 교차 오염을 예방하기 위해 위생 장갑을 교체한다.

08 오염된 곡물의 섭취를 통해 장애를 일으키는 곰팡이 독의 종류가 아닌 것은?

① 황변미독
② 맥각독
③ 아플라톡신
④ 베네루핀

베네루핀은 모시조개, 굴, 바지락 등에 포함된 독성이다.

09 다음 중 대장균의 최적 증식 온도 범위는?

① 0~5℃
② 5~10℃
③ 30~40℃
④ 55~75℃

대장균은 여름철 따뜻한 상온에서 증식이 활발하다.

10 모든 미생물을 제거하여 무균 상태로 하는 조작은?

① 소독
② 살균
③ 멸균
④ 방부

멸균은 병원 미생물뿐만 아니라 균, 아포, 독소 등을 사멸시키는 것을 말한다.

11 60℃에서 30분간 가열하면 식품 안전에 위해가 되지 않는 세균은?

① 살모넬라균
② 클로스트리듐 보틀리눔균
③ 황색포도상구균
④ 장구균

살모넬라는 열에 약하여 60℃에서 30분간 가열하면 사멸되며 저온 보존을 하고 조리기구를 청결하게 하면 예방할 수 있다.

12 채소로부터 감염되는 기생충으로 짝지어진 것은?

① 편충, 동양모양선충
② 폐흡충, 회충
③ 구충, 선모충
④ 회충, 무구조충

기생충별 매개체
• 무구조충, 민촌충 : 소
• 유구조충, 선모충 : 돼지
• 만소니열두조충 : 닭
• 폐흡충 : 다슬기 – 가재, 게

13 다음 중 잠복기가 가장 짧은 식중독은?

① 황색포도상구균 식중독
② 살모넬라균 식중독
③ 장염 비브리오 식중독
④ 장구균 식중독

황색포도상구균 : 1~6시간

오답 피하기
② 살모넬라 : 12~24시간(평균 18시간)
③ 비브리오 : 식후 13~18시간
④ 장구균 : 평균 13시간

정답 07 ③ 08 ④ 09 ③ 10 ③ 11 ① 12 ① 13 ①

14 세균 번식이 잘 되는 식품과 가장 거리가 먼 것은?

① 온도가 적당한 식품
② 수분을 함유한 식품
③ 영양분이 많은 식품
④ 산이 많은 식품

미생물 증식에 필요한 조건에는 영양소, 수분, 온도, 산소, pH, 삼투압이 있다.

15 세균성식중독과 병원성소화기계감염병을 비교한 것으로 옳지 않은 것은?

① 세균성 식중독 : 많은 균량으로 발병
　병원성 소화기계 감염병 : 균량이 적어도 발병
② 세균성 식중독 : 2차 감염이 빈번함
　병원성 소화기계 감염병 : 2차 감염이 없음
③ 세균성 식중독 : 식품위생법으로 관리
　병원성 소화기계 감염병 : 감염병예방법으로 관리
④ 세균성 식중독 : 비교적 짧은 잠복기
　병원성 소화기계 감염병 : 비교적 긴 잠복기

세균성 식중독은 2차 감염이 없고 병원성 소화기계 감염병은 2차 감염이 있지만 적은 편이다.

CHAPTER

02

작업 환경 위생 관리

공정별 위해요소 관리 및 예방 (HACCP)

▶ 합격 강의

빈출 태그 ▶ HACCP 정의 · 목적 · 적용순서

01 공정별 위해요소

1) 생물학적 위해요소

곰팡이, 세균, 바이러스 등의 미생물과 기생충 및 원충 등의 생물체가 관여하는 것을 말한다.

구분	미생물
세균	클로스트리듐 보툴리누스균, 바실루스 세레우스, 살모넬라, 비브리오, 황색포도상구균, 리스테리아, 병원성대장균, 이질균 등
바이러스	노로바이러스, 로타바이러스 등
기생충	아니사키스, 선모충, 폐디스토마, 간디스토마, 편충 등

2) 화학적 위해요소

① 식품의 제조가공포장보관 유통 조리 등의 과정에서 오염되는 것을 말한다.
② 곰팡이 독(에르고톡신), 감자(솔라닌, 셉신), 복어(테트로도톡신), 살구(아미그달린), 농약, 항생제, 중금속, 식품첨가물 등이 있다.

3) 물리적 위해요소

① 식품에 오염된 원료, 잘못된 시설이나 장비, 오염된 포장재, 직원의 부주의 등과 관련된 것을 말한다.
② 머리카락, 장신구, 곤충, 비닐, 못, 열쇠, 뼈, 돌 등이 있다.

02 식품안전관리인증기준(HACCP)

1) HACCP(Hazard Analysis and Critical Control Point)의 정의

① 해썹, 위해요소중점관리기준
② 식품의 원재료 생산, 제조, 가공, 보존, 유통을 거쳐 최종 소비자가 섭취하기 전까지 각 단계에서 생물학적, 화학적, 물리적 위해요소가 해당 식품에 혼입되거나 오염되는 것을 방지하기 위한 위생관리 시스템이다.

2) HACCP의 특징

① 미국, 일본, 유럽연합, 국제기구(Codex, WHO, FAO) 등에서도 모든 식품에 HACCP 적용을 권장한다.
② 우리나라는 1995년 12월 29일 식품위생법에 HACCP 제도를 도입하고, 제32조에 위해요소중점관리기준에 대한 조항을 신설하였다.

3) HACCP의 목적

① 식품의 안전성을 확보한다.
② 식품 업체의 자율적이고 과학적 위생 관리 방식의 정착을 도모한다.
③ 국제기준 및 규격과의 조화를 도모한다.

4) HACCP 의무적용대상

① 식품위생법 시행 규칙 제48조 제2항에서 "총리령으로 정하는 식품"이란 다음 각 호의 어느 하나에 해당하는 식품을 말한다.
  1. 수산가공식품류의 어육가공품류 중 어묵 · 어육소시지
  2. 기타수산물가공품 중 냉동 어류 · 연체류 · 조미가공품
  3. 냉동식품 중 피자류 · 만두류 · 면류
  4. 과자류, 빵류 또는 떡류 중 과자 · 캔디류 · 빵류 · 떡류
  5. 빙과류 중 빙과
  6. 음료류[다류(茶類) 및 커피류는 제외]
  7. 레토르트식품
  8. 절임류 또는 조림류의 김치류 중 김치(배추를 주원료로 하여 절임, 양념혼합 과정 등을 거쳐 이를 발효시킨 것이거나 발효시키지 아니한 것 또는 이를 가공한 것에 한함)
  9. 코코아가공품 또는 초콜릿류 중 초콜릿류
  10. 면류 중 유탕면 또는 곡분, 전분, 전분질원료 등을 주원료로 반죽하여 손이나 기계 따위로 면을 뽑아내거나 자른 국수로서 생면 · 숙면 · 건면
  11. 특수용도식품
  12. 즉석섭취 · 편의식품류 중 즉석섭취식품
  12의2. 즉석섭취 · 편의식품류의 즉석조리식품 중 순대
  13. 식품제조 · 가공업의 영업소 중 전년도 총 매출액이 100억 원 이상인 영업소에서 제조 · 가공하는 식품
② 제1항에 따른 식품에 대한 식품안전관리인증기준의 적용 · 운영에 관한 세부적인 사항은 식품의약품안전처장이 정하여 고시한다.
  • [시행일] 제62조 제1항 제1호(어육소시지만 해당한다), 제4호(과자 · 캔디류만 해당한다), 제6호(비가열음료는 제외한다) 및 제8호부터 제12호까지의 개정규정은 다음 각 호에서 정한 날

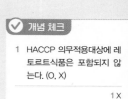

✔ 개념 체크

1 HACCP 의무적용대상에 레토르트식품은 포함되지 않는다. (O, X)

1 X

1. 해당 식품유형별 2013년 매출액이 20억 원 이상이고, 종업원 수가 51명 이상인 영업소에서 제조·가공하는 식품 : 2014년 12월 1일
2. 해당 식품유형별 2013년 매출액이 5억 원 이상이고, 종업원 수가 21명 이상인 영업소(이 항 제1호에 해당하는 영업소는 제외한다)에서 제조·가공하는 식품 : 2016년 12월 1일
3. 해당 식품유형별 2013년 매출액이 1억 원 이상이고, 종업원 수가 6명 이상인 영업소(이 항 제1호 또는 제2호에 해당하는 영업소 및 제62조 제1항 제13호의 개정규정에 해당하는 영업소는 제외한다)에서 제조·가공하는 식품: 2018년 12월 1일. 다만, 제62조 제1항 제8호의 개정규정 중 떡류의 경우로써 해당 떡류의 2013년 매출액이 1억 원 이상이고, 종업원 수가 10명 이상인 영업소에서 제조·가공하는 떡류: 2017년 12월 1일
4. 제1호부터 제3호까지의 어느 하나에 해당하지 아니하는 영업소(제62조 제1항 제13호의 개정규정에 해당하는 영업소는 제외한다)에서 제조·가공하는 식품 : 2020년 12월 1일
• [시행일] 제62조 제1항 제12호의2의 개정규정은 다음 각 호의 구분에 따른 날
 1. 2014년의 종업원 수가 2명 이상인 영업소에서 제조·가공하는 순대 : 2016년 12월 1일
 2. 제1호에 해당하지 아니하는 영업소에서 제조·가공하는 순대 : 2017년 12월 1일

5) HACCP 적용의 순서(7원칙 12절차)

① HACCP 팀 구성
• 생산, 시설 설비, 물류, 품질 관리 등의 인력으로 각 팀원과 팀장을 구성한다.
• CCP 모니터링 관리 요원까지 해당 공정의 현장 종사자를 구성한다.

② 제품 설명서 작성
위해요소 파악, 예방 조치에 필요한 모든 정보를 파악하기 위해 제품 설명서를 작성한다.

③ 제품의 용도 확인
소비 대상, 가열 또는 섭취 방법을 확인한다.

④ 공정 흐름도 작성
원 부재료 및 포장 재료의 입고부터 출하까지 전 공정에 대하여 위해요소의 교차 오염, 증식, 2차 오염 가능성을 파악하고 공정도를 작성한다.

⑤ 공정 흐름도 현장 확인
공정 흐름도 및 평면도가 현장과 일치하는지를 검증한다.

⑥ **원칙 1 : 위해요소 분석**
- 인체의 건강을 해칠 우려가 있는 생물학적, 화학적, 물리적 위해요소 목록을 작성한다.
- 위해 평가 실시, 심각성과 발생 가능성 평가, 예방 조치 방법
- **급성 독성** : 화학물질을 시험동물에 1회 또는 24시간 안에 반복투여하거나, 흡입될 수 있는 화학물질을 24시간 안에 1회 노출시켰을 때 1일~2주 안에 나타나는 독성
- **아급성 독성** : 농약 등의 약물을 동물에 반복 처리할 경우 처리 후 1~3개월 사이에 생체의 기능 혹은 조직에 장해를 주는 성질
- **아만성 독성** : 3개월간을 연속 투여했을 때 생기는 특성. 아만성 독성시험 결과 최대무작용량 산출 및 만성독성 투여약량 수준을 결정하는 데 이용

⑦ **원칙 2 : 중요 관리점(CCP) 결정**
- 위해요소를 예방하고 제거할 수 있는 공정상의 단계 과정이다.
- 공정을 결정한다.

⑧ **원칙 3 : 한계 기준 설정**
- 위해요소 관리 허용 범위의 기준치를 설정한다.
- **반수치사량** : 일정한 조건하에서 시험동물의 50%를 사망시키는 물질의 양
- **최대무작용량** : 식품첨가물의 사용기준을 정하기 위한 각종 독성시험(급성, 만성, 발암, 변이원성 등)에서, 전혀 유해 작용이 확인되지 않는 투여량
- **1일 섭취 허용량** : 인간이 한평생 매일 섭취하더라도 장해가 인정되지 않는다고 생각되는 화학물질의 1일 섭취량(mg/kg 체중/1일)

⑨ **원칙 4 : 모니터링 방법 설정**
지속적인 측정, 관찰 방법을 설정한다.

⑩ **원칙 5 : 개선 조치 설정**
중요 관리점의 한계 기준에 준수되지 않은 경우, 재발 방지를 위한 원인을 규명하고, 개선 조치를 설정한다.

⑪ **원칙 6 : 검증 방법 설정**
- 적절성과 실행성을 파악한다.
- 최초 검증, 정기 검증, 일상 검증, 특별 검증

⑫ **원칙 7 : 기록 유지 및 문서 관리**
HACCP 관리 과정 기록물을 문서화시킨다.

✔ **개념 체크**

1 HACCP 적용 시 제품의 용도를 확인한 후 제품 설명서를 작성해야 한다. (O, X)
2 HACCP에서 규정하는 아만성 독성은 (　)개월간 연속 투여 시 생기는 특성이다.

1 X 2 3

01 다음 빈칸에 알맞은 내용으로 묶인 것은?

> HACCP 인증 단체급식업소(집단급식소, 식품접객업소, 도시락류 포함)에서 조리한 식품은 소독된 보존식 전용 용기 또는 멸균 비닐봉지에 매회 1인분 분량을 담아 (   )에서 (   )의 시간 동안 보관하여야 한다.

① 4℃ 이하, 48시간 이상
② 0℃ 이하, 100시간 이상
③ −10℃ 이하, 200시간 이상
④ −18℃ 이하, 144시간 이상

보존식은 냉동 시 −18℃ 이하로 보관하고, 6일(144시간) 이상 보관하여야 한다.

02 HACCP의 의무적용 대상 식품에 해당하지 않는 것은?

① 빙과류
② 비가열음료
③ 껌류
④ 레토르트식품

HACCP 의무적용 대상 식품은 어묵류, 냉동어류, 냉동 피자 또는 만두, 과자류, 빙과류, 음료류, 레토르트 식품 등이 있다.

03 사람이 평생 매일 섭취하여도 아무런 장해가 일어나지 않는 최대량으로 체중 1kg당 1일 mg 수로 표시하는 것은?

① 최대무작용량(NOEL)
② 1일 섭취 허용량(ADI)
③ 50% 치사량(LD_{50})
④ 50% 유효량(ED_{50})

오답 피하기
① 최대무작용량 : 식품첨가물의 사용기준을 정하기 위한 각종 독성시험(급성, 만성, 발암, 변이원성 등)에서, 전혀 유해 작용이 확인되지 않는 투여량
③ 50%(반수) 치사량 : 일정한 조건에서 시험 동물의 50%를 사망에 이르게 하는 물질의 양
④ 50%(반수) 유효량 : 50%의 개체에서 약리 반응을 일으키는 용량

04 다음의 정의에 해당하는 것은?

> 식품의 원료관리, 제조·가공·조리·유통의 모든 과정에서 위해한 물질이 식품에 섞이거나 식품이 오염되는 것을 방지하기 위하여 각 과정을 중점적으로 관리하는 기준

① 위해요소중점관리기준(HACCP)
② 식품 Recall 제도
③ 식품 CODEX 기준
④ ISO 인증제도

문제의 정의는 해썹(HACCP)에 해당하며 이 해썹(HACCP)은 미국, 일본, 유럽연합, 국제기구 등에서도 모든 음식에 권장된다.

05 농약 등의 약물을 동물에 반복 처리할 경우 처리 후 1~3개월 사이에 생체의 기능 혹은 조직에 장해를 주는 성질을 무엇이라고 하는가?

① 급성 독성
② 아급성 독성
③ 만성 독성
④ 아만성 독성

오답 피하기
① 급성 독성 : 화학물질을 시험 동물에 1회 또는 24시간 안에 반복투여하거나, 흡입될 수 있는 화학물질을 24시간 안에 1회 노출시켰을 때 1일~2주 안에 나타나는 독성
③ 만성 독성 : 생물에 대한 독성이 단기간에 나타나지 않고 장기간 후에 나타나는 것
④ 아만성 독성 : 3개월간 연속 투여했을 때 생기는 특성으로, 아만성 독성 시험 결과 최대무작용량 산출 및 만성 독성 투여약량 수준을 결정하는 데 이용

정답 01 ④ 02 ③ 03 ② 04 ① 05 ②

안전관리

SECTION

01

출제빈도 상 중 하
반복학습 1 2 3

개인 안전 점검

▶ 합격 강의

빈출 태그 ▶ 안전관리 · 사고 · 예방 · 조치

01 개인 안전사고 예방 및 사후 조치

1) 안전사고 예방 과정

① 위험요인을 제거한다.
② 위험요인을 차단하기 위해 안전방벽을 설치한다.
③ 위험사건을 초래할 수 있는 인적 · 기술적 · 조직적 오류를 예방한다.
④ 위험사건을 초래할 수 있는 인적 · 기술적 · 조직적 오류를 교정한다.
⑤ 위험사건 발생 이후 재발 방지를 위하여 대응 및 개선 조치를 취한다.

2) 개인 안전관리 점검표 작성

구분	점검	내용
인간(Man)	심리적 원인	망각, 무의식 행동, 위험 감각, 잘못된 판단, 착오 등
	생리적 원인	피로, 수면부족, 신체기능, 알코올, 질병, 나이 등
	사회적 원인	직장의 인간관계, 리더십, 팀워크, 커뮤니케이션 등
기계(Machine)	• 기계 설비 설계상의 결함 • 안전하지 않은 설계 • 표준화의 부족 • 점검, 정비의 부족	
매체(Media)	• 작업정보의 부적절 작업자세 • 작업동작의 결함 • 작업방법의 부적절 • 작업공간의 불량 • 작업환경 조건의 불량	
관리(Management)	• 관리조직의 결함 규정 • 매뉴얼의 불이행 • 안전관리 계획의 불량 • 교육 · 훈련의 지도 관리 부족 • 적성배치의 불충분 • 건강관리의 불량	

3) 주방 내 안전관리 사고 유형

① 개인적 유형

- **정서적 요인** : 개인의 선천적, 후천적 소질 요인으로서 과격한 기질, 신경질, 시력 또는 청력의 결함, 근골 박약, 지식 및 기능의 부족, 중독증, 각종 질환 등의 요인이 있다.
- **행동적 요인** : 개인의 부주의 또는 무모한 행동에서 오는 요인으로 책임자의 지시를 무시한 독단적 행동, 불완전한 동작과 자세, 미숙한 작업방법, 안전장치 등의 점검 소홀, 결함이 있는 기계 · 기구 사용 등의 요인이 있다.
- **생리적 요인** : 체내에서 에너지 사용이 일정한 한도를 넘어 과도하게 행해졌을 때 일어나는 생리적 현상으로 사람이 피로하면 심적 태도가 교란되고 동작을 세밀하게 제어하지 못하므로 실수를 유발하게 되어 사고의 원인이 된다.

② 물리적 유형

각종 기계, 기구, 시설물 자재의 불량이나 결함, 안전장치 또는 시설의 미비, 각종 시설물의 노후화에 의한 붕괴, 화재 등의 요인이 있다.

③ 환경적 유형

- **주방의 환경적 요인** : 고온, 다습한 환경으로 피부 질환, 땀띠 등을 유발하고, 장화 착용으로 무좀, 습진 등의 질병이 발생할 수 있다.
- **주방의 물리적 요인** : 젖은 상태, 기름기가 있는 바닥으로 인해 미끄럼, 낙상 사고가 발생할 수 있다.
- **주방의 시설요인** : 잦은 물 사용으로 전기누전의 위험이 있고, 이로 인해 신체적 안전에 영향을 끼칠 수 있다.

4) 칼의 안전관리

① 칼을 사용할 때는 집중하고 안정된 자세로 작업에 임한다.
② 칼을 본래 목적 이외에 사용하지 않는다.
③ 칼을 떨어뜨렸을 경우 잡으려 하지 말고, 한 걸음 물러서서 피한다.
④ 주방에서 칼을 들고 다른 장소로 옮겨갈 때는 칼끝을 정면으로 두지 않으며 지면을 향하게 하고 칼날을 뒤로 가게 한다.
⑤ 칼을 보이지 않는 곳에 두거나 물이 든 싱크대 등에 담그지 않는다.
⑥ 칼을 사용하지 않을 때는 안전함에 넣어서 보관한다.

5) 개인 안전사고 예방 및 조치

① 재해발생의 원인을 분석한다.
- 부적합한 지식
- 부적절한 태도의 습관
- 불안전한 행동
- 불충분한 기술
- 위험한 환경

✓ 개념 체크

1 개인 안전관리 점검표 작성 시 직장 내의 인간관계, 커뮤니케이션 등의 사회적 원인도 고려할 수 있다. (O, X)

2 칼을 떨어뜨렸을 때는 발 등에 찔리지 않도록 재빨리 잡아야 한다. (O, X)

1 O 2 X

② 안전사고 예방을 위한 안전 수칙 교육을 한다.

- 현장을 자주 방문하고 모범적인 행동을 한다.
- 안전보건관련 계획, 의사결정에 참여한다.
- 안전성과에 대한 책임감을 갖도록 유도한다.
- 안전에 대한 적극적인 태도를 유지하는 것이 중요하다.

③ 안전사고 조치

- 안전사고 발생 시 신속, 정확한 응급조치를 할 수 있도록 교육한다.
- 응급환자의 처치를 돕고 질병이 악화되는 것을 막으며 통증을 경감시킨다.
- 응급처치 현장에서의 자신의 안전을 확인한다.
- 최초로 응급환자를 발견하고 응급처치를 시행하기 전 환자의 생사유무를 판정하지 않는다.
- 응급환자를 처치할 때 원칙적으로 의약품을 사용하지 않는다.
- 응급환자에 대한 처치는 어디까지나 응급처치로 그치고 전문 의료요원에게 이후 처치를 맡긴다.

도구 및 장비류의 안전 점검

▶ 합격강의

빈출 태그 ▶ 안전한 조리 장비 · 도구 관리

01 조리 장비 · 도구 안전관리 지침

1) 조리도구

① 준비도구
- 재료손질과 조리준비에 필요한 용품
- 앞치마, 머릿수건, 양수바구니, 야채바구니, 가위 등

② 조리기구
- 준비된 재료를 조리하는 과정에 필요한 용품
- 솥, 냄비, 팬 등

③ 보조도구
- 준비된 재료를 조리하는 과정에 필요한 용품
- 주걱, 국자, 뒤지개, 집개 등

④ 식사도구
- 식탁에 올려서 먹기 위해 사용되는 용품
- 그릇 및 용기, 쟁반류, 상류, 수저 등

⑤ 정리도구
수세미, 행주, 식기건조대, 세제 등

2) 조리 장비 · 도구 관리

① 음식절단기
- 전원 차단 후 기계를 분해하여 중성세제와 미온수로 세척하였는지 확인
- 건조시킨 후 원상태로 조립하고 안전장치 작동에서 이상이 없는지 확인

② 튀김기
- 사용한 기름을 식은 후 다른 용기에 받아 내고 오븐클리너로 고루 세척했는지 확인
- 기름때가 심한 경우 온수로 깨끗이 씻어 내고 마른걸레로 물기를 완전히 제거하였는지 확인
- 받아 둔 기름을 다시 유조에 붓고 전원을 넣어 사용

③ 육절기
- 전원을 끄고 칼날과 회전봉을 분해하여 중성제제와 이온수로 세척하였는지 확인
- 물기 제거 후 원상태로 조립 후 전원을 넣고 사용

④ 제빙기
- 전원을 차단하고 기계를 정지시킨 후 뜨거운 물로 제빙기의 내부를 구석구석 녹였는지 확인
- 중성세제로 깨끗하게 세척하였는지 확인
- 마른걸레로 깨끗하게 닦은 후 20분 정도 지난 후 작동

⑤ 식기세척기
- 탱크의 물을 빼고 세척제를 사용하여 브러시로 깨끗하게 세척했는지 확인
- 모든 내부 표면, 배수로, 여과기, 필터를 주기적으로 세척하고 있는지 확인

⑥ 그리들
- 그리들 상판의 온도가 80℃가 되었을 때 오븐클리너를 분사하고 밤솔 브러시로 깨끗하게 닦았는지 확인
- 뜨거운 물로 오븐클리너를 완전하게 씻어 내고 다시 비눗물을 사용해서 세척하고 뜨거운 물로 깨끗이 헹구어 냈는지 확인
- 세척이 끝난 철판 위에 기름칠을 하였는지 확인

02 작업장 환경관리

1) 안전관리 지침서 작성

① 직접적인 대책 : 작업환경의 개선, 기계 · 설비의 개선, 작업방법의 개선 등이 있다.
② 간접적인 대책 : 조직 · 관리기준의 개선, 교육의 실시, 건강의 유지 증진 등이 있다.

2) 작업장 주변의 정리 정돈

① 작업장 주위의 통로나 작업장은 항상 청소 후 사용한다.
② 사용한 장비 · 도구는 적합한 보관 장소에 정리한다.
③ 고정되지 않는 것은 받침대를 사용하고 가능한 묶어서 적재 또는 보관한다.
④ 적재물은 사용 시기, 용도별로 구분하여 정리한다.
⑤ 부식 및 발화 가연제 또는 위험물질은 별도로 구분하여 보관한다.

3) 작업장의 온 · 습도 관리

① 작업장 온도는 겨울은 18.3~21.1℃, 여름은 20.6~22.8℃를 유지한다.
② 오븐 근처의 냄비, 튀김기, 다른 고열이 발생하는 기계 근처의 온도관리를 철저히 한다.
③ 적정한 상대습도는 40~60%를 유지한다.

4) 작업장 내 적정한 수준의 조명유지, 미끄럼 및 오염 관리

① 조리작업장의 권장 조도는 143~161Lux이다.
② 작업장은 백열등이나 색깔이 향상된 형광등을 사용한다.
③ 미끄럼 사고가 발생하지 않게 주방설비 시 유념하여 시공한다.

 개념 체크

1 그리들은 상판의 온도가 ( )℃가 되었을 때 오븐클리너를 분사하고 밤솔 브러시로 깨끗하게 닦았는지 확인한다.

2 조리작업장의 상대습도는 40~( )%를 유지한다.

1 80 2 60

03 작업장 안전관리

1) 안전관리시설 및 안전용품 관리

① 개인 안전보호구를 사용목적에 맞게, 청결하게, 개인전용으로 선택한다.
② 개인 안전보호구(안전화, 위생장갑, 안전마스크, 위생모)를 착용한다.
③ 유해, 위험, 화학물질을 처리기준에 따라 관리한다.
④ 안전관리 책임자는 법정 안전교육을 실시한다.

교육과정	교육대상	교육시간
정기교육	사무직 근로자	매월 1시간 이상 또는 매 분기 3시간 이상
	관리감독자	매 분기 8시간 이상 또는 연간 16시간 이상
채용 교육	일용직 근무자	1시간 이상
	일용직 근무자를 제외한 근로자	8시간 이상
작업내용변경 교육	일용직 근무자	1시간 이상
	일용직 근무자를 제외한 근로자	2시간 이상
특별안전보건교육	일용직 근무자	2시간 이상
	일용직 근무자를 제외한 근로자	16시간 이상

04 화재예방 및 조치방법

1) 화재의 예방

① 인화성 물질 적정보관 여부를 점검한다.
② 소화기구의 화재안전기준에 따른 소화전함, 소화기 비치 및 관리, 소화전함 관리 상태를 점검한다.
③ 출입구 및 복도, 통로 등에 적재물 비치 여부를 점검한다.
④ 비상통로 확보 상태, 비상조명등 예비 전원 작동상태를 점검한다.
⑤ 자동 확산 소화용구 설치의 적합성 등에 대해 점검한다.
⑥ 가스용기 직사광선을 피하고, 가까운 곳에 화기를 두지 않는다.
⑦ 낡은 전선이나 설치류에 의한 파손을 점검 · 수리하고, 누전에 유의한다.

2) 화재 조치방법

① 응급조치 행동 계획

- 행동계획을 세운다.
- 현장상황의 안전을 확인한다.
- 무엇을 해야 하고 무엇을 하지 말아야 할 행동인지 인지한다.
- 전문 의료기관(119)에 전화로 응급상황을 알린다.
- 신고 후 응급환자에게 필요로 하는 응급처치를 시행하고 전문 의료원이 도착할 때까지 환자를 지속적으로 돌본다.

② 응급처치 시 유의사항

- 응급처치 현장에서의 자신의 안전을 확인한다.
- 환자에게 자신의 신분을 밝힌다.
- 최초로 응급환자를 발견하고 응급처치를 시행하기 전 환자의 생사유무를 판정하지 않는다.
- 응급환자를 처치할 때 원칙적으로 의약품을 사용하지 않는다.
- 응급환자에 대한 처치는 어디까지나 응급처치로 그치고 전문 의료요원의 처치에 맡긴다.

교육 내용	교육 시간
1. 응급활동의 원칙 및 내용	1시간
2. 응급구조 시의 안전수칙	
3. 응급의료 관련 법령	
4. 기본 인명구조술(이론)	
5. 기본 인명구조술(실습)	2시간

✅ 개념 체크

1 조리작업장에서 응급환자가 발생했을 때 응급환자에게 필요로 하는 응급처치를 시행하고 전문 의료원이 도착할 때까지 환자를 돌본다. (O, X)

2 응급환자 처치 시 원칙적으로 의약품을 사용해야 한다. (O, X)

1 O 2 X

01 칼의 안전관리로 적합하지 않은 것은?

① 칼을 사용할 때는 집중하고 안정된 자세로 작업에 임한다.
② 칼을 본래 목적 이외에 사용하지 않는다.
③ 칼을 떨어뜨렸을 경우 빠르게 잡고, 2차 오염을 막는다.
④ 칼을 물이 든 싱크대 등 시야 확보가 어려운 곳에 두지 않는다.

칼이 떨어질 때는 몸을 피해 다치지 않도록 유의한다. 떨어지는 칼을 잡으려다가 사고가 날 수 있다.

02 안전사고 발생 시 조치하는 방법으로 적절한 것은?

① 발생 시 119가 올 때까지 어떠한 조치도 하지 않는다.
② 응급환자의 처치를 돕고 질병의 악화를 막는다.
③ 응급처치 현장에서의 자신의 안전을 확인할 필요는 없다.
④ 응급환자를 처치할 때 도움이 될 만한 의약품을 찾아본다.

응급처치 현장에서 자신의 안전을 확인하고, 개인이 임의로 의약품 사용해서는 안 되며 전문 의료인에게 맡겨야 한다.

03 조리 도구를 관리하는 방법이 잘못된 것은?

① 음식절단기 : 전원을 차단 후 세척한다.
② 튀김기 : 기름때가 심한 경우 온수로 깨끗이 씻어 내고 마른걸레로 물기를 완전히 제거하였는지 확인한다.
③ 육절기 : 세척을 하고 물기 제거 후 원상태로 조립 후 전원을 넣고 사용한다.
④ 제빙기 : 기계를 정지시킨 후 찬물로 제빙기의 내부를 구석구석 녹였는지 확인한다.

제빙기는 뜨거운 물로 세척한다.

04 다음 중 적절한 작업 환경 안전 관리가 아닌 것은?

① 부식 및 발화 가연제 또는 위험물질은 별도로 구분하여 보관한다.
② 적정한 상대습도는 40~60%를 유지한다.
③ 조리작업장의 권장 조도는 100Lux 이하이다.
④ 작업장 주위의 통로나 작업장은 항상 청소 후 사용한다.

조리작업장의 권장 조도는 161~143Lux이다.

05 관리감독자의 법정안전 정기교육 시간은?

① 최초 1시간 이상
② 하루 2시간 이상
③ 매달 8시간 이상
④ 연간 16시간 이상

관리감독자는 매 분기 8시간 이상 또는 연간 16시간 이상 정기 교육을 실시한다.

06 다음 중 가열용 기구인 프로판가스에 대한 설명 중 잘못된 것은?

① 가스용기 가까운 곳에 화기를 두지 않는다.
② 가스용기는 직사광선을 피하는 곳에 둔다.
③ 가스 자체는 무해하나 누출되면 폭발되기 쉽다.
④ 가스용기는 세워서 조리대 밑이나 지하에 설치한다.

프로판가스는 가스용기와 떨어진 곳, 서늘한 곳, 직사광선을 피하여 보관해야 하므로 조리대 밑은 보관하기에 적절한 장소가 아니다.

정답 01 ③ 02 ② 03 ④ 04 ③ 05 ④ 06 ④

04

식품위생법 관련 법규 및 규정

식품위생법 관련 법규 및 규정

▶합격강의

01 기구와 용기 · 포장

1) 유독기구 등의 판매 · 사용 금지

유독 · 유해 물질이 들어 있거나 묻어 있어 인체의 건강을 해칠 우려가 있는 기구 및 용기 · 포장과 식품 또는 식품첨가물에 직접 닿으면 해로운 영향을 끼쳐 인체의 건강을 해칠 우려가 있는 기구 및 용기 · 포장을 판매하거나 판매할 목적으로 제조 · 수입 · 저장 · 운반 · 진열하거나 영업에 사용하여서는 아니 된다.

2) 기구★ 및 용기 · 포장★에 관한 기준 및 규격

① 식품의약품안전처장은 판매하거나 영업에 사용하는 기구 및 용기 · 포장에 관하여 제조 방법에 관한 기준, 기구 및 용기 · 포장과 그 원재료에 관한 규격을 정하여 고시한다.
② 식품의약품안전처장은 기준과 규격이 고시되지 아니한 기구 및 용기 · 포장에 대하여는 시험 · 검사기관의 검토를 거쳐 해당 기구 및 용기 · 포장의 기준과 규격으로 인정할 수 있다.
③ 수출할 기구 및 용기 · 포장과 그 원재료에 관한 기준과 규격은 수입자의 요구에 따를 수 있다.

02 식품 등의 공전

식품의약품안전처장은 식품 등의 공전★을 작성 · 보급하여야 한다.
① 식품 또는 식품첨가물의 기준과 규격
② 기구 및 용기 · 포장의 기준과 규격

🅕 기적의 TIP

기구와 용기, 포장, 표시기준은 식품의약품안전처장이 정하여 고시하였어요. 광고, 공전 등을 지정하는 자에 대해 묻는 문제가 나와요.

★ 기구
식품 또는 식품첨가물에 직접 닿는 기계 · 기구나 그 밖의 물건

★용기 · 포장
식품 또는 식품첨가물을 넣거나 싸는 것으로서 식품 또는 식품첨가물을 주고받을 때 함께 건네는 물품

★ 공전(公典)
공편하게 만든 법률

01 영업

1) 시설기준

① 총리령으로 정하는 시설기준에 맞는 시설을 갖추어야 한다.
② 식품 또는 식품첨가물의 제조업, 가공업, 운반업, 판매업 및 보존업
③ 기구 또는 용기·포장의 제조업
④ 식품접객업

2) 허가를 받아야 하는 영업

① 식품조사처리업 : 식품의약품안전처장
② 단란주점영업, 유흥주점영업 : 특별자치도지사 또는 시장·군수·구청장

3) 영업신고를 하여야 하는 업종

① 특별자치도지사 또는 시장·군수·구청장에게 신고한다.
② 즉석판매제조·가공업
③ 식품운반업
④ 식품소분·판매업
⑤ 식품냉동·냉장업
⑥ 용기·포장류제조업
⑦ 휴게음식점영업, 일반음식점영업, 위탁급식영업 및 제과점영업

업종	음주행위	손님노래	유흥종사자
휴게음식점, 위탁급식, 제과점	×	×	×
일반음식점	○	×	×
단란주점	○	○	×
유흥주점	○	○	○

4) 식품소분업의 신고대상

식품 또는 식품첨가물과 벌꿀(자가채취하여 직접 소분·포장하는 경우를 제외)을 말한다. 다만, 어육제품, 식용유지, 특수용도식품, 통·병조림 제품, 레토르트식품, 전분, 장류 및 식초는 소분·판매하여서는 아니 된다.

5) 즉석판매제조·가공 대상식품

소비자가 원하는 만큼 덜어서 직접 최종 소비자에게 판매하는 식품을 말한다. 단통·병조림 제품, 레토르트식품, 냉동식품, 어육제품, 특수용도식품(체중조절용 조제식품은 제외), 식초, 전분은 제외한다.

6) 신고하지 않아도 되는 업종

① 양곡가공업 중 도정업을 하는 경우
② 수산물가공업의 신고를 하고 해당 영업을 하는 경우
③ 축산물가공업의 허가를 받아 해당 영업을 하는 경우
④ 건강기능식품제조업, 건강기능식품수입업 및 건강기능식품판매업의 영업허가를 받거나 영업신고를 하고 해당 영업을 하는 경우
⑤ 식품첨가물이나 다른 원료를 사용하지 아니하고 농산물·임산물·수산물을 단순히 자르거나, 껍질을 벗기거나, 말리거나, 소금에 절이거나, 숙성하거나, 가열하는 등의 가공과정 중 위생상 위해가 발생할 우려가 없고 식품의 상태를 관능검사로 확인할 수 있도록 가공하는 경우
⑥ 영농조합법인과 영어조합법인이 생산한 농산물·임산물·수산물을 집단급식소에 판매하는 경우. 다만, 다른 사람으로 하여금 생산하거나 판매하게 하는 경우는 제외한다.

7) 신고를 하여야 하는 변경사항

① 영업자의 성명
② 영업소의 명칭 또는 상호
③ 영업소의 소재지
④ 영업장의 면적
⑤ 즉석판매제조·가공업을 하는 자가 같은 호에 따른 즉석판매제조·가공 대상 식품 중 식품의 유형을 달리하여 새로운 식품을 제조·가공하려는 경우
⑥ 식품운반업을 하는 자가 냉장·냉동차량을 증감하려는 경우
⑦ 식품자동판매기영업을 하는 자가 같은 시·군·구에서 식품자동판매기의 설치 대수를 증감하려는 경우

8) 건강진단

① 대상 : 식품 또는 식품첨가물을 채취·제조·가공·조리·저장·운반 또는 판매하는 일에 직접 종사하는 영업자 및 종업원(단, 완전 포장된 식품 또는 식품첨가물을 운반하거나 판매하는 일에 종사하는 사람은 제외)
② 건강진단 항목 : 장티푸스, 폐결핵, 전염성피부질환
③ 횟수 : 1년에 1회

9) 식품위생교육의 대상

① 영업자 및 유흥종사자를 둘 수 있는 식품접객업 영업자의 종업원은 매년 식품위생에 관한 교육을 받아야 한다.
② 영업을 하려는 자는 미리 식품위생교육을 받아야 한다.
③ 교육을 받아야 하는 자가 영업에 직접 종사하지 아니하거나 두 곳 이상의 장소에서 영업을 하는 경우에는 종업원 중에서 식품위생에 관한 책임자를 지정하여 영업자 대신 교육을 받게 할 수 있다.
④ 조리사 또는 영양사의 면허를 받은 자가 식품접객업을 하려는 경우에는 식품위생교육을 받지 아니하여도 된다.

✔ 개념 체크

1 영업소의 명칭 또는 상호가 변경되었을 때에는 신고하지 않아도 된다. (O, X)
2 식품첨가물을 운반하는 직원은 2년에 1회 건강진단을 받아야 한다. (O, X)

1 X 2 X

10) 식품위생교육의 시간

① 영업자와 종업원(매년 위생 교육)
- 식품제조 · 가공업, 즉석판매제조 · 가공업, 식품첨가물제조업, 식품운반업, 식품소분 · 판매업 등 영업자, 식품보존업, 용기 · 포장류제조업, 식품접객업 : 3시간
- 유흥주점영업의 유흥종사자 : 2시간
- 집단급식소를 설치 · 운영하는 자 : 3시간

② 영업자(영업 전 신규 위생 교육)
- 식품제조 · 가공업, 즉석판매제조 · 가공업, 식품첨가물제조업 : 8시간
- 식품운반업, 식품소분 · 판매업 등 영업자, 식품보존업, 용기 · 포장류제조업 : 4시간
- 식품접객업 : 6시간
- 집단급식소를 설치 · 운영하려는 자 : 6시간

11) 우수업소 · 모범업소의 지정

① 우수업소의 지정 : 식품의약품안전처장 또는 특별자치도지사 · 시장 · 군수 · 구청장
② 모범업소의 지정 : 특별자치도지사 · 시장 · 군수 · 구청장

B 기적의 TIP

우수업소, 모범업소는 식품의약품안전처장, 시장 · 군수 · 구청장이 지정합니다.

02 벌칙

1) 질병에 걸린 동물을 판매할 목적으로 식품 또는 식품첨가물을 제조 · 가공 · 수입 또는 조리

① 1항 : 3년 이상의 징역(소해면상뇌증(狂牛病), 탄저병, 가금 인플루엔자)
② 2항 : 1년 이상의 징역(마황, 부자, 천오, 초오, 백부자, 섬수, 백선피, 사리풀)
③ 3항 : 제조 · 가공 · 수입 · 조리한 식품 또는 식품첨가물을 판매하였을 때에는 그 소매가격의 2배 이상 5배 이하에 해당하는 벌금을 병과(倂科)한다.
④ 형을 선고받고 그 형이 확정된 후 5년 이내에 죄를 범한 자가 제3항에 해당하는 경우 제3항에서 정한 형의 2배까지 가중한다.

2) 10년 이하의 징역 또는 1억 원 이하의 벌금

① 위해 식품 등의 판매 등 금지, 병든 동물 고기 등의 판매 등 금지, 기준 · 규격이 고시되지 아니한 화학적 합성품 등의 판매 등 금지를 위반한 자(형을 선고받고 그 형이 확정된 후 5년 이내에 죄를 범한 자는 1년 이상 7년 이하의 징역에 처한다.)
② 유독기구 등의 판매 · 사용 금지를 위반한 자, 허위표시 등의 금지를 위반한 자
③ 영업허가 등 위반한 자(해당 식품 또는 식품첨가물을 판매한 때에는 그 소매가격의 4배 이상 10배 이하에 해당하는 벌금을 부과한다.)

✓ 개념 체크

1 식품보존업에 종사하는 영업자는 매년 3시간의 식품위생교육을 받아야 한다. (O, X)

2 탄저병에 걸린 육류를 판매 목적으로 수입했을 경우 3년 이하의 징역에 처한다. (O, X)

1 O 2 X

3) 5년 이하의 징역 또는 5천만 원 이하의 벌금

① 식품 또는 식품첨가물, 기구 및 용기 · 포장에 관한 기준 및 규격, 수입 식품 등의 신고 등을 위반한 자
② 식품위생검사기관의 지정취소에 해당하는 위반행위를 한 자, 영업 허가 등을 위반한 자
③ 영업 제한을 위반한 자
④ 폐기처분 등 또는 위해 식품 등의 공표에 따른 명령을 위반한 자
⑤ 허가취소 등에 따른 영업정지 명령을 위반하여 영업을 계속한 자

4) 3년 이하의 징역 또는 3천만 원 이하의 벌금

① 표시기준, 유전자재조합식품 등의 표시, 위해 식품 등에 대한 긴급대응, 자가품질검사 의무, 시민식품감사인, 영업허가 등, 위해요소, 위해요소중점관리기준, 식품이력추적관리 등록기준 등 단서 또는 명칭 사용 금지를 위반한 자
② 수입 식품 등의 신고, 출입 · 검사 · 수거 또는 폐기처분에 따른 검사 · 출입 · 수거 · 압류 · 폐기를 거부 · 방해 또는 기피한 자
③ 우수수입업소 등록에 해당하는 위반행위를 한 자
④ 시설기준을 갖추지 못한 영업자
⑤ 영업허가에 따른 조건을 갖추지 못한 영업자
⑥ 품질관리 및 보고 또는 영업자 등의 준수사항에 따라 영업자가 지켜야 할 사항을 지키지 아니한 자
⑦ 허가취소에 따른 영업정지 명령을 위반하여 계속 영업한 자
⑧ 품목 제조정지에 따른 제조정지 명령을 위반한 자
⑨ 폐쇄조치에 따라 관계 공무원이 부착한 봉인 등을 함부로 제거하거나 손상시킨 자

5) 양벌규정

법인의 대표자나 법인 또는 개인의 대리인, 사용인, 그 밖의 종업원이 그 법인 또는 개인의 업무에 관하여 제93조 제3항 또는 제94조부터 제97조까지의 어느 하나에 해당하는 위반행위를 하면 그 행위자를 벌하는 외에 그 법인 또는 개인에게도 해당 조문의 벌금형을 과(科)하고, 제93조 제1항의 위반행위를 하면 그 법인 또는 개인에 대하여도 1억 5천만 원 이하의 벌금에 처하며, 제93조 제2항의 위반행위를 하면 그 법인 또는 개인에 대하여도 5천만 원 이하의 벌금에 처한다.

개념 체크

1 식품위생검사기관의 지정취소에 해당하는 위반행위를 한 자는 5년 이하의 징역 또는 5천만 원 이하의 벌금에 처한다. (O, X)

1 O

01 다음의 경우 부과되는 벌칙으로 알맞은 것은?

> 썩거나 상하거나 설익어서 인체의 건강을 해칠 우려가 있는 위해 식품을 판매한 영업자에게 부과되는 벌칙이다. 단, 해당 죄로 금고 이상의 형을 선고받거나 그 형이 확정된 적이 없는 자에 한한다.

① 1년 이하 징역 또는 1천만 원 이하 벌금
② 3년 이하 징역 또는 3천만 원 이하 벌금
③ 5년 이하 징역 또는 5천만 원 이하 벌금
④ 10년 이하 징역 또는 1억 원 이하 벌금

10년 이하의 징역 또는 1억 원 이하의 벌금
• 위해식품 등의 판매 등 금지, 병든 동물 고기 등의 판매 등 금지, 기준 · 규격이 고시되지 아니한 화학적 합성품 등의 판매 등의 금지를 위반한 자
• 유독기구 등의 판매 · 사용 금지를 위반한 자, 허위표시 등의 금지를 위반한 자
• 영업허가 등을 위반한 자

02 위생적이고 안전한 식품 제조를 위해 적합한 기기, 기구 및 용기가 아닌 것은?

① 스테인리스스틸 냄비
② 산성 식품에 사용하는 구리를 함유한 그릇
③ 소독과 살균이 가능한 내수성 재질의 작업대
④ 흡수성이 없는 단단한 단풍나무 재목의 도마

구리 금속에 산성 물질이 반응하면 수소기체가 생기므로 구리 그릇을 사용하는 것은 적합하지 않다.

03 식품접객업을 신규로 하고자 하는 경우 몇 시간의 위생교육을 받아야 하는가?

① 2시간   ② 4시간
③ 6시간   ④ 8시간

영업 전 신규 위생 교육
• 식품제조 · 가공업, 즉석판매제조 · 가공업, 식품첨가물제조업 : 8시간
• 식품운반업, 식품소분 · 판매업 등 영업자, 식품보존업, 용기 · 포장류제조업 : 4시간
• 식품접객업 : 6시간
• 집단급식소를 설치 · 운영하려는 자 : 6시간

04 일반음식점을 개업하기 위하여 수행하여야 할 사항과 관할 관청은?

① 영업허가 – 지방식품의약품안전청
② 영업신고 – 지방식품의약품안전청
③ 영업허가 – 특별자치도 · 시 · 군 · 구청
④ 영업신고 – 특별자치도 · 시 · 군 · 구청

영업신고를 하여야 하는 업종(특별자치도지사 또는 시장 · 군수 · 구청장에게 신고)
• 즉석판매제조 · 가공업
• 식품운반업
• 식품소분 · 판매업
• 식품냉동 · 냉장업
• 용기 · 포장류제조업
• 휴게음식점영업, 일반음식점영업, 위탁급식영업 및 제과점영업

05 식품위생법상 식품위생 수준의 향상을 위하여 필요한 경우 조리사에게 교육을 받을 것을 명할 수 있는 자는?

① 관할시장
② 보건복지부장관
③ 식품의약품안전처장
④ 관할 경찰서장

기구 및 용기 · 포장에 관한 기준 및 규격, 표시의무자, 표시대상 및 표시방법 등에 필요한 사항, 식품 등의 공전을 작성 · 보급, 조리사 교육을 명하는 자는 식품의약품안전처장이다.

우리나라 떡의
역사 및 문화

떡의 역사

시대별 떡의 역사

▶합격강의

01 시대별 떡

1) 삼국시대 이전

떡을 언제부터 먹기 시작하였는지 정확히 알 수는 없다. 다만 삼국시대 이전의 유적이 출토되어 부족국가 시대부터 만들어졌을 것이라 추정하고 있다. 쌀의 생산량이 많지 않았으므로 쌀을 비롯한 피, 기장, 조, 수수와 같은 곡물을 생산하여 떡을 만들었을 것으로 추측된다.

① 구석기 시대
- 동굴생활을 하며 수렵과 채취로 식량을 확보했다.
- 구석기 후기부터 불을 사용하였을 것으로 추측하고 있다.

② 신석기 시대
- 황해도 봉산 지탑리의 신석기 유적지에서는 갈돌, 경기도 북변리와 동창리의 무문토기시대 유적지에서는 돌확(확돌)★이 발견되었다.
- 갈판과 갈돌로 곡물을 탈곡, 제분해 가공하고 빗살무늬 토기를 이용해 음식을 보관하고 만들어 먹었음을 알 수 있다.

③ 청동기 시대
나진 초도 조개더미에서는 바닥에 여러 개의 구멍이 있는 시루가 출토되어 당시 떡을 쪄 먹었을 것이라고 추측한다.

2) 삼국시대와 통일신라시대

① 삼국시대와 통일신라시대 떡의 특징
- 삼국시대 고분에서는 시루가 발견되며, 고구려 고분벽화에는 시루로 음식을 찌고 있는 주방의 모습이 분명하게 그려져 있다.
- 시루는 주방에서 쓰이는 상용 도구였으며, 시루에서 익힌 음식인 떡이나 찐 밥이 상용 음식이었음을 알 수 있다.
- 찐 떡을 절구에 쳐서 만든 인절미나 기름에 지진 유전병 등도 있었을 것으로 추측된다.
- 사회가 안정되고 쌀을 중심으로 농경시대가 전개되어 떡이 발전할 수 있었다.

★ 돌확(확돌)
돌을 우묵하게 파서 절구 모양으로 만든 물건으로, 고추·마늘 등의 양념이나 곡식을 가는 데 쓰는 연장이었다.

② 떡의 기록

- 1145년 삼국사기 신라본기 유리왕 원년조
  - "병(餠)을 물어 잇자국을 시험한즉 유리의 이가 많은지라 군신들이 유리를 받들어 임금으로 모셨다."
  - 유리와 탈해가 서로 왕위를 사양하다가 떡(餠)을 깨물어 먹은 자리에 남은 잇자국 수로 유리가 왕위에 올랐다는 기록이 있다. 잇자국이 선명하게 날 정도의 떡이면 흰떡이나 친떡으로 추정한다.
- 1145년 삼국사기 열전 백결선생조
  - "세모가 되어 이웃에서 떡방아 소리가 나자 이에 따르지 못함을 부인이 안타까워하자 백결선생이 거문고로 떡방아 소리를 내어 부인을 위로했다."
  - 연말에 떡을 하는 풍속이 있다고 추정할 수 있다.
- 1281년 삼국유사 가락국기조
  - "조정의 뜻을 받들어 그 밭을 주관하여 세시마다 술·감주·떡·밥·차·과실 등 여러 가지를 갖추고 제사를 지냈다."
  - 떡이 제수로 나오고 있어 이때의 떡이 제향음식의 하나였음을 추정한다.
- 1281년 삼국유사 약식
  신라 소지왕 행차 중에 까마귀가 금갑을 향해 활을 쏘라는 봉투를 떨어뜨렸다. 왕이 황급히 궁궐로 돌아와 금갑을 향해 쏘니 왕을 해치려 숨어든 승려가 화살에 맞아 죽었다. 이후 소지왕은 까마귀에 대한 감사의 마음으로 그날을 오기일로 정하여 매년 까마귀 깃털 색을 닮은 까만 찰밥을 지어 정월대보름에 먹었다.

약식의 기록

- 「목은집」의 「점반」 : "찰밥에 기름과 꿀을 섞고 다시 잣, 밤, 대추를 넣어서 섞는다. 천문만호 여러 집에 서로 보내면 새벽별이 창량하여 갈까마귀가 혹하게 일어난다."
- 도문대작 : "우리의 약밥을 중국 사람들이 매우 즐기고, 이것을 나름대로 모방하여 만들어 고려밥이라 하면서 먹고 있다."
- 규합총서 : "좋은 찹쌀 두 되를 백세하여 하루 불려 시루에 쪄서 식힌 후에 황률을 많이 넣고 백청 한 탕기, 참기름 한 보시기, 진장 반 종지, 대추 한 탕기를 모두 버무려 시루에 도로 담고 찐다."

일본의 문헌
대두병·소두병·전병 등이 기록되어 있는 것으로 미루어 시루떡·도병·전병 등을 즐겨 먹었음을 추정할 수 있다.

✔ 개념 체크

1 떡을 깨물어 잇자국 수로 왕위에 오른 유리왕에 관한 기록이 담긴 책은 ( )이다.

2 우리의 약밥을 중국 사람들이 매우 즐겼다고 기록한 책은 ( )이다.

1 삼국사기 2 도문대작

3) 고려시대

① 고려시대 떡의 특징
삼국시대부터 전래된 불교가 음식에까지 영향을 끼쳐 육식 절제, 차를 마시는 풍습이 발달하고 떡이 발전하는 계기가 되었다.

② 떡의 기록

• 1614년(조선시대) 지봉유설
- "송사(宋史)에서 말하기를, 고려는 상사일(上巳日)에 청애병(靑艾餠)을 으뜸가는 음식으로 삼는다. 이것은 어린 쑥잎을 쌀가루에 섞어서 찐 떡이다."
- 떡이 절식으로 자리 잡게 되었음을 알 수 있다.

• 1765년(조선시대) 해동역사
- "고려사람들이 율고를 잘 만들었다."라고 칭송한 중국인의 견문이 기록되었다.
- 원나라 문헌 거가필용에 고려율고★라는 밤설기 떡을 소개하고 있다.

• 고려가요 쌍화점
- "쌍화점에 상화★ 사러 갔더니만 회회(몽고인) 아비 내 손목을 쥐었어요."
- 당시 고려에 와있던 아라비아 상인과 고려 여인과의 남녀관계를 노래한 속요가 나온다. 그 내용에 쌍화점이 등장하는 것으로 보아 당시에 최초의 떡집이 생겨났고 떡이 상품화되어 일반에 널리 보급되었음을 알 수 있다.

• 1404년 고려 공양왕 목은집
"유두일에는 수단을 하였고, 차수수로 전병을 부쳐 팥소를 싸서 만든 점서(찰전병)가 매우 맛이 좋았다."

• 1449년 고려사
- "광종이 걸인에게 떡을 시주하였으며, 신돈이 떡을 부녀자에게 던져 주었다."
- 떡이 일반에게 널리 보급되었음을 알 수 있다.

4) 조선시대

① 조선시대 떡의 특징
• 농업기술 발전과 조리가공법의 세분화로 인해 식생활 문화가 발전하였다. 우리가 먹고 있는 떡 대부분의 조리, 가공방법이 확립되었다고 할 수 있다.
• 조선 시대의 문헌을 보면 만드는 방법에 따라 증병(甑餠) · 도병(搗餠) · 전병(煎餠) · 단자류(團子類) · 빈자떡 · 상화로 분류하여 다양한 종류의 떡을 수록하고 있다.
• 관혼상제의 풍습이 일반화되어 각종 의례와 대소연회, 무의 등에 떡이 필수적으로 사용되었다.

② 떡의 기록
• 1611년 허균의 도문대작★
- 가장 오래된 우리나라의 식품전문서로 병이지류(餠餌之類, 떡류) 19종이 기술되어 있다.
- 석이병, 쑥떡, 느티떡, 두견전, 이화전, 장미전, 수단, 상화, 두텁떡, 국화병, 시율나병, 떡국, 증편, 달떡, 삼병, 송기떡, 밀병, 개피떡, 자병

기적의 TIP

지봉유설, 해동역사에서 언급된 떡은 고려시대의 것이지만, 책이 저술된 시기는 조선시대이다.

★ 고려율고
밤을 그늘에 말려서 껍질을 벗기고 찧어 가루를 내고 여기에 찹쌀가루를 2/3 정도 섞고 꿀물을 넣어 반죽한 다음 쪄 먹는 떡

★ 상화(상화떡)
밀가루를 부풀려 채소로 만든 소와 팥소를 넣고 찐 증편류

★ 도문대작(屠門大嚼)
도살장 문을 바라보며 입을 크게 벌려 씹으면서 고기 먹고 싶은 생각을 달랜다는 뜻으로, 흉내 내고 상상만 해도 유쾌하다는 의미를 담은 말이다.

- 1670년 안동장씨 부인의 음식디미방
  - 최초의 한글 조리서이자 동아시아에서 여성이 쓴 조리서이다.
  - 8종의 떡이 기록되어 있다.
  - 상화떡, 증편법, 잡과편법, 밤설기법, 석이편, 인절미 굽는 법(맛질방문), 전화법, 빈자법(빈자떡)
  - "인절미 속에 엿을 한치만큼 꽂아 넣어 두고 약한 불로 엿이 녹게 구워 아침이면 먹는다."
  - "상화는 밀가루를 부풀려 채소로 만든 소와 팥소를 넣고 찐 것"
  - 빈자떡은 "거피한 녹두를 가루 내어 되직하게 물을 섞고, 부칠 때에는 기름이 뜨거워진 다음에 조금씩 떠 놓고 그 뒤에 꿀을 반죽한 거피팥소를 얹고 그 위에 다시 녹두가루를 얹어 지진다."
  - 석이편 "멥쌀 1말에 찹쌀 2되를 섞고 고물은 잣가루를 쓰는 가장 별미의 떡이다."

- 1720년 이시필의 소문사설(謏聞事說, 수문사설)
  - 「식치방」에는 28가지의 음식과 조리법이 기술되어 있다.
  - 오도증(烏陶甑)이라는 떡을 찌는 도구가 나온다.
  - 목미외병(메밀떡)과 우병(토란병)은 숙수 박이돌이 만들었다. 낙점받아 임금께 올렸다.

- 1740년 이익의 성호사설
  - 1740년경에 집안 조카들이 정리한 것으로 천지문, 만물문, 인사문, 경사문, 시문문에 걸친 실학 사상을 실은 백과전서이다.
  - 백설기 : "지금도 설기를 숭상한다. 가례에 쓰는 자고(餈糕)가 이것이다. 또, 멥쌀가루에 습기를 준 다음 시루에 넣어 떡이 되도록 오래 익힌다. 이것을 백설기라 한다."
  - 인절미 : "혹은 먼저 익힌 다음에 이것을 잘 치고 여기에 콩을 볶아서 가루로 만든 것을 묻힌다. 지금 풍속의 인절미다. 후세에는 점점 사치스러워져서 이것을 제향에 쓰지 않는다."

- 1815년 빙허각 이씨의 규합총서
  - 가정살림에 관한 내용의 책으로 장 담그기, 술 빚기, 밥 짓기, 반찬 만드는 방법이 있고, 27종의 떡과 만드는 방법이 기록되어 있다.
  - 석탄병은 "맛이 차마 삼키기 안타까운 고로 석탄병이라고 한다."
  - 빙자는 "떡 위에 백자와 대추를 고명으로 박아 지진다."
  - 복령조화고, 백설고, 권전병, 유자단자, 승검초단자, 석탄병, 도행병, 신과병, 혼돈병, 토란병, 남방감저병, 잡과편, 증편, 석이병, 두텁떡, 빙자, 화전, 인절미, 대추조악 등

- 1827년 서유구의 임원경제지
  - 실생활에 이용할 수 있는 백과사전식 농업 관련 책이다.
  - "경단모양이라 찹쌀가루를 물로 반죽하여 도토리알만 하게 또는 밤만 하게 둥글게 빚어서 만든다."
  - 병이(餠餌, 떡) : 떡은 고(餻), 이(餌), 자(瓷), 탁(飥)으로 표현한다. 쌀가루를 쪄서 가루 낸 것은 이(餌), 밥을 지어서 푹 익힌 다음 찧은 것은 자(瓷)이다. 기름에 지진 것은 유병(油餠), 꿀을 바른 것을 당궤(餹饋)라고 한다.
- 1849년 홍석모의 동국세시기
  - 연중 행사와 풍속들을 정리하고 설명한 세시풍속집이다.
  - 차륜병 : "절편의 모양을 둥글게 하고 그 위에 차바퀴 모양의 떡살로 문양을 내었다."
- 그 외의 조선시대의 떡이 기록되어 있는 책 : 요록, 주방문, 음식보, 산림경제, 주방, 술 만드는 법, 역잡록, 역주방문, 윤씨 음식법, 이씨 음식법, 시의전서

③ 궁중의 떡
- 의궤 : 조선시대에 국가의 주요 행사의 내용을 정리한 기록이다. 여기에는 진연, 진찬 및 진작의궤가 있다.
- 원행을묘정리의궤, 혜경궁홍씨 회갑연에 오른 떡 : 백미병, 점미병, 삭병, 꿀설기, 석이병, 각색절편, 각색주악, 각색산승, 각색단자병, 약반 1그릇. 높이는 1자 5치로 약 45cm로 고임상을 올렸다.
- 발기(발긔, 건긔) : 궁중의례에 사용되는 물품과 수량 등 상차림 구성을 적어 놓은 것이다.

5) 근대, 현대

① 근대 떡의 특징
- 19세기 말에 접어들면서 서양의 식품이나 조리법, 식생활 관습이 전해지게 되어 우리 고유의 식생활에 큰 변화가 생기게 되었다.
- 가정에서 일일이 만들어야만 했던 떡을 방앗간이나 떡집의 증가로 구매하여 먹기 시작했다.

② 근대 떡의 기록
- 1924년 이용기의 조선무쌍신식요리제법
  - 손님 대접하는 법, 술ㆍ초ㆍ장ㆍ젓 담그는 법, 밥, 국, 김치, 장아찌, 떡, 생채, 부침, 찌개, 구이, 죽, 숙실과, 유밀과, 다식 등이 나온다. 총 68항목 790여 종의 조리법이 실렸다.
  - 시루떡, 팥떡, 무떡, 호박떡, 느티떡, 생치떡, 쑥떡, 녹두떡, 거피팥떡, 찰떡, 깨떡, 두텁떡, 백설기, 꿀떡, 개떡(나깨떡), 밀개떡, 석탄병, 감떡, 옥수수떡, 송편, 재증병, 흰떡(골무떡), 절편, 인절미, 주악, 수수전병, 화전, 단자, 경단, 증편, 떡에 곰팡이 안 나는 법 등이 수록되어 있다.

E 기적의 TIP

웃기
떡을 담고 맨 위에 모양을 내기 위해 장식하는 떡으로 주악, 화전, 우찌지, 단자, 산병, 색절편 등이 있다.

③ 현대 떡의 특징
• 최근에는 떡에 대한 수요와 관심이 많아져 떡을 배우려는 사람들이 많아지고 있다.
• 떡을 재해석하여 떡케이크, 앙금떡케이크, 블루베리떡, 초코떡, 커피떡, 찹쌀떡 오븐구이 등 다양한 형태로 변화되고 있다.

떡에 관한 속담

• 남의 떡에 설 쇤다.
• 떡방아 소리 듣고 김칫국 찾는다.
• 떡 줄 사람은 꿈도 안 꾸는데 김칫국부터 마신다.
• 밥 먹는 배 다르고 떡 먹는 배 다르다.
• 밥 위에 떡
• 얻은 떡이 두레 반이다.
• 여름비는 잠비, 가을비는 떡비
• 추수한 뒤 비가 오면 밖에 나가 일을 할 수도 없고 곡식은 넉넉하니 집안에서 떡이나 해 먹고 지낸다.

01 규합총서에 다음과 같이 기록된 떡은 무엇인가?

> 햇밤, 익은 풋대추 썬 것, 껍질을 벗겨서 얇게 저민 침감, 청태를 쌀가루에 섞어 물에 버무려 거피한 햇녹두고물을 얹어 찐 것

① 신과병
② 잡과병
③ 느티떡
④ 노티떡

• 햇곡식과 햇과일을 넣어 찐 떡을 신과병이라고 한다.
• 침감이란 소금물에 담가 떫은 맛을 우려낸 감이다.

02 백결선생이 떡방아 소리를 낸 기록과 유리왕 등이 기록된 책은?

① 음식디미방
② 도문대작
③ 삼국유사
④ 삼국사기

삼국사기에는 떡을 깨물어 잇자국의 수로 왕위에 올랐다는 유리왕에 관한 기록과 백결선생이 거문고로 떡방아 소리를 내어 부인을 위로했다는 기록이 있다.

03 조선 시대에 안동장씨 부인이 쓴 조리서는?

① 음식디미방
② 도문대작
③ 소문사설
④ 규합총서

음식디미방은 안동장씨 부인이 쓴 최초의 한글 조리서이고, 8종의 떡이 기록되어 있다.

04 혜경궁홍씨 회갑연에 오른 떡이 아닌 것은?

① 백미병
② 각색주악
③ 각색단자
④ 두텁떡

오답 피하기

혜경궁홍씨의 회갑연에는 백미병, 점미병, 삭병, 꿀설기, 석이병, 각색적편, 각색주악, 각색산승, 각색단자병, 약반 1그릇을 올렸다.

05 상화에 대한 설명으로 옳지 않은 것은?

① 밀가루를 막걸리로 발효시켜 소를 넣어 만들었다.
② 고려에 와있던 아라비아 상인과 고려 여인을 노래한 속요에 상화가 나온다.
③ 상외떡 또는 상애떡이라고 한다.
④ 중국 사람들이 매우 즐기고, 고려밥이라고 하였다.

중국 사람들이 매우 즐기고, 고려밥이라고 한 것은 약식이다.

06 떡의 기록에 대한 내용 중 옳지 않은 것은?

① 청동기 시대에 여러 개의 구멍이 나있는 시루가 출토되어 떡을 쪄 먹은 것으로 추측한다.
② 삼국유사에 술, 감주, 떡, 밥 등 여러 가지를 갖추고 제사를 지냈다는 기록이 있다.
③ 지봉유설에 유두일에 수단을 하였다는 기록이 있다.
④ 소문사설에 오도중이라는 떡을 찌는 도구가 나온다.

• 지봉유설에는 상사일에 청애병을 으뜸가는 음식으로 삼는다고 기록되어 있다.
• 유두일에 수단을 하였다는 기록은 목은집에 있다.

정답 01 ① 02 ④ 03 ① 04 ④ 05 ④ 06 ③

07 유교가 식문화에 영향을 끼치고 농업기술 발전과 조리가공법의 세분화로 떡이 화려해지고 종류와 맛이 풍부해진 시기는?

① 신라시대
② 고려시대
③ 고구려시대
④ 조선시대

조선시대의 떡은 관혼상제의 풍습이 일반화되어 각종 의례와 대소연회, 무의 등에 떡이 필수적으로 사용되었다.

08 "고려사람들이 율고를 잘 만들었다."라고 칭송한 중국인의 견문이 기록되어 있는 책은?

① 해동역사
② 고려사
③ 지봉유설
④ 거가필용

원나라 문헌 거가필용에도 고려율고라는 밤설기 떡을 소개하고 있다.

09 약식에 대한 기록이 아닌 것은?

① 찰밥에 기름과 꿀을 섞고 다시 잣, 밤, 대추를 넣어서 섞는다.
② 중국 사람들이 매우 즐기고, 이것을 나름대로 모방하여 만들어 고려밥이라 하면서 먹는다.
③ 소지왕은 까마귀에 대한 감사의 마음으로 그날을 오기일로 정하여 찰밥을 지어 정월 대보름에 먹었다.
④ 가례에 쓰이며, 멥쌀가루에 습기를 준 다음 시루에 넣어 오래 익힌다.

성호사설에 있는 백설기에 대한 기록이다.

10 시대별 떡에 대한 설명으로 옳은 것은?

① 고려시대에는 육식 절제, 차를 마시는 풍습이 발달하고 떡이 발전하는 계기가 되었다.
② 삼국시대에 유교, 불교의 영향으로 떡이 발전했다.
③ 조선시대에 찐 떡을 쳐서 기름에 지진 유전병이 최초로 등장한다.
④ 청동기시대에 떡이 제수 음식으로 지낸 벽화가 발견되었다.

오답 피하기

③ 삼국시대에 기름에 지진 유전병이 있을 것이라고 추측한다.
④ 삼국시대 고분에서 시루가 발견되고, 고구려 고분벽화에는 시루로 음식을 찌고 있는 주방의 모습이 그려져 있다.

11 조선시대 떡의 기록이 아닌 것은?

① 동국세시기 : 절편의 모양을 둥글게 하고 그 위에 차바퀴 모양의 떡살로 문양을 내었다.
② 소문사설 : 목미외병과 우병은 숙수 박이돌이 만들었다.
③ 임원경제지 : 경단 모양이라 찹쌀가루를 물로 반죽하여 도토리 알만하게 둥글게 빚어서 만든다.
④ 목은집 : 유두일에 수단을 하였고, 차수수로 전병을 부쳐 팥소를 사서 만든 점서가 매우 맛이 좋다.

목은집은 고려시대의 기록이다.

12 다음과 같이 기록되어 있는 떡과 고서의 이름은?

> 좋은 찹쌀 두 되를 백세하여 하루 불려 시루에 쪄서 식힌 후에 황률을 많이 넣고 백청 한 탕기, 참기름 한 보시기, 진장 반 종지, 대추 한 탕기를 모두 버무려 시루에 도로 담고 찐다.

① 상화, 쌍화점
② 두텁떡, 도문대작
③ 약식, 규합총서
④ 꿀떡, 조선무쌍신식요리제법

··
황률은 밤, 백청은 꿀, 진장은 간장을 말한다. 1815년 빙허각 이씨의 규합총서에 실린 내용이다.

13 조선시대의 책으로 잘못 짝지어진 것은?

① 임원경제지, 동국세시기
② 도문대작, 음식디미방
③ 소문사설, 성호사설
④ 규합총서, 조선무쌍신식요리제법

··
조선무쌍신식요리제법은 1924년 이용기의 책으로 근대의 책이다.

14 웃기떡이 아닌 것은?

① 각색편
② 산승
③ 화전
④ 주악

··
웃기는 떡을 담고 맨 위에 모양을 내기 위해 장식하는 떡이며 주악, 화전, 우찌지, 단자, 산병, 색절편 등이 있다.

15 조선시대의 떡으로 바르게 짝지어진 것은?

① 모찌, 석이병
② 느티떡, 단호박떡
③ 빈자떡, 혼돈병
④ 도행병, 율고

··
오답 피하기
① 모찌는 일본의 찹쌀떡이다.
② 단호박은 우리나라에 임진왜란 이후에 들어왔으며 1980년대 이후부터 차츰 먹기 시작했다.
④ 율고는 고려의 떡이다.

CHAPTER

02

시·절식 및
통과의례의 떡

SECTION

01

시식으로서의 떡

출제빈도 상 중 하
반복학습 1 2 3

▶ 합격강의

빈출 태그 ▶ 시기별로 먹는 떡 · 유래

---

01 시기별 떡

일(음력)	명칭	떡
1월 1일	설날, 정월 초하루	떡국, 인절미, 찰떡
1월 15일	정월대보름(상원)	약밥(약식)
2월 1일	중화절	노비송편(삭일송편)
3월 3일	삼짇날	진달래화전, 향애단, 쑥떡
동지 후 105일	한식	쑥떡
4월 8일	초파일	느티떡(유엽병), 장미화전
5월 5일	단오	수리취떡(차륜병), 거피팥시루떡
6월 15일	유두	떡수단, 상애떡(상화병)
7월	삼복	증편, 주악, 깨찰편
7월 7일	칠석	백설기
8월 15일	한가위	오려송편, 시루떡
9월 9일	중양절	국화전, 밤떡
10월	상달	팥시루떡, 애단자, 밀단고
12월 21일(양력)	동지	팥죽, 팥시루떡
동지로부터 세 번째 미일	납일	골무병

> **기적의 TIP**
>
> **음력 10월의 무오일**
> 무로 시루떡을 해서 마구간에 고사를 지내거나 집안 고사를 지낸다.

---

02 계절별 떡

계절	떡
봄	쑥떡, 느티떡, 화전
여름	수리취떡, 상추시루떡, 주악
가을	신과병, 물호박떡, 무떡
겨울	호박고지떡, 잡과병

> ✓ **개념 체크**
>
> 1 양력 12월 21일 혹은 22일에는 팥죽을 먹는다. (O, X)
> 2 잡과병은 주로 봄에 먹는 떡이다. (O, X)
>
> 1 O 2 X

절식으로서의 떡

▶ 합격 강의

빈출 태그 ▶ 절기별로 먹는 떡 · 유래

01 절기별 떡

1) 설날의 떡

① 가래떡, 떡국을 먹으며 가래떡의 흰색처럼 순수하고 무탈하기를 기원한다.
② 긴 가래떡은 무병장수를 의미한다.
③ 떡을 돈짝(엽전)처럼 썰어 재산이 늘어나기를 기원한다.
④ 떡국을 먹으면 한 살을 더 먹는다고 하여 첨세병이라고도 불렀다.

2) 정월대보름의 떡

① 1년의 첫 보름으로 그해 농사를 준비하는 의미가 있다.
② 까마귀에게 보은하는 약식을 만들었다.

3) 중화절의 떡

① 상전이 노비에게 송편을 나이대로 먹이고 새해 농사를 시작하며 수고한다는 의미로 노비 송편을 만들어 주었다.
② 2월 초하루를 삭일이라고 하여 삭일 송편이라고도 한다.

4) 삼짇날의 떡

봄이 옴을 느끼며 번철을 들고 야외로 나가 찹쌀가루로 진달래 화전을 부쳐 먹었다.

5) 한식의 떡

① 4대 명절은 설날, 단오, 추석, 한식이다.
② 한식에는 쑥이 많이 나와 쑥 절편, 쑥 단자, 쑥떡 등을 해 먹는다.

6) 초파일의 떡

석가탄신일을 기념하기 위해 느티나무의 어린순을 넣은 느티떡을 해 먹는다.

7) 단오의 떡

① 천중절, 수릿날, 중오절이라고도 부른다.
② 수릿날의 수리는 수레를 뜻하고 수레바퀴 모양의 수리취떡을 해 먹는다.
③ 거피팥시루떡으로 차례를 지낸다.
④ 부녀자는 창포물에 머리를 감고 남자는 민속놀이를 즐겼다.

기적의 TIP

고수레
멥쌀을 가루로 찧어 체에 쳐서 끓는 물을 뿌려 물이 골고루 퍼지게 하는 것을 고수레라고 한다. 떡메로 쳐서 떡 덩어리를 만들고 이것을 비비면 가래떡, 떡살로 찍으면 절편이 나온다. 비벼 만들어진 가래떡을 돈짝처럼 썰어 떡국 떡을 만든다.

8) 유두의 떡

① 꿀물이나 오미자 국물에 멥쌀 경단을 넣어 수단을 만든다.
② 밀가루를 술로 발효시켜 콩, 깨, 팥소를 넣고 둥글게 빚어 상화병을 만든다.

9) 삼복의 떡

① 음력 6월에서 7월 사이의 초복·중복·말복을 뜻하는 절기이다.
② 멥쌀가루에 술을 넣어 발효시키는 증편을 해 먹었다.
③ 쉽게 쉬지 않는 찹쌀가루를 익반죽해 튀긴 주악을 해 먹었다.

10) 칠석의 떡

햇벼가 익으면 흰쌀로 백설기를 만들었다.

11) 한가위의 떡

① 햅쌀로 송편과 시루떡을 한다.
② 그해에 철 이르게 익은 햅쌀(올벼)로 예쁜 모양의 한가위 떡을 빚어 이를 송편이라고 한다.

12) 중양절의 떡

① 음력 9월 9일을 숫자 양수 9가 겹친다고 하여 중양절이라고 한다.
② 추석에 햇곡식으로 제사를 올리지 못한 집안에서 뒤늦게 천신을 하였다.
③ 밤떡과 국화전을 만들어 먹었다.
④ 시인과 묵객들은 야외로 나가 시를 읊거나 풍국놀이를 하였다.

13) 상달의 떡

① 모든 농사가 끝나고 1년 중 가장 곡식과 과일이 풍부하고 신성한 달이라서 상달이라고 한다.
② 고사일을 택하여 붉은팥시루떡을 만들었다.
③ 채를 썬 무, 콩, 호박, 곶감, 대추 등을 넣어 팥무시루떡을 만들었다.

14) 동지의 떡

① 낮의 길이가 짧고 밤의 길이가 가장 길다.
② 작은 설이라고 한다.
③ 팥죽을 끓여 찹쌀 경단(새알심)을 나이만큼 넣어 먹는다.
④ 붉은 팥이 악귀를 쫓아내고 액을 막아 준다고 한다.
⑤ 동지가 음력 11월 10일 안에 있으면 애동지라고 하여 아이들에게 나쁜 일이 있다고 해서 팥죽을 쑤지 않고, 팥시루떡으로 한다.

15) 납일의 떡

① 1년을 돌아보고 온시루떡과 정화수를 떠 놓고 고사를 지낸다.
② 흰떡이나 형형색색으로 만들어 골무같이 빚어서 나누어 먹는다.

✅ 개념 체크

1 중양절에 우리 조상들은 밤떡과 국화전을 만들어 먹었다. (O, X)

2 동지가 음력 11월 10일 안에 있으면 팥죽 대신 팥시루떡을 해먹는다. (O, X)

1 O 2 O

통과의례와 떡

▶합격 강의

빈출 태그 ▶ 통과의례 · 삼칠일 · 백일 · 돌 · 혼례 · 회갑 · 제례 · 봉채떡

01 출생, 백일, 첫돌 떡의 종류 및 의미

1) 삼칠일

① 아이가 태어난 지 21일째(3×7=21)가 되는 날로 세이레라고도 한다.

② 삼칠일 전에는 금줄을 쳐서 외부인의 출입을 금했다.

③ 삼칠일이 되면 금줄을 걷어 외부인의 출입을 허용하고 특별하게 보낸다.

④ 삼칠일에는 백설기를 마련해서 가족과 친지들과 나누어 먹고 밖으로는 내보내지 않았다.

⑤ 백설기의 의미

• 구설수에 오르지 말고, 잡스러운 일에 연루되지 말라는 의미이다.

• 순수하고 무구하게 크기를 바라는 의미이다.

• 하얗고 맑게 티 없이 자라라는 뜻이다.

• 아이와 산모를 산신의 보호 아래 둔다는 신성한 의미이다.

2) 백일

① 아이가 태어난 지 100일째 되는 날이다.

② 100의 숫자에는 크고 완전함, 성숙 등의 의미가 있어 100일을 축하하는 의미이다.

③ 백일에는 백설기, 수수팥경단, 오색송편, 무지개떡을 만든다.

④ 백 곳의 이웃과 떡을 나누어 먹어야 아이에게 좋다는 이야기가 있다.

⑤ 수수팥경단의 의미

• 붉은 팥은 아이를 보호하고 액운을 쫓는 주술적인 의미가 있다.

• 삼신이 지켜 주는 10살 이전의 나이까지 잡귀가 붙지 않도록 매년 생일에 먹는 풍습이 있다.

⑥ 오색송편의 의미

• 다섯 가지 색은 오행, 오덕, 오미, 만물의 조화를 의미한다.

• 속이 채워진 송편은 속이 꽉 찬 아이로 성장하라는 뜻이다.

• 빈 송편은 포용력으로 마음을 넓게 가지라는 뜻이다.

> ✔ **개념 체크**
>
> 1 아이의 삼칠일에는 수수팥경단을 만들어 액운을 막는다. (O, X)
>
> 2 백일에는 송편을 만들기도 하는데, 이에는 송편처럼 속이 꽉 찬 아이로 성장하라는 의미가 담겨있다. (O, X)
>
> 1 X 2 O

3) 돌

① 아이가 태어난 지 만 1년이 되는 날이다.

② 아이의 장수복록(長壽福祿, 장수와 번영)을 기원하며 의복을 만들어 입히고 떡과 과일을 주로 한 돌상을 차려 돌잡이를 한다.

③ 돌상에는 백설기, 붉은팥고물 찰수수경단, 오색송편, 무지개떡, 인절미, 개피떡을 올린다.

④ 무지개떡은 오색의 조화로운 사람이 되라는 의미이다.

⑤ 인절미는 찰떡처럼 끈기 있는 사람이 되라는 의미이다.

02 책례, 관례, 혼례 떡의 종류 및 의미

1) 책례

① 아이가 책 한 권을 다 읽을 때마다 행하던 의례로 스승과 친구들이 축하하고 격려했다.

② 책거리, 책씻이라고도 한다.

③ 오색송편을 속이 꽉 찬 것과 속이 빈 것 두 종류로 만들었다.

④ 속이 꽉 찬 송편 : 학문적 성과를 의미한다.

⑤ 속이 빈 송편 : 자만하지 말고 마음을 비워 겸손할 것을 당부하는 의미이다.

2) 관례

① 성인으로서의 자격을 부여하는 의식이다. 오늘날에는 매년 5월 셋째 월요일이 '성년의 날'로 지정되어 있다.

② 남자가 15세가 넘으면 상투를 틀어 갓을 쓰고, 여자는 쪽을 지고 비녀를 꽂았다.

③ 관례에는 밤초, 대추초, 육포, 곶감, 각종 떡, 약식을 먹는다.

3) 혼례

① 남녀가 부부의 인연을 맺는 가장 중요한 행사 중의 하나이다.

② 신부의 집에 들어온 함을 시루 위에 놓고 북향재배 후 함을 여는데, 이때 사용하는 떡이 봉채떡★(봉치떡, 붉은팥시루떡)이다.

③ 혼례 당일에는 달떡과 색떡을 올렸다.

• 달떡 : 보름달처럼 둥글고 가득 차고 밝게 비추며 살아가라는 뜻이다.

• 색떡 : 신랑과 신부 한 쌍의 부부를 의미한다.

• 용떡 : 경남 함양에서 가래떡으로 용의 형상을 만들어 교배상에 놓는다. 어촌에서 음력 2월 초 하루에서 보름 사이에 영등제에 올려 풍랑이 없기를 기원하기도 한다.

• 이바지 음식에는 인절미와 절편을 보냈다.

★ 봉채떡
찹쌀 3되, 팥 1되로 찹쌀시루떡을 2켜로 안치고 중앙 위에 대추 7개와 밤을 방사형으로 올린다.
• 찹쌀 : 부부의 금실이 찰떡처럼 화목하라는 뜻
• 2켜의 떡 : 부부 한 쌍을 상징하는 것
• 붉은팥고물 : 액을 쫓음
• 대추 7개 : 아들 7형제, 남손의 번창
• 밤 : 딸
• 대추와 밤 : 자손의 번창

03 회갑, 회혼례 떡의 종류 및 의미

1) 회갑

① 태어난 지 61세가 되는 날로 육십갑자의 갑이 돌아왔다는 뜻이다.
② 회갑에는 백편, 꿀편, 승검초편을 만들어 높이 괴어 올린다.
③ 화전, 주악, 단자 등 웃기를 얹어 떡 장식을 한다.
④ 색떡으로 나무에 꽃이 핀 모양의 모조화를 만들어 장식하기도 했다.

2) 회혼례

① 혼인한 지 만 육십 년이 되는 결혼 기념 예식이다.
② 신랑과 신부가 받는 상을 큰상이라 했다. 큰상은 혼례 때와 마찬가지로 높이 고배상을 차린다.
③ 큰상은 송기떡, 인절미, 절편 등의 떡과 건시, 귤, 사과, 배, 대추, 밤 등의 과일, 어포와 육포, 산자, 약과, 다식, 빙사과, 강정 등의 유밀과, 지짐, 행적, 족적, 두부적, 전유어, 수란, 달걀, 어적, 산적, 각색당과 등으로 차려졌다.

04 상례, 제례 떡의 종류 및 의미

1) 상례

① 상례란 죽은 사람을 일정한 절차에 따라 처리하는 의식을 말한다. 상례를 흔히 장례라고도 한다.
② 부모가 운명하면 입에 버드나무 수저로 쌀을 떠 넣어 이승의 마지막 음식을 드린다.
③ 망자를 저승까지 인도하는 저승사자를 위해 밥 세 그릇, 짚신 세 켤레, 동전 세 닢과 술 석 잔을 차린다. 이를 사잣밥이라고 한다.

2) 제례

① 자손들이 고인을 추모하기 위한 의식이다.
② 제례에는 녹두고물편, 꿀편, 거피팥고물편, 흑임자고물편 등 시루떡을 올린다.
③ 주악이나 단자를 웃기로 올려 떡 장식을 한다.
④ 붉은팥고물은 귀신을 쫓는다고 하여 사용하지 않는다.

★ 통과의례
사람이 태어나서 생을 마칠 때까지 반드시 거치게 되는 몇 차례의 중요한 의례를 말한다.

통과의례★	떡
삼칠일	백설기
백일	백설기, 수수팥경단, 오색송편, 무지개떡
돌	백설기, 수수팥경단, 오색송편, 무지개떡, 인절미, 개피떡
혼례	봉채떡, 달떡, 색떡, 인절미, 절편
회갑	백편, 꿀편, 승검초편, 주악, 단자, 화전
제례	녹두고물편, 꿀편, 거피팥고물편, 흑임자고물편, 주악, 단자
책례	오색송편

01 혼례 당일에 올리는 떡이 아닌 것은?

① 달떡
② 색떡
③ 용떡
④ 수수팥경단

수수팥경단은 백일, 돌상에 올리는 떡이다.

오답 피하기
③ 용떡은 용의 모양으로 만든 가래떡으로 풍어제를 지낼 때 올리는 떡이다. 용떡을 먹으면 아들을 낳는다고 하여 경상남도의 혼례 떡이기도 하다.

02 회갑 때 올린 떡이 아닌 것은?

① 백편
② 승검초편
③ 주악
④ 봉채떡

봉채떡은 혼례 떡이다.

03 절식 떡이 잘못 연결된 것은?

① 칠석 - 백설기
② 중양절 - 골무떡
③ 추석 - 송편
④ 상달 - 팥시루떡

중양절은 9월 9일로 국화전, 밤떡을 먹는다.

04 혼례의 절차와 떡의 연결이 잘못된 것은?

① 납폐 - 봉채떡
② 택일 - 가래떡
③ 이바지 - 인절미와 절편
④ 혼례일 - 달떡과 색떡

택일에 지정된 떡은 없다.

05 시식 떡에 대한 설명으로 옳지 않은 것은?

① 무오일에는 무시루떡을 해서 마구간에 고사를 지낸다.
② 중화절에는 나이 수만큼 오려송편을 먹는다.
③ 삼짇날에는 야외에 나가 찹쌀가루로 진달래화전을 부쳐 먹는다.
④ 상달에는 고사를 지내고, 애단자, 밀단고를 빚어 먹는다.

중화절에는 나이 수만큼 노비 송편을 먹는다.

06 계절 떡이 잘못 연결된 것은?

① 봄 : 쑥떡, 느티떡
② 여름 : 수리취떡, 상추시루떡
③ 가을 : 신과병, 물호박떡
④ 겨울 : 개성주악, 팥시루떡

주악은 여름철의 떡이다.

07 통과의례 떡에 관한 설명으로 옳지 않은 것은?

① 삼칠일에는 백설기를 마련해서 이웃, 친지들과 함께 나누어 먹는다.
② 백일에는 백설기, 수수팥경단, 오색송편, 무지개떡을 만든다.
③ 돌에는 장수복록을 기원하며 돌상에는 백설기, 수수팥경단, 오색송편, 인절미 등을 올린다.
④ 책례에는 오색송편을 먹는다.

삼칠일에는 백설기를 가족과 친지들과 나누어 먹고 밖으로 내보내지 않는다.

정답 01 ④ 02 ④ 03 ② 04 ② 05 ② 06 ④ 07 ①

08 다음 보기 중에서 같은 떡을 부르는 명칭이 아닌 것은?

① 차륜병 – 수리취떡
② 느티떡 – 유엽병
③ 상추시루떡 – 와거병
④ 속떡 – 총떡

속떡은 쑥떡과, 총떡은 메밀전병과 같은 떡이다.

09 장수복록을 기원하며 먹는 돌떡이 아닌 것은?

① 인절미
② 색떡
③ 무지개떡
④ 수수팥경단

색떡은 혼례에 먹는 떡이다.

10 봉채떡에 대한 설명으로 옳은 것은?

① 찹쌀 3되는 금실, 떡 2켜는 부부 한 쌍을 의미한다.
② 대추 7개와 밤은 재물을 의미한다.
③ 신랑의 집에서 만들어 신부의 집으로 보내는 떡이다.
④ 찹쌀 대신 멥쌀을 넣어 만들 수도 있다.

오답 피하기
② 대추 7개와 밤은 재물을 자손의 번성을 의미한다.
③ 봉채떡은 신부의 집에서 만든다.
④ 봉채떡은 찹쌀만 넣어 만든다.

11 통과의례별 떡 분류가 잘못 짝지어진 것은?

① 삼칠일 : 백설기
② 돌 : 수수팥경단
③ 제례 : 붉은팥시루떡
④ 회갑: 꿀편

제례 때는 붉은팥고물은 귀신을 쫓는다고 하여 사용하지 않는다.

12 절기와 절식으로 바르게 짝지어진 것은?

① 정월대보름 – 첨세병
② 중화절 – 삭일 송편
③ 한식 – 수리취떡, 느티떡
④ 납일 – 수수팥경단

오답 피하기
① 정월대보름 – 약식
③ 한식 – 쑥절편, 쑥떡
④ 납일 – 온시루떡, 흰떡, 골무떡

13 회갑상에 올리는 떡 문화에 대한 설명으로 옳지 않은 것은?

① 떡은 30~40cm로 높이 괴어 고배상을 올린다.
② 떡은 흑임자경단과 붉은팥 같은 계열의 떡을 올린다.
③ 주악, 단자 등을 웃기로 사용한다.
④ 회갑연에는 큰상을 차리는데, 장수를 기원하는 상이라 하여 망상(望床)이라고도 한다.

백편, 승검초편, 꿀편을 만들어 올린다.

14 중화절의 떡 설명으로 옳지 않은 것은?

① 한 해의 농사를 시작하는 의미이다.
② 노비들이 수고를 덜어 주기 위해 더운 음식을 피하고 찬 음식을 대접한다.
③ 노비들에게 잘 부탁한다는 의미로 상전이 노비를 대접한다.
④ 노비에게 나이만큼의 송편을 대접한다.

4월 한식에 더운 음식을 피하고 찬 음식을 먹는다.

CHAPTER

03

향토 떡

전통 향토 떡의 특징

▶ 합격 강의

빈출 태그 ▶ 지역별 떡의 종류와 특징

01 서울, 경기

① 다양한 농산물, 과일이 많아 떡의 종류가 다양하고 모양이 화려하다.
② 고려시대 수도였던 개성의 영향을 받아 화려하고 독특하며 궁중 떡이 있다.

02 강원도

① 감자. 옥수수, 메밀, 도토리, 칡 등 산과 밭에서 나는 열매나 곡식으로 떡을 만들었다.
② 다른 지역의 떡보다 소박하고 구수하다.

03 충청도

① 양반과 서민의 떡을 구분하였다.
② 증편은 양반떡으로서 멥쌀가루에 막걸리를 발효하여 찐 떡이다.
③ 해장떡은 서민떡으로, 뱃사람들이 아침에 일 나가기 전에 해장국과 함께 먹는다고 하여 해장떡이라고 한다. 손바닥만한 인절미에 팥고물을 묻힌 떡이다.
④ 곤떡은 색과 모양이 고와 고운떡으로 불리다 곤떡이 되었다. 붉은 지치기름에 찹쌀반죽을 지져 만드는 자주색의 떡이다.

04 전라도

① 영산강, 섬진강 주변으로 벼농사의 영향으로 쌀이 많이 재배되고, 여러 가지 과일, 채소가 풍부하여 음식 및 떡이 사치스럽고 가짓수가 많다.
② 곶감을 넣은 감인절미, 감단자 등이 있다.
③ 화려하게 만든 꽃송편이 있다.

05 경상도

① 쌀, 보리 등 농산물이 풍부하고 산간지역에서 나는 망개잎, 모싯잎으로 떡을 만든다.
② 결명자, 유자를 이용한 떡은 경상도 지역에서만 볼 수 있는 떡이다.

06 제주도

① 벼농사보다는 밭농사가 발달하여 잡곡을 이용한 떡이 많다.
② 오메기떡은 차조 가루를 반죽하여 팥고물에 굴린 떡으로 제주도의 대표적인 떡이다.

07 함경도

① 춥고, 벼농사가 힘든 환경으로 인해 잡곡을 이용한 떡이 많다.
② 수수가루로 반죽을 하여 떡갈잎이나 옥수수잎에 쪄내는 떡, 언 감자로 만든 떡이 있다.

08 평안도

① 주로 잡곡으로 떡을 만든다.
② 떡이 크고 소박하다.

09 황해도

① 곡창지대가 있어 곡물 중심의 떡이 많이 발달하였다.
② 떡 꾸밈은 소박하고 크고 푸짐하게 한다.

▶합격 강의

01 지역별 떡의 종류

지역	떡
서울, 경기	색떡, 개성주악, 개성 경단, 각색경단, 근대떡, 수수도가니, 수수부꾸미, 쑥갠떡, 쑥버무리, 개성조랭이떡, 밀범벅떡, 여주산병, 배피떡
강원도	감자떡, 감자송편, 감자경단, 옥수수설기, 옥수수개떡, 메밀전병(총떡), 팥소흑임자, 무송편, 방울증편, 호박시루떡, 호박삼색단자, 칡송편, 구름떡, 감자부침, 수리취개피떡, 도토리송편
충청도	꽃산병, 쇠머리떡, 약편(대추편), 해장떡, 곤떡, 수수팥떡, 감자떡, 햇보리개떡, 도토리떡, 사과버무리떡, 장떡
전라도	감시리떡, 감고지떡, 감인절미, 감단자, 전주경단, 차조기떡, 모시떡, 모시송편, 꽃송편, 보리떡, 호박메시리떡, 복령떡, 수리취떡, 삐삐떡, 구기자떡, 깨시루, 대끼떡
경상도	모싯잎송편, 밀비지, 만경떡, 쑥굴레, 잡과편, 부편, 모듬백이, 망개떡, 유자잎인절미, 곶감화전, 찹쌀부꾸미, 상주설기, 부편, 감단자, 잣구리, 주격떡
제주도	오메기떡, 달떡, 빼대기떡, 빙떡, 침떡(좁쌀시루떡), 속떡(쑥떡), 상애떡(상외떡), 은절미, 증괴, 약괴, 백시리
함경도	언감자송편, 콩떡, 깻잎떡, 찰떡인절미, 달떡, 꼬장떡, 기장인절미, 귀리절편, 가랍떡
평안도	송기떡, 조개송편, 골미떡, 꼬장떡, 뽕떡, 무지개떡, 놋치떡(노티떡), 강냉이골무떡, 감자시루떡
황해도	혼인인절미, 오쟁이떡, 큰송편, 닭알범벅, 무설기떡, 혼인절편, 증편, 우기, 좁쌀떡, 수제비떡

02 떡의 정의와 어원

1) 떡의 정의

곡식 가루를 시루에 안쳐 찌거나 물에 삶아 만들거나 기름에 지져서 만든 음식

2) 떡의 어원

① 떡의 어원

• 찌다 → 찌기 → 떼기 → 떠기 → 떡
• 죽이 굳은 촉감의 '딱딱'과 '먹다'가 합성되어 떡이 되었다.
• "나누어 먹으며 덕을 베푼다."라는 말에서 나온 말이다.

② 다양한 떡의 어원

• 곤떡 : 색과 모양이 고와 고운떡이라고 하다가 곤떡으로 불리게 되었다.
• 구름떡 : 썬 모양이 구름 모양과 같아 구름떡이 되었다.
• 해장떡 : 뱃사람들이 아침에 일 나가기 전에 해장국과 함께 먹은 떡이다.
• 석탄병 : 맛이 차마 삼키기 아깝다고 하여 붙여진 이름이다.

다른 명칭의 같은 떡
• 느티떡, 유엽병
• 노비송편, 삭일송편
• 수리취떡, 차륜병, 애엽병
• 상애떡, 상화병
• 청애병, 쑥떡, 속떡
• 약편, 대추편
• 상추시루떡, 와거병
• 수수도가니, 수수벙거지, 수수옴팡떡

- 쇠머리떡 : 굳은 다음 썰어 놓은 떡의 모양이 쇠머리편육과 같다.
- 주악 : '조악', '조각'이라고도 하며 조약돌처럼 앙증맞다고 붙여진 이름이다. 우메기떡이라고도 한다
- 고치떡 : 전라남도 지방의 향토음식으로 떡의 생김새가 누에고치와 같아 붙여진 이름이다.
- 달떡 : 보름달처럼 밝게 널리 비추고 둥글게 채우며 잘 살라는 기원이 담겨 있다.
- 오쟁이떡 : 오쟁이(망태기)처럼 생겨서 붙여진 이름이다.
- 빙떡 : 돌돌 말아서 만들어 빙떡, 멍석처럼 말아 감아서 멍석떡이라고도 불렀다.
- 오그랑떡 : 떡을 삶는 과정에서 모양이 동그랗게 오그라들어서 붙여진 이름이다.
- 차륜병 : 수리취절편에 수레바퀴 문양을 내어 붙여진 이름이다.
- 첨세병 : 떡국을 먹음으로써 나이가 한 살 더해진다는 뜻으로 붙여진 이름이다.
- 도행병 : 강원도의 향토떡이다. 복숭아와 살구를 으깨어 체로 거르고 멥쌀가루와 찹쌀가루를 섞어 말리고 기름종이에 보관했다가 가을이나 겨울에 먹는다. 다시 가루로 만들어 사탕가루나 꿀에 버무리고 대추, 밤, 잣, 후추, 계피 등 속으로 고명 넣고 시루에 안쳐 찐다.
- 서속떡 : 서속은 조와 기장을 뜻하는 평안남도에서 사용하던 말이다. 쌀이 귀하던 시절 잡곡으로 떡을 만들어 먹었지만 요즘은 쌀가루를 섞어 만든다. 멥쌀가루와 서속가루를 섞고 끓여 식힌 설탕물을 넣어 물내리기를 하고 대추, 밤을 넣고 찐다.
- 웃지지 : 찹쌀가루를 익반죽하여 소를 넣어 반으로 접어 붙이고 고명을 얹어 기름에 지져낸 것이다. 웃기떡으로 많이 쓰이고, 혼례나 이바지 음식으로 보내기도 한다.
- 개성 경단 : 붉은 팥을 삶아 앙금을 내어 햇볕에 말린 경아 가루 고물을 묻혀 만든 묽은 경단으로 개성 지방 향토 음식이다.
- 여주 산병 : 큰 개피떡 안에 작은 개피떡을 구부려 네 끝을 모아 만든 경기도 여주떡으로 웃기로 쓰인다.
- 송고병 : 찹쌀가루에 송기가루를 섞어 반죽하고 잣소를 넣어 기름에 지진 떡이다.
- 수수도가니 : 수수가루를 익반죽한 후에 벙거지처럼 빚어 콩을 깔고 시루에 찐 떡이다.

3) 떡을 뜻하는 한자

① 병(餅, 밀가루떡 병) : 가루로 만든 밀을 재료로 만든 음식
② 이(餌, 떡 이) : 밀가루 이외의 곡물(쌀, 조, 기장, 콩 등)로 만든 것
③ 자(餈, 인절미 자) : 곡물 자체를 쪄서 절구에 친 것
④ 고(糕, 시루떡 고, 가루떡 고) : 곡물을 가루로 만들어 시루에 담아 쪄서 만든 것
⑤ 원(飩, 떡 원) : 시루에서 작고 둥글게 쪄낸 것
⑥ 단(團, 둥글 단) : 원 속에 소를 넣고 만든 것

✅ 개념 체크

1 조약돌처럼 앙증맞다고 붙여진 떡의 이름은 ( )이다.

2 빙떡은 멍석떡이라고도 불린다. (O, X)

3 복숭아와 살구를 으깨어 쌀가루와 섞어 말린 후 보관했다가 만들어 먹는 떡은 ( )이다.

1 주악 2 O 3 도행병

01 서울, 경기 지역의 떡이 아닌 것은?

① 우메기
② 여주산병
③ 모시송편
④ 개성주악

모시송편은 전라도 떡이다.

오답 피하기
① 우메기는 개성주악의 다른 이름으로 제주의 오메기떡과 다르다.

02 대추고와 막걸리를 넣어 만든 떡은?

① 대추약편
② 대추주악
③ 대추단자
④ 대추전병

멥쌀가루에 대추를 푹 고아 만든 대추고와 막걸리를 넣어 찐 설기떡으로 충청도 떡이다.

03 각 지역과 향토 떡의 연결이 잘못된 것은?

① 서울 – 수수도가니
② 강원도 – 구름떡
③ 충청도 – 곤떡
④ 전라도 – 노티떡

노티떡은 평안도의 떡이다.

04 떡 이름의 한자가 아닌 것은?

① 병 – 餠
② 이 – 餌
③ 자 – 瓷
④ 선 – 膳

선(膳)은 '반찬', '먹다'의 뜻을 가지고 있다.

05 떡의 의미가 잘못된 것은?

① 석탄병 : 맛이 차마 삼키기 아깝다고 붙여진 이름이다.
② 고치떡 : 떡의 생김새가 누에고치와 같아 붙여진 이름이다.
③ 해장떡 : 술을 먹은 다음 날 먹기 좋은 해장떡이라고 붙여진 이름이다.
④ 달떡 : 보름달처럼 밝게 널리 비추고 둥글게 살라는 의미이다.

해장떡은 뱃사람들이 아침에 일 나가기 전에 해장국과 함께 먹은 떡이다.

06 각 지역과 향토 떡의 연결로 옳은 것은?

① 전라도 – 차조기떡
② 경상도 – 상외떡
③ 함경도 – 칡송편
④ 황해도 – 기장인절미

오답 피하기
② 상외떡 – 제주도
③ 칡송편 – 강원도
④ 기장인절미 – 함경도

07 큰 개피떡 안에 작은 개피떡을 구부려 네 끝을 모아 만든 웃기떡은?

① 산병
② 송고병
③ 서속떡
④ 오그랑떡

산병은 여주산병이라고도 한다.

오답 피하기
② 송고병 : 찹쌀가루에 송기 가루를 섞어 반죽하고 잣소를 넣어 기름에 지진 떡
③ 서속떡 : 멥쌀가루와 조, 기장 가루를 섞고 설탕물을 넣어 대추, 밤을 넣어 찌는 떡
④ 오그랑떡 : 익반죽한 멥쌀 경단을 팥과 함께 삶은 떡

정답 01 ③ 02 ① 03 ④ 04 ④ 05 ③ 06 ① 07 ①

해설과 따로 보는
최신 기출문제

CBT 온라인 문제집

시험장과 동일한
환경에서 문제 풀이
서비스

• QR 코드를 찍으면 원하는 시험에 응시할 수 있습니다.
• 풀이가 끝나면 자동 채점되며, 해설을 즉시 확인할 수 있습니다.
• 마이페이지에서 풀이 내역을 분석하여 드립니다.
• 모바일과 PC도 이용 가능합니다.

떡제조기능사	소요 시간	문항 수
	총 60분	총 60문항

수험번호 : _____

성   명 : _____

정답 & 해설 ▶ 1-208쪽

01 다음 중 떡을 만들 때 쌀 불리기에 대한 설명으로 옳지 않은 것은?

① 쌀은 물의 온도가 높을수록 물을 빨리 흡수한다.

② 쌀의 수침시간이 증가하면 호화개시 온도가 낮아진다.

③ 쌀의 수침시간이 증가하면 조직이 연화되어 입자의 결합력이 증가한다.

④ 쌀의 수침시간이 증가하면 수분함량이 많아져 호화가 잘 된다.

02 떡 제조 시 사용하는 두류의 종류와 영양학적 특성으로 옳은 것은?

① 대두에 있는 사포닌은 설사의 치료제이다.

② 팥은 비타민 B₁이 많아 각기병 예방에 좋다.

③ 검은콩은 금속이온과 반응 시 색이 옅어진다.

④ 땅콩은 지질의 함량이 많으나 필수지방산은 부족하다.

03 병과에 쓰이는 도구 중 어레미에 대한 설명으로 옳은 것은?

① 고운 가루를 내릴 때 사용한다.

② 도드미보다 고운체이다.

③ 팥고물을 내릴 때 사용한다.

④ 약과용 밀가루를 내릴 때 사용한다.

04 떡의 영양학적 특성에 대한 설명으로 옳지 않은 것은?

① 팥시루떡의 팥은 멥쌀에 부족한 비타민 D와 비타민 E를 보충한다.

② 무시루떡의 무에는 소화효소인 디아스타아제가 들어 있다.

③ 쑥떡의 쑥은 무기질, 비타민 A, 비타민 C가 풍부하다.

④ 콩가루인절미의 콩은 찹쌀에 부족한 단백질과 지질을 함유하고 있다.

05 두텁떡을 만드는 데 사용되지 않는 조리도구는?

① 떡살

② 체

③ 번철

④ 시루

06 치는 떡의 표기로 옳은 것은?

① 증병(甑餠)

② 도병(搗餠)

③ 유병(油餠)

④ 전병(煎餠)

07 멥쌀에 대한 설명으로 옳은 것은?

① 아밀로펙틴으로 이루어져 있어 찹쌀보다 노화가 더디다.
② 찹쌀보다 비타민 B_1이 많다.
③ 송편, 경단의 재료로 사용한다.
④ 요오드 반응에서 청자색을 띤다.

08 떡을 만드는 도구에 대한 설명으로 옳지 않은 것은?

① 조리는 쌀을 빻아 쌀가루를 내릴 때 사용한다.
② 맷돌은 곡식을 가루로 만들거나 곡류를 타는 기구이다.
③ 맷방석은 멍석보다는 작고 둥글며 곡식을 널 때 사용한다.
④ 어레미는 굵은 체를 말하며 지방에 따라 얼맹이, 얼레미 등으로 불린다.

09 떡 조리과정의 특징으로 옳지 않은 것은?

① 쌀의 수침시간이 길수록 쌀의 조직이 연화되어 습식제분 시 전분입자는 미세해진다.
② 너무 고운 것보다 일정 크기의 쌀가루가 자체 수분 보유율로 인해 떡 제조 시 호화도가 좋다.
③ 찌는 떡은 멥쌀가루보다 찹쌀가루를 사용할 때 물을 더 보충하여야 한다.
④ 펀칭공정을 거치는 치는 떡은 시루에 찌는 떡보다 노화가 더디게 진행된다.

10 맷돌 아래 받쳐서 체를 올려놓을 때 사용하는 전통 조리 도구는?

① 조리
② 안반
③ 채반
④ 쳇다리

11 설기떡에 대한 설명으로 옳지 않은 것은?

① 고물 없이 한 덩어리가 되도록 찌는 떡이다.
② 콩, 쑥, 밤, 대추, 과일 등 부재료가 들어가기도 한다.
③ 콩떡, 팥시루떡, 쑥떡, 호박떡, 무지개떡이 있다.
④ 무리병이라고도 한다.

12 다음 중 지지는 떡으로만 나열한 것은?

① 부편, 부꾸미
② 웃지지, 혼돈병
③ 석탄병, 상화병
④ 빙자병, 화전

13 다음 중 증편의 이름이 아닌 것은?

① 술떡
② 기증병
③ 벙거지떡
④ 상화

14 빚는 떡 제조 시 쌀가루 반죽에 대한 설명으로 옳지 않은 것은?

① 송편 등의 떡 반죽은 많이 치댈수록 부드럽고 감촉이 좋아진다.
② 반죽은 치는 횟수가 많아지면 반죽에 작은 기포가 함유되어 부드러워진다.
③ 쌀가루를 익반죽하면 전분의 일부가 호화되어 점성이 생겨 반죽이 잘 뭉친다.
④ 반죽할 때 물의 온도가 낮을수록 치대는 반죽이 매끄럽고 부드러워진다.

15 인절미나 절편을 칠 때 사용되는 도구를 바르게 나열한 것은?

① 안반, 맷방석
② 떡메, 쳇다리
③ 안반, 떡메
④ 쳇다리, 이남박

16 다음 중 찌는 떡이 아닌 것은?

① 느티떡
② 혼돈병
③ 골무떡
④ 신과병

17 멥쌀가루에 대추, 밤, 호두, 곶감, 잣 등을 섞어 찐 떡은?

① 신과병
② 잡과병
③ 도행병
④ 남방감저병

18 다음 중 치는 떡이 아닌 것은?

① 꽃절편
② 인절미
③ 개피떡
④ 쑥개떡

19 붉은 팥을 삶아 앙금을 내어 햇볕에 말린 경아 가루고물을 묻혀 만든 묽은 경단은 어느 지역의 떡인가?

① 함경도
② 제주도
③ 개성
④ 황해도

20 떡류 포장 표시의 기준을 포함하며, 소비자의 알 권리를 보장하고 건전한 거래질서를 확립함으로써 소비자 보호에 이바지함을 목적으로 하는 것은?

① 식품안전기본법
② 식품안전관리인증기준
③ 식품 등의 표시 · 광고에 관한 법률
④ 식품위생 분야 종사자의 건강진단 규칙

21 식품 등의 기구 또는 용기, 포장의 표시기준으로 옳지 않은 것은?

① 재질
② 영업소 명칭 및 소재지
③ 소비자 안전을 위한 주의사항
④ 섭취량, 섭취방법 및 섭취 시 주의사항

22 떡 반죽의 특징으로 옳지 않은 것은?

① 많이 치댈수록 공기가 포함되어 부드럽고 감촉이 좋아진다.
② 많이 치댈수록 글루텐이 많이 형성되어 쫄깃해진다.
③ 익반죽할 때 물의 온도가 높으면 점성이 생겨 반죽이 용이하다.
④ 쑥이나 수리취 등을 섞어 반죽할 때 노화 속도가 지연된다.

23 전통적인 약밥을 만드는 과정으로 옳지 않은 것은?

① 간장과 양념이 한쪽에 치우쳐서 얼룩지지 않도록 골고루 버무린다.
② 불린 찹쌀에 부재료와 간장, 설탕, 참기름 등을 한꺼번에 넣고 찐다.
③ 찹쌀을 불려서 1차로 찔 때 충분히 쪄야 간과 색이 잘 밴다.
④ 양념한 밥을 오래 중탕하여 갈색이 나도록 한다.

24 저온 저장이 미생물 생육 및 효소 활성에 미치는 영향으로 옳지 않은 것은?

① 일부의 효모는 −10℃에서도 생존한다.
② 곰팡이 포자는 저온에 대한 저항성이 강하다.
③ 부분 냉동 상태보다는 완전 동결 상태에서 효소 활성이 촉진되어 식품이 변질되기 쉽다.
④ 리스테리아균이나 슈도모나스균은 냉장 온도에서도 식품의 부패나 식중독을 유발한다.

25 백설기를 만드는 방법으로 옳지 않은 것은?

① 멥쌀을 충분히 불려 물기를 빼고 소금을 넣어 곱게 빻는다.
② 쌀가루에 물을 주어 잘 비빈 후 중간체에 내려 설탕을 넣고 고루 섞는다.
③ 찜기에 시룻밑을 깔고 체에 내린 쌀가루를 꾹꾹 눌러 안친다.
④ 솥 위에 찜기를 올리고 15~20분간 찐 후 약한 불에서 5분간 뜸을 들인다.

26 떡류의 보관관리에 대한 설명으로 옳지 않은 것은?

① 당일 제조 및 판매 물량만 확보하여 사용한다.
② 오래 보관된 제품은 판매하지 않도록 한다.
③ 진열 전의 떡은 서늘하고 빛이 들지 않는 곳에서 보관한다.
④ 여름철에도 상온에서 24시간까지는 보관해도 된다.

27 인절미를 뜻하는 단어로 옳지 않은 것은?

① 인병
② 은절병
③ 절병
④ 인절병

28 두류의 조리 시 두류를 연화시키는 방법으로 옳지 않은 것은?

① 초산용액에 담근 후 칼슘, 마그네슘 이온을 첨가한다.
② 1% 정도의 식염용액에 담갔다가 그 용액으로 가열한다.
③ 약알카리성의 중조수에 담갔다가 그 용액으로 가열한다.
④ 습열 조리 시 연수를 사용한다.

29 인절미를 칠 때 사용되는 도구가 아닌 것은?

① 절구
② 안반
③ 떡메
④ 떡살

30 멥쌀가루에 요오드 용액을 떨어뜨렸을 때 변화되는 색은?

① 변화가 없음
② 녹색
③ 청자색
④ 적갈색

31 가래떡 제조과정의 순서로 옳은 것은?

① 쌀가루 만들기 – 안쳐 찌기 – 용도에 맞게 자르기 – 성형하기
② 쌀가루 만들기 – 소 만들어 넣기 – 안쳐 찌기 – 성형하기
③ 쌀가루 만들기 – 익반죽하기 – 성형하기 – 안쳐 찌기
④ 쌀가루 만들기 – 안쳐 찌기 – 성형하기 – 용도에 맞게 자르기

32 전통음식에서 '약(藥)'자가 들어가는 음식의 의미로 옳지 않은 것은?

① 꿀과 참기름 등을 많이 넣은 음식에 약(藥)
자를 붙였다.
② 몸에 이로운 음식이라는 개념을 함께 지니
고 있다.
③ 꿀을 넣은 과자와 밥을 각각 약과(藥果)와
약식(藥食)이라 하였다.
④ 한약재를 넣어 몸에 이롭게 만든 음식만을
의미한다.

33 약식의 양념(캐러멜 소스) 제조 과정에 대한 설명으로 옳지 않은 것은?

① 설탕과 물을 넣어 끓인다.
② 끓일 때 젓지 않는다.
③ 설탕이 갈색으로 변하면 불을 끄고 물엿을
혼합한다.
④ 캐러멜 소스는 130℃에서 갈색이 된다.

34 얼음 결정의 크기가 크고 식품의 텍스처 품질 손상 정도가 큰 저장 방법은?

① 완만 냉동
② 급속 냉동
③ 빙온 냉장
④ 초급속 냉동

35 재료의 계량에 대한 설명으로 옳지 않은 것은?

① 액체 재료 부피 계량은 투명한 재질로 만
들어진 계량컵을 사용하는 것이 좋다.
② 계량 단위 1큰술의 부피는 15mL 정도이
다.
③ 저울을 사용할 때 편편한 곳에서 0을 맞춘
후 사용한다.
④ 고체지방 재료의 부피 계량은 계량컵에 잘
게 잘라 담아 계량한다.

36 화학물질의 취급 시 유의사항으로 옳지 않은 것은?

① 작업장 내에 물질안전보건 자료를 비치한다.
② 고무장갑 등 보호복장을 착용하도록 한다.
③ 물 이외의 물질과 섞어서 사용한다.
④ 액체 상태인 물질을 덜어 쓸 경우 펌프기
능이 있는 호스를 사용한다.

37 식품영업장의 구비조건이 아닌 것은?

① 식수로 적합한 물이 풍부하게 공급되는 곳
② 환경적 오염이 발생하지 않는 곳
③ 전력 공급 사정이 좋은 곳
④ 가축 사육시설이 가까이 있는 곳

38 100℃에서 30분간 가열하여도 균에 의한 독소가 파괴되지 않아 섭취 후 약 3시간 만에 구토, 설사, 심한 복통 증상을 유발하는 미생물은?

① 노로바이러스
② 황색포도상구균
③ 캠필로박터균
④ 살모넬라균

39 식품의 변질에 의한 생성물로 틀린 것은?

① 과산화물
② 암모니아
③ 토코페롤
④ 황화수소

40 다음과 같은 특성을 지닌 살균소독제는?

> • 가용성이며 냄새가 없다.
> • 자극성 및 부식성이 없다.
> • 유기물이 존재하면 살균 효과가 감소한다.
> • 작업자의 손이나 용기 및 기구 소독에 주로 사용한다.

① 승홍
② 크레졸
③ 석탄산
④ 역성비누

41 썩거나 상하거나 설익어서 인체의 건강을 해칠 우려가 있는 위해 식품을 판매한 영업자에게 부과되는 벌칙은? (단, 해당 죄로 금고 이상의 형을 선고받거나 그 형이 확정된 적이 없는 자에 한한다.)

① 1년 이하 징역 또는 1천만 원 이하 벌금
② 3년 이하 징역 또는 3천만 원 이하 벌금
③ 5년 이하 징역 또는 5천만 원 이하 벌금
④ 10년 이하 징역 또는 1억 원 이하 벌금

42 물리적 살균 소독방법이 아닌 것은?

① 일광 소독
② 화염 멸균
③ 역성비누 소독
④ 자외선 살균

43 떡 제조 시 작업자의 복장에 대한 설명으로 옳지 않은 것은?

① 지나친 화장을 피하고 인조 속눈썹을 부착하지 않는다.
② 반지나 귀걸이 등 장신구를 착용하지 않는다.
③ 작업 변경 시마다 위생장갑을 교체할 필요는 없다.
④ 마스크를 착용하도록 한다.

44 위생적이고 안전한 식품 제조를 위해 적합한 기기, 기구 및 용기가 아닌 것은?

① 스테인리스스틸 냄비
② 산성 식품에 사용하는 구리를 함유한 그릇
③ 소독과 살균이 가능한 내수성 재질의 작업대
④ 흡수성이 없는 단단한 단풍나무 재목의 도마

45 오염된 곡물의 섭취를 통해 장애를 일으키는 곰팡이 독의 종류가 아닌 것은?

① 황변미독
② 맥각독
③ 아플라톡신
④ 베네루핀

46 각 지역과 향토 떡의 연결로 옳지 않은 것은?

① 경기도 – 여주산병, 색떡
② 경상도 – 모싯잎송편, 만경떡
③ 제주도 – 오메기떡, 빙떡
④ 평안도 – 장떡, 수리취떡

47 약식의 유래를 기록하고 있으며 이를 통해 신라시대부터 약식을 먹어 왔음을 알 수 있는 문헌은?

① 목은집
② 도문대작
③ 삼국사기
④ 삼국유사

48 중양절에 대한 설명으로 옳지 않은 것은?

① 추석에 햇곡식으로 제사를 올리지 못한 집안에서 뒤늦게 천신을 하였다.
② 밤떡과 국화전을 만들어 먹었다.
③ 시인과 묵객들은 야외로 나가 시를 읊거나 풍국놀이를 하였다.
④ 잡과병과 밀단고를 만들어 먹었다.

49 음력 3월 3일에 먹는 시절 떡은?

① 수리취절편
② 약식
③ 느티떡
④ 진달래화전

50 봉치떡에 대한 설명으로 옳지 않은 것은?

① 납폐 의례 절차 중에 차려지는 대표적인 혼례음식으로 함떡이라고도 한다.
② 떡을 두 켜로 올리는 것은 부부 한 쌍을 상징하는 것이다.
③ 밤과 대추는 재물이 풍성하기를 기원하는 뜻이 담겨 있다.
④ 찹쌀가루를 쓰는 것은 부부의 금실이 찰떡처럼 화목하라는 뜻이다.

51 약식의 유래와 관계가 없는 것은?

① 백결선생
② 금갑
③ 까마귀
④ 소지왕

52 돌상에 차리는 떡의 종류와 의미로 옳지 않은 것은?

① 인절미 – 학문적 성장을 촉구
② 수수팥경단 – 아이의 생애에 있어 액을 미리 차단
③ 오색송편 – 우주만물과 조화를 이루며 삶
④ 백설기 – 신성함, 정결함과 순진무구한 성장

53 다음은 떡의 어원에 관한 설명이다. 옳은 내용을 모두 고른 것은?

> 가. 곤떡은 '색과 모양이 곱다' 하여 처음에는 고운 떡으로 불리었다.
> 나. 구름떡은 '썬 모양이 구름 모양과 같다' 하여 붙여진 이름이다.
> 다. 오쟁이떡은 떡의 모양을 가운데 구멍을 내고 만들어 붙여진 이름이다.
> 라. 빙떡은 떡을 차갑게 식혀 만들어 붙여진 이름이다.
> 마. 해장떡은 '해장국과 함께 먹었다' 하여 붙여진 이름이다.

① 가, 나, 마
② 가, 나, 다
③ 나, 다, 라
④ 다, 라, 마

54 떡과 관련된 내용을 담고 있는 조선시대의 기록물이 아닌 것은?

① 도문대작
② 음식디미방
③ 임원십육지
④ 이조궁정요리통고

55 아이의 장수와 복을 축원하는 의미로 돌상에 올리는 떡으로 옳지 않은 것은?

① 두텁떡
② 오색송편
③ 수수팥경단
④ 백설기

56 다음 중 삼짇날의 절기 떡이 아닌 것은?

① 진달래화전
② 향애단
③ 쑥떡
④ 유엽병

57 통과의례에 대한 설명으로 옳지 않은 것은?

① 사람이 태어나 죽을 때까지 필연적으로 거치게 되는 중요한 의례를 말한다.
② 책례는 어려운 책을 한 권씩 뗄 때마다 이를 축하하고 더욱 학문에 정진하라는 격려의 의미로 행하는 의례이다.
③ 납일은 사람이 살아가는 데 도움을 준 천지만물의 신령에게 음덕을 갚는 의미로 제사를 지내는 날이다.
④ 성년례는 어른으로부터 독립하여 자기의 삶은 자기가 갈무리하라는 책임과 의무를 일깨워 주는 의례이다.

58 떡의 어원에 대한 설명으로 옳지 않은 것은?

① 차륜병은 수리취절편에 수레바퀴의 문양을 내어 붙여진 이름이다.
② 석탄병은 "맛이 삼키기 안타까울 정도로 좋다."라는 뜻에서 붙여진 이름이다.
③ 약편은 멥쌀가루에 계피, 천궁, 생강 등 약재를 넣어 붙여진 이름이다.
④ 첨세병은 떡국을 먹음으로써 나이를 하나 더하게 된다는 뜻으로 붙여진 이름이다.

59 삼복 중에 먹는 절기 떡으로 옳지 않은 것은?

① 증편
② 주악
③ 팥경단
④ 깨찰편

60 절기와 절식 떡의 연결이 옳지 않은 것은?

① 정월대보름 – 약식
② 삼짇날 – 진달래 화전
③ 단오 – 차륜병
④ 추석 – 삭일송편

떡제조기능사	소요 시간	문항 수
	총 60분	총 60문항

수험번호 : _____

성   명 : _____

정답 & 해설 ▶ 1-212쪽

01 다음 중 찌는 떡의 표기로 옳은 것은?

① 증병(甑餅)
② 도병(搗餅)
③ 유병(油餅)
④ 전병(煎餅)

02 다음 중 계량방법이 옳은 것은?

① 마가린을 잴 때는 실온일 때 계량컵에 꼭 눌러 담고, 직선으로 된 칼이나 스패츌러로 깎아 계량한다.
② 밀가루를 잴 때는 눌러서 담아 직선 스패츌러로 깎아 측정한다.
③ 흑설탕을 측정할 때는 체로 친 뒤 누르지 말고 가만히 수북하게 담고 직선 스패츌러로 깎아 측정한다.
④ 쇼트닝을 계량할 때는 냉장온도에서 계량컵에 꼭 눌러 담은 뒤, 직선 스패츌러로 깎아 측정한다.

03 팥을 삶는 방법으로 옳은 것은?

① 팥은 약 3시간 불려서 삶는다.
② 팥은 끓는 물에 넣어 약 10분간 삶는다.
③ 팥 삶은 첫물은 버리고, 두 번째 물부터 약 30분간 삶는다.
④ 팥은 설탕을 넣어 약 30분간 삶는다.

04 떡의 노화를 지연시키는 방법으로 옳지 않은 것은?

① 식이섬유소 첨가
② 설탕 첨가
③ 유화제 첨가
④ 색소 첨가

05 쌀의 수침 시 수분흡수율에 영향을 주는 요인으로 옳지 않은 것은?

① 쌀의 품종
② 쌀의 저장 기간
③ 수침 시 물의 온도
④ 쌀의 비타민 함량

06 떡의 노화를 지연시키는 보관 방법으로 옳은 것은?

① 4℃ 냉장고에 보관한다.
② 2℃ 김치냉장고에 보관한다.
③ −18℃ 냉동고에 보관한다.
④ 실온에 보관한다.

07 멥쌀가루를 만드는 방법으로 옳지 않은 것은?

① 쌀은 충분히 불린 다음 약 30분 동안 물기를 제거한다.
② 롤러에 쌀을 넣어 2번 빻는다.
③ 첫 번째는 롤러의 조절 레버를 12시 방향으로 하여 쌀과 소금을 넣고 빻은 후 잘 혼합한다.
④ 두 번째는 롤러의 조절 레버를 9시 방향으로 하여 쌀가루와 물을 넣고 빻은 후 잘 혼합한다.

08 콩설기를 만드는 방법으로 옳지 않은 것은?

① 불린 서리태는 콩이 충분히 잠기는 물에서 약 5분간 삶고 뚜껑을 닫아 뜸을 들인다.
② 멥쌀가루에 물을 넣고 손으로 잘 비비고 중간체에 내린다.
③ 쌀가루에 설탕을 넣어 고루 섞는다.
④ 김이 오른 찜통에 시루를 올리고 뚜껑을 닫고 강한 불로 20분 정도 찌고 약한 불로 5분 뜸을 들인다.

09 쑥개떡 만드는 방법으로 옳은 것은?

① 쌀가루에 설탕을 넣고 끓는 물을 넣어 익반죽한다.
② 쌀가루에 찬물을 섞어 체에 내린다.
③ 김이 오른 찜통에서 20분간 찌고 5분간 뜸을 들인다.
④ 찐 쑥개떡에 참기름, 식용유, 소금을 섞어 바르고 냉장고에 넣어 식힌다.

10 다음 중 쌀의 종류가 나머지와 다른 떡은?

① 가래떡
② 골무떡
③ 백설기
④ 약식

11 찰떡류 제조에 대한 설명으로 옳은 것은?

① 불린 찹쌀을 여러 번 빻아 고운 찹쌀가루를 준비한다.
② 쇠머리떡 제조 시 멥쌀가루를 소량 첨가할 경우 굳혀서 썰기에 좋다.
③ 찰떡은 메떡에 비해 찌는 시간이 짧다.
④ 팥고물 사용 시 1시간 정도 불려 설탕과 소금을 섞어 사용한다.

12 다음 중 치는 떡이 아닌 것은?

① 꽃절편
② 인절미
③ 개피떡
④ 쑥개떡

13 인절미를 칠 때 사용되는 도구가 아닌 것은?

① 펀칭기
② 안반
③ 찜기
④ 떡살

14 다음 중 떡의 종류가 잘못 짝지어진 것은?

① 증병 – 송편
② 증병 – 팥시루떡
③ 도병 – 인절미
④ 도병 – 쑥개떡

15 식품접객업을 신규로 하고자 하는 경우 몇 시간의 위생교육을 받아야 하는가?

① 2시간
② 4시간
③ 6시간
④ 8시간

16 일반음식점을 개업하기 위하여 수행하여야 할 사항과 관할 관청은?

① 영업허가 – 지방식품의약품안전청
② 영업신고 – 지방식품의약품안전청
③ 영업허가 – 특별자치도 · 시 · 군 · 구청
④ 영업신고 – 특별자치도 · 시 · 군 · 구청

17 다음 중 대장균의 최적 증식 온도 범위는?

① 0~5℃
② 5~10℃
③ 30~40℃
④ 55~75℃

18 조리에 사용하는 냉동식품의 특성이 아닌 것은?

① 완만 동결하여 조직이 좋다.
② 미생물 발육을 저지하여 장기간 보존이 가능하다.
③ 저장 중 영양가 손실이 적다.
④ 산화를 억제하여 품질 저하를 막는다.

19 채소를 냉동시키기 전에 블랜칭(Blanching)하는 이유로 적절하지 않은 것은?

① 효소의 활성화
② 미생물의 살균
③ 조직의 연화
④ 부피의 감소

20 포장용기 표시사항이 아닌 것은?

① 제품명(제품을 나타내는 고유의 명칭)
② 식품 유형(과자류, 빵류, 떡류 등)
③ 식품을 만든 사람과 업소명 및 소재지
④ 제조 연월일 또는 유통기한

21 다음 중 떡의 어원에 대한 설명으로 옳지 않은 것은?

① 찌다 → 찌기 → 떼기 → 떠기 → 떡
② 죽이 굳은 촉감의 '딱딱'과 '먹다'가 합성되어 떡이 되었다.
③ "나누어 먹으며 덕을 베푼다."라는 말에서 나온 말이다.
④ "죽처럼 떠서 먹다."에서 떡이 되었다.

22 다음 중 떡의 어원에 대한 설명으로 옳지 않은 것은?

① 쇠머리떡 : 굳은 다음 썰어 놓은 떡의 모양이 쇠머리편육과 같다.

② 주악 : 조악, 조각이라고도 하며 조약돌처럼 앙증맞다고 붙여진 이름이다.

③ 고치떡 : 전라남도 지방의 향토음식으로 누에고치와 닮아 붙여진 이름이다.

④ 달떡 : 보름달이 뜨는 날에 동그랗게 빚는다고 하여 붙여진 이름이다.

23 떡을 뜻하는 한자로 잘못 짝지어진 것은?

① 병 – 餠
② 이 – 餌
③ 자 – 餈
④ 단 – 蛋

24 삼국사기에 유리와 탈해가 서로 왕위를 사양하다가 떡(餠)을 깨물어 먹은 자리에 남은 잇자국 수로 유리가 왕위에 올랐다는 기록이 있다. 이 기록으로 당시 유추할 수 있는 떡의 종류는?

① 화전
② 절편
③ 인절미
④ 쇠머리떡

25 팥무시루떡에 부족한 영양소는?

① 탄수화물
② 비타민 A
③ 비타민 B$_1$
④ 비타민 C

26 쑥의 녹색을 최대한 유지시키면서 데치려고 할 때 가장 좋은 방법은?

① 100℃ 다량의 조리수에서 뚜껑을 열고 단시간에 데쳐 재빨리 헹군다.

② 100℃ 다량의 조리수에서 뚜껑을 닫고 단시간에 데쳐 재빨리 헹군다.

③ 100℃ 소량의 조리수에서 뚜껑을 열고 단시간에 데쳐 재빨리 헹군다.

④ 100℃ 소량의 조리수에서 뚜껑을 닫고 단시간에 데쳐 재빨리 헹군다.

27 떡의 주재료로 옳은 것은?

① 밤, 현미
② 흑미, 호두
③ 감, 차조
④ 찹쌀, 멥쌀

28 다음 중 약밥의 재료로 적당하지 않은 것은?

① 간장
② 참기름
③ 꿀
④ 멥쌀

29 찹쌀떡을 찔 때 떡이 면보에 들러붙는 것을 방지하기 위해 넣는 식재료는?

① 소금
② 설탕
③ 기름
④ 참기름

30 설기떡을 하였는데 옆면이 익지 않았다. 그 이유로 적절하지 않은 것은?

① 충분한 시간 동안 떡을 찌지 않았다.
② 찜기가 말라서 떡의 수분을 빼앗겼다.
③ 체에 내리지 않았다.
④ 쌀가루에 물을 적게 주어 익지 않았다.

31 송사(宋史)에서 말하기를, 고려는 상사일(上巳日)에 청애병(靑艾餠)을 으뜸가는 음식으로 삼는다. 지봉유설에 기록된 이 떡은 무엇인가?

① 절편
② 쑥개떡
③ 팥시루떡
④ 신과병

32 다음 중 고려시대 떡의 기록이 담긴 책이 아닌 것은?

① 지봉유설
② 해동역사
③ 목은집
④ 도문대작

33 최초의 한글 조리서이자 동아시아에서 여성이 쓴 조선시대의 조리서 제목은?

① 음식디미방
② 규합총서
③ 조선무쌍신식요리제법
④ 윤씨 음식조리법

34 떡의 제조 방법에 따른 분류가 아닌 것은?

① 도병
② 증병
③ 자병
④ 유전병

35 다음 중 찌는 떡의 종류가 아닌 것은?

① 설기떡
② 경단
③ 약식
④ 발효떡

36 다음 중 설기떡의 종류가 아닌 것은?

① 오메기떡
② 백설기
③ 콩설기
④ 마구설기

37 다음 중 붉은색 발색제로 사용되는 것은?

① 송진
② 승검초
③ 치자
④ 코치닐

38 다음 중 발색제의 색소 성분의 연결이 잘못된 것은?

① 초록색 – Chlorophylls
② 노란색 – Carotenoids
③ 붉은색 – Anthocyanins
④ 갈색 – Betalains

39 떡의 냉각에 대한 내용으로 옳지 않은 것은?

① 높은 온도에서 조리한 후 냉각하는 과정에서 변질되기가 쉽다.
② 미생물이 번식하기 가장 좋은 온도 30~60℃를 거치며 냉각할 때 변질되기 쉽다.
③ 충분히 식혀서 차갑게 만든 후 냉각을 하여 포장하는 것이 좋다.
④ 떡을 오랫동안 냉기에 노출시키면 떡의 수분함량이 감소하여 떡의 질이 떨어질 수 있다.

40 켜떡의 고물에 의한 분류가 아닌 것은?

① 팥시루떡
② 녹두시루떡
③ 무시루떡
④ 콩시루떡

41 계량 시 주의사항으로 적절하지 않은 것은?

① 정확한 계량을 위하여 1회 계량에 적합한 오차 범위의 저울인지 확인한다.
② 저울이 수평으로 설치되었는지를 확인한다.
③ 측정 전 저울의 0점을 확인하고, 용기를 얹은 후 0점 조정 후에 계량한다.
④ 쌀가루 계량을 위해서는 저울보다 계량컵을 이용하는 것이 더 정확하다.

42 찹쌀로 만든 켜떡을 할 때 체로 치지 않는 이유로 적합하지 않은 것은?

① 여러 켜를 쌓을 경우 체로 친 가루가 수증기의 통과를 방해한다.
② 찹쌀을 체로 치면 떡이 제대로 안 익을 수 있다.
③ 약간 거칠게 빻아야 켜를 안치고 떡을 찔 때 수증기가 켜 사이를 잘 통과해 골고루 익는다.
④ 찹쌀의 주성분인 아밀로오스가 수증기에 의해 쉽게 호화되면서 부드러워져서 수증기의 통과를 방해한다.

43 오려송편의 뜻으로 옳은 것은?

① 송편을 입의 크기에 맞게 오려서 먹는 것이다.
② 그해에 철 이르게 익은 올벼로 작고 예쁘게 만든 송편이다.
③ 복과 좋은 기운이 오기를 바라는 뜻으로 만들어 먹는 송편이다.
④ 오래오래 장수하기를 기원하는 뜻이 담겨 있다.

44 노비에게 나이만큼 큼직하게 만들어 먹이는 떡을 무엇이라고 하는가?

① 노비송편
② 쑥개떡
③ 무지개떡
④ 약밥

45 다음 오미자의 오미(五味)로 짝지어진 것은?

① 단맛, 신맛, 쓴맛, 짠맛, 떫은맛
② 단맛, 신맛, 쓴맛, 매운맛, 떫은맛
③ 단맛, 신맛, 쓴맛, 짠맛, 매운맛
④ 단맛, 신맛, 짠맛, 매운맛, 떫은맛

46 회갑이나 제례에 높이 고인 떡의 위에 장식용으로 올리는 떡을 무엇이라고 하는가?

① 웃기떡
② 약식
③ 절편
④ 색떡

47 쌀 1kg으로 떡을 할 때 소금의 양으로 적절한 것은?

① 100g
② 20g
③ 12g
④ 6g

48 쌀가루 익반죽에 관한 설명으로 옳지 않은 것은?

① 밀과 같은 글루텐 단백질이 없어서 익반죽을 하면 점성이 생긴다.
② 물의 온도가 높을수록 반죽을 만들고 모양을 빚기는 어렵다.
③ 성형하기도 쉽고 쫄깃한 식감이 있는 떡을 만들 수 있다.
④ 끓는 물을 이용해 전분의 일부를 호화시키면 점성이 증가한다.

49 송편을 찔 때 솔잎의 역할이 아닌 것은?

① 송편에 향 제공
② 방부제 역할
③ 색 부여
④ 들러붙는 것 방지

50 약밥에 색을 내는 데 사용하는 재료가 아닌 것은?

① 대추고
② 흑임자
③ 참기름
④ 간장

51 찜에 대한 설명으로 옳지 않은 것은?

① 가열하는 중간에는 조미가 어렵다.
② 영양소의 손실이 적고 재료 본래의 모양과 맛을 유지할 수 있다.
③ 잠열, 액화열을 이용하여 가열하는 조리법이다.
④ 수용성 성분의 용출이 적고 본연의 풍미도 그대로 남는다.

52 인절미에 대한 설명으로 옳지 않은 것은?

① 통찹쌀인절미 : 고두밥을 쪄서 밥알이 없어질 때까지 안반이나 펀칭기에 친 다음 먹기 좋게 잘라 고물을 묻히는 인절미
② 오색인절미 : 묻히는 고물의 종류가 5가지인 인절미
③ 꽃인절미 : 고명이 올려지는 인절미
④ 밥알인절미 : 밥을 해서 주먹밥처럼 동그랗게 만든 인절미

53 설날에 먹는 떡의 의미로 옳지 않은 것은?

① 가래떡, 떡국의 하얀색처럼 순수하고 무탈하기를 기원한다.
② 떡국을 동그랗고 두껍게 썰어 둥글둥글하게 완만히 살기를 바란다.
③ 긴 가래떡은 연을 길게 하는 무병장수를 의미한다.
④ 떡국을 먹으면 한 살 더 먹는다고 하여 첨세병이라고도 불렀다.

54 상전이 노비에게 새해 농사 시작에 대한 수고의 의미로 송편을 나이만큼 먹이는 노비송편을 만들었던 날은?

① 정월대보름
② 중화절
③ 삼짇날
④ 초파일

55 다음 중 4대 명절을 잘 짝지은 것은?

① 설날, 단오, 추석, 한식
② 설날, 삼짇날, 추석, 한식
③ 설날, 정월대보름, 초파일, 추석
④ 설날, 정월대보름, 단오, 추석

56 다음 중 절기와 절식으로 잘못 짝지어진 것은?

① 초파일 – 느티떡
② 단오 – 수리취떡
③ 유두 – 수단
④ 칠석 – 오색송편

57 다음 중 오려송편을 먹는 절기는?

① 단오
② 초파일
③ 칠석
④ 한가위

58 떡 호화에 영향을 미치는 요인의 나열로 옳은 것은?

① 수분, pH
② 당류, 단백질의 농도
③ 전분의 종류, 전분의 양
④ 가열 온도, 부재료

59 점성이 강하고 노화되지 않는 인절미를 만들기 위한 방법이 아닌 것은?

① 전분을 완전히 호화시킨다.
② 오랫동안 쳐서 아밀로펙틴끼리 엉기게 한다.
③ 멥쌀을 10% 섞어 치대야 점성이 생긴다.
④ 펀칭기에 넣고 쳐서 뽀얗게 만든다.

60 다음 중 떡 포장에 표시 항목이 아닌 것은?

① 식품의 유형
② 제조 환경
③ 제조원
④ 원산지 정보

떡제조기능사	소요 시간	문항 수
	총 60분	총 60문항

수험번호 : _____
성 명 : _____

정답 & 해설 ▶ 1-215쪽

01 쑥개떡을 할 때 쑥의 전처리 방법으로 옳은 것은?

① 생쑥을 멥쌀가루와 섞어 익반죽을 한다.
② 쑥은 끓는 물에 데쳐서 멥쌀과 함께 빻는다.
③ 쑥 보관 시 물에 얼려 냉동 보관한다.
④ 쑥은 설탕물에 데치면 색이 선명해진다.

02 다음 중 계량 단위가 잘못 연결된 것은?

① 1홉 = 160g
② 1컵 = 200mL
③ 1말 = 20kg
④ 1oz = 30mL

03 멥쌀가루에 요오드 용액을 떨어뜨렸을 때 변화되는 색은?

① 변화가 없음
② 녹색
③ 청자색
④ 적갈색

04 오메기떡을 만들 때 주로 쓰는 곡물로 무기질, 티아민이 풍부한 곡물은?

① 조
② 팥
③ 수수
④ 보리

05 다음 중 무지개떡을 만들 때 사용하는 발색제로 잘못 짝지어진 것은?

① 빨간색 – 백년초
② 녹색 – 쑥
③ 노란색 – 코치닐
④ 검은색 – 흑임자

06 떡에 사용하는 발색제에 대한 내용으로 옳지 않은 것은?

① 발색제는 보통 쌀 무게의 10% 정도가 필요하다.
② 채소 분말은 수분함량이 매우 적으므로 동량의 물을 더 넣어 준다.
③ 쑥을 사용할 경우에는 섬유질을 제거하고 쌀과 함께 분쇄하여 사용한다.
④ 치자를 보관할 때에는 밀봉하여 냉동 보관하면 색이 변하거나 마르지 않는다.

07 오미자를 우려 떡을 만들 때 그 사용 방법으로 옳지 않은 것은?

① 오미자는 찬물에 담가 우린 다음 면 보자기로 걸러 붉은 물을 사용한다.
② 오미자를 더운물에서 우려서 색을 더 진하게 한다.
③ 신맛이 강하므로 설탕의 양을 조금 더 늘린다.
④ 오미자액에 경단을 넣어 수단을 만들 수 있다.

08 식품의 수분활성도(Aw)에 대한 설명으로 옳지 않은 것은?

① 식품이 나타내는 수증기압과 순수한 물의 수증기압의 비를 말한다.
② 일반적인 식품의 Aw의 값은 1보다 크다.
③ Aw의 값이 작을수록 미생물의 이용이 쉽지 않다.
④ 어패류의 Aw는 0.98~0.99 정도이다.

09 서리태를 넣은 송편 만드는 방법으로 옳지 않은 것은?

① 불린 서리태는 20분 정도 삶고 뚜껑을 닫아 뜸을 들인다.
② 멥쌀가루는 체에 내리고 물을 조금씩 넣으면서 익반죽을 한다.
③ 많이 치대면 갈라지기 때문에 뭉칠 정도로만 반죽을 한다.
④ 김이 오른 찜통에 20분간 찌고 5분간 뜸을 들인다.

10 물품 외부의 포장으로, 상자, 포대, 스티로폼, 금속 등의 용기에 넣거나 그대로 묶는 포장을 무엇이라고 하는가?

① 낱개포장
② 속포장
③ 겉포장
④ 개별포장

11 다음 중 떡의 제조 과정 중 만드는 방법과 이름이 일치하지 않는 것은?

① 멥쌀가루에 물을 섞어 시루에 찌면 백설기다.
② 백설기를 끈기가 생기도록 절구에 쳐서 길게 만들면 가래떡이다.
③ 가래떡을 떡살로 찍으면 절편, 작게 만들면 송편이다.
④ 절편을 얇게 밀어 소를 넣고 반달 모양으로 접으면 개피떡이다.

12 녹두고물을 만드는 방법으로 옳지 않은 것은?

① 거피 녹두는 2시간 이상 물에 불리고 껍질을 손으로 비벼 껍질을 벗긴다.
② 김 오른 찜통에 젖은 면보를 깔고 녹두를 안쳐 푹 무르게 약 30분간 찐다.
③ 찐 녹두에 소금을 넣어 절구로 빻는다.
④ 고운체에 내려 사용한다.

13 인절미를 만드는 방법으로 옳지 않은 것은?

① 찹쌀가루에 물을 넣고 비비고 설탕을 넣고 골고루 섞는다.
② 찜기에 젖은 면보를 깔고 설탕을 뿌린다.
③ 쌀가루를 덩어리로 만들어 40분 정도 찌고 5분간 뜸을 들인다.
④ 먹기 좋은 크기로 잘라 콩가루를 묻힌다.

14 팥고물을 만드는 방법으로 옳은 것은?

① 팥은 씻어서 물을 붓고 강불에 올려 끓으면 첫 물은 따라 버린다.
② 팥은 3~4시간 정도 불려 중불에서 약 30~40분간 삶는다.
③ 팥은 설탕을 넣어 삶으면 색이 진하게 나온다.
④ 팥에 소다를 넣으면 영양소가 보존된다.

15 다음 중 유전병이 아닌 것은?

① 화전
② 혼돈병
③ 빙떡
④ 곤떡

16 떡을 할 때 소금의 양은 얼마가 적당한가?

① 0.1%
② 1.2%
③ 2.1%
④ 3.2%

17 백설기를 만드는 방법으로 옳지 않은 것은?

① 멥쌀은 롤러로 두 번 빻는다.
② 처음 빻을 때는 소금을 넣어 빻고, 두 번째 빻을 때는 물을 넣어 빻는다.
③ 쌀가루는 중간체로 내린다.
④ 30분간 찌고 5분 뜸을 들인다.

18 설기 제조에 대한 일반적인 과정으로 옳은 것은?

① 멥쌀은 깨끗하게 씻어 8~12시간 정도 불려서 사용한다.
② 쌀가루는 물기가 있는 상태에서 굵은체에 내린다.
③ 찜기에 준비된 재료를 올려 약한 불에서 바로 찐다.
④ 불을 끄고 약 20분간 뜸을 들인 후 그릇에 담는다.

19 식품위생법상 식품위생 수준의 향상을 위하여 필요한 경우 조리사에게 교육받을 것을 명할 수 있는 자는?

① 관할시장
② 보건복지부장관
③ 식품의약품안전처장
④ 관할 경찰서장

20 설기떡의 제조 과정 순서로 옳은 것은?

① 쌀가루 만들기 – 물 내리기 – 반죽하기 – 찌기
② 쌀가루 만들기 – 반죽하기 – 물 내리기 – 찌기
③ 쌀가루 만들기 – 물 내리기 – 찌기
④ 쌀가루 만들기 – 반죽하기 – 찌기

21 인쇄가 용이하고 다른 적층 포장재의 초기 포장재로 사용되는 노루지, 유산지, 골수지, 습지 같은 포장재의 종류로 옳은 것은?

① 종이
② PE
③ PP
④ PS

22 다음이 설명하는 포장재의 종류는?

> 에틸렌의 중합으로 얻어지는 열에 강한 소재로 주방용품에 많이 사용된다. 가공이 쉬워 다양한 제품군에 사용되며, 페트병의 주원료가 되기도 한다.

① 종이
② PE
③ PP
④ PS

23 떡을 포장하는 방법으로 옳지 않은 것은?

① 찌고서 한 김이 날아간 후에 포장한다.
② 충분히 식힌 후에 포장을 해야 수증기가 생기지 않아 좋다.
③ 포장지 내면에 응축수가 발생하지 않도록 방담기능의 포장재를 쓰는 것이 좋다.
④ 수분의 함량이 품질과 밀접한 관련이 있으므로 주의하여 건조시킨다.

24 모든 미생물을 제거하여 무균 상태로 하는 조작은?

① 소독
② 살균
③ 멸균
④ 방부

25 60℃에서 30분간 가열하면 식품 안전에 위해가 되지 않는 세균은?

① 살모넬라균
② 클로스트리디움 보툴리늄균
③ 황색포도상구균
④ 장구균

26 증편을 만들 때 사용하는 체로 옳은 것은?

① 깁체
② 어레미
③ 중간체
④ 도드미

27 채소로부터 감염되는 기생충으로 짝지어진 것은?

① 편충, 동양모양선충
② 폐흡충, 회충
③ 구충, 선모충
④ 회충, 무구조충

28 다음 중 잠복기가 가장 짧은 식중독은?

① 황색포도상구균 식중독
② 살모넬라균 식중독
③ 장염 비브리오 식중독
④ 장구균 식중독

29 세균 번식이 쉬운 식품과 가장 거리가 먼 것은?

① 온도가 적당한 식품
② 수분을 함유한 식품
③ 영양분이 많은 식품
④ 산이 많은 식품

30 세균성 식중독과 병원성 소화기계 감염병을 비교한 내용으로 옳지 않은 것은?

	세균성 식중독	병원성 소화기계 감염병
①	많은 균량으로 발병	균량이 적어도 발병
②	2차 감염이 빈번	2차 감염이 없음
③	식품위생법으로 관리	감염병예방법으로 관리
④	비교적 짧은 잠복기	비교적 긴 잠복기

31 떡의 노화를 억제하는 방법으로 부적절한 것은?

① 설탕을 첨가한다.
② 식품을 냉장 보관한다.
③ 식품의 수분함량을 15% 이하로 한다.
④ 유화제를 사용한다.

32 다음 중 냉동 중의 변화로 옳지 않은 것은?

① 조직 중의 빙결정의 수가 늘어나고, 대형의 빙결정이 생긴다.
② 근섬유가 손상을 받아 해동을 해도 수분이 흡수되지 못하고 유출되어 구멍이 생긴다.
③ 드립 중 수용성 단백질, 염류, 비타민류 등의 영양분 손실이 있다.
④ 동결육의 건조에 의한 지방의 산화로 변색, 변성이 되는 동결화상이 생길 수 있다.

33 밀가루를 부풀려 채소로 만든 소와 팥소를 넣고 찐 것으로 고려가요에 기록이 되어 있는 이 떡은?

① 상화
② 증편
③ 사삼병
④ 청애병

34 다음 중 수문사설에 기록된 내용이 아닌 것은?

① 오도증(烏陶甑)이라는 떡을 찌는 도구가 나온다.
② 목미외병(메밀떡)은 숙수 박이돌이 만들었다.
③ 우병(토란병)은 숙수 박이돌이 만들었다. 낙점받아 임금께 올렸다.
④ 백설기는 멥쌀가루에 습기를 준 다음 시루에 넣어 떡이 되도록 오래 익힌다.

35 조선시대의 떡이 기록되어 있지 않은 것은?

① 주방문
② 증보산림경제
③ 목은집
④ 규합총서

36 다음에서 설명하는 떡으로 옳은 것은?

> 밤을 그늘에 말려서 껍질을 벗기고 찧어 가루를 내고 여기에 찹쌀가루를 2/3 정도 섞은 다음 꿀물에 넣어 반죽한 다음 쪄서 익혀 먹는 떡

① 신과병
② 잡과병
③ 두텁떡
④ 고려율고

37 다음 중 시대별 떡에 대한 설명으로 옳지 않은 것은?

① 황해도 봉산 지탑리의 신석기 유적지에서는 갈돌, 경기도 북변리와 동창리의 무문토기시대 유적지에서는 돌확(확돌)이 발견되었다.
② 고려시대에 갈판과 갈돌로 곡물을 탈곡·제분해 가공하고, 빗살무늬 토기를 이용해 음식을 보관하고 만들어 먹었음을 알 수 있다.
③ 조선시대에 농업기술 발전과 조리가공법의 세분화로 인해 식생활 문화가 발전하였다. 우리가 먹고 있는 대부분의 떡을 조리, 가공하는 방법이 확립되었다고 할 수 있다.
④ 근대에 방앗간이나 떡집의 증가로 가정에서 일일이 만들어야만 했던 떡을 구매하여 먹기 시작했다.

38 규합총서에 다음과 같이 설명된 떡의 종류로 옳은 것은?

> 좋은 찹쌀 두 되를 백세하여 하루 불려 시루에 쪄서 식힌 후에 황률을 많이 넣고 백청 한 탕기, 참기름 한 보시기, 진장 반 종지, 대추 한 탕기를 모두 버무려 시루에 도로 담고 찐다.

① 모듬백이
② 각색편
③ 약밥
④ 해장떡

39 다음 중 떡의 어원 변화로 옳은 것은?

① 찌다 → 찌기 → 떼기 → 떠기 → 떡
② 찌기 → 띠기 → 떠기 → 떼기 → 떡
③ 찌다 → 띠기 → 떼기 → 떠기 → 떡
④ 찌다 → 쪄다 → 떠기 → 떼기 → 떡

40 떡을 뜻하는 한자어의 연결이 바르지 않은 것은?

① 병(餠, 밀가루떡 병) : 가루로 만든 밀을 재료로 만든 음식
② 이(餌, 떡 이) : 밀가루 이외의 곡물(쌀, 조, 기장, 콩 등)로 만든 떡
③ 자(瓷, 인절미 자) : 곡물을 가루로 만들어 찐 다음 절구에 치고 고물을 묻힌 것
④ 고(糕, 시루떡 고) : 곡물을 가루로 만들어 시루에 담아 쪄서 만든 것

41 발색제 사용 시 주의사항이 아닌 것은?

① 생과일을 넣을 때는 수분함량이 많으므로 쌀에 첨가하는 물의 양을 과일 첨가량에 따라 줄여야 한다.
② 100% 천연 백련초를 넣고 가열하면 백련초의 색이 진하게 된다.
③ 채소 생쑥, 시금치, 모싯잎과 같이 섬유질이 많은 채소를 사용할 경우에는 이물질과 질긴 섬유질을 제거하고 깨끗이 씻어 물기를 뺀 후 쌀과 함께 분쇄하여 사용한다.
④ 석이버섯은 잘 건조한 후 분쇄기로 분쇄하여 분말의 형태로 사용하거나 채를 썰어 장식용으로 사용한다.

42 치자의 사용방법으로 옳은 것은?

① 살짝 씻어 칼집을 내고 물을 부어 색이 우러나오면 체로 걸러서 치자물을 준비한다.
② 물에 끓여 우려서 색을 진하게 만든다.
③ 다져서 면보로 감싸 즙을 낸다.
④ 치자를 12시간 물에 담가 색을 우린다.

43 백설기를 할 때 쌀가루, 설탕, 소금, 물의 비율로 적당한 것은?

	쌀가루	설탕	소금	물
①	100%	10%	1.2%	10%
②	100%	10%	1.2%	20%
③	100%	20%	1.2%	10%
④	100%	20%	1.2%	20%

44 쌀가루를 분쇄하는 기구인 롤러의 재질로 적절하지 않은 것은?

① 돌(화강암)
② 세라믹
③ 스테인리스
④ 소나무

45 떡을 증기로 찌는 과정에 쌀가루에 공급되는 수분의 양은?

① 5%
② 10%
③ 15%
④ 20%

46 떡을 만드는 재료의 분류로 옳지 않은 것은?

① 속고물 – 콩, 깨
② 겉고물 – 팥, 녹두
③ 착색료 – 흑임자, 간장
④ 착향료 – 계피, 설탕

47 캐러멜소스를 만들 때 결정화를 방지하기 위해 마지막에 넣는 재료는?

① 소금
② 물엿
③ 설탕
④ 소다

48 동지에 대한 설명으로 옳지 않은 것은?

① 작은 설이라고 한다.
② 팥죽을 끓여 찹쌀 경단(새알심)을 가족 수만큼 넣어 먹는다.
③ 붉은 팥이 악귀를 쫓아내고 액을 막아 준다고 한다.
④ 동지가 음력 11월 10일 전이면 애동지라고 하여 아이들에게 나쁜 일이 있다고 해서 팥죽이 아닌 팥시루떡을 한다.

49 백설기의 의미로 옳지 않은 설명은?

① 구설수에 오르거나 잡스러운 일에 연루되
지 말라는 의미이다.
② 순수하고 무구하게 크기를 바라는 의미이다.
③ 조화를 이루며 크기를 바라는 의미이다.
④ 아이와 산모를 산신의 보호 아래 둔다는
신성한 의미이다.

50 오색송편의 의미로 옳지 않은 것은?

① 다섯 가지 색은 오행, 오덕, 오미, 만물의
조화를 의미한다.
② 속이 채워진 송편은 속이 꽉 찬 아이로 성
장하라는 뜻이다.
③ 빈 송편은 포용력이 있고 마음을 넓게 가
지라는 뜻이다.
④ 이웃과 친근한 사람이 되라는 의미이다.

51 검은색 발색제로 쓰이지 않는 것은?

① 석이버섯
② 흑임자
③ 흑태
④ 신감초

52 다음 중 쇠머리떡의 재료가 아닌 것은?

① 호박고지
② 밤
③ 대추
④ 석이

53 떡이 굳어지는 현상을 가리키는 용어는?

① 호정화
② 노화
③ 알파화
④ 호화

54 떡을 만들 때 쓰이는 소금의 종류로 옳은 것은?

① 맛소금
② 구운 소금
③ 굵은소금
④ 자염

55 회갑에 대한 설명으로 옳지 않은 것은?

① 태어난 지 71세가 되는 날이다.
② 회갑에는 백편, 꿀편, 승검초편을 만들어
높이 괴어 올린다.
③ 화전, 주악, 단자 등 웃기를 위에 얹어 떡
장식을 한다.
④ 색떡으로 나무에 꽃이 핀 모양의 모조화를
만들어 장식하기도 했다.

56 봉채떡의 의미로 바르지 않게 연결된 것은?

① 찹쌀 : 부부의 금실이 찰떡처럼 화목하라
　　는 뜻
② 두 켜의 떡 : 아들, 딸 잘 놓고 살라는 뜻
③ 대추 7개 : 아들 7형제, 남손 번창
④ 대추와 밤 : 자손의 번창

57 다음 중 제주도 떡이 아닌 것은?

① 오메기떡
② 달떡
③ 빼대기떡
④ 망개떡

58 다음 중 삼국시대의 떡의 기록이 담긴 것은?

① 삼국사기
② 도문대작
③ 음식디미방
④ 규합총서

59 다음 중 약식에 대한 설명이 아닌 것은?

① 신라 소지왕은 까마귀에 대한 감사의 마음
　　으로 찰밥을 지어 정월대보름에 먹었다.
② 찰밥에 기름과 꿀을 섞고 다시 잣, 밤, 대
　　추를 넣어서 섞는다.
③ 중국 사람들이 매우 즐기고, 이것을 나름
　　대로 모방하여 만들어 고려밥이라 하면서
　　먹고 있다.
④ 상사일(上巳日)에 청애병(靑艾餅)을 으뜸
　　가는 음식으로 삼는다.

60 고려시대 떡의 특징이 아닌 것은?

① 삼국시대부터 전래된 불교가 음식에 영향
　　을 끼쳤다.
② 육식 절제, 차를 마시는 풍습이 떡이 발전
　　하는 계기가 되었다.
③ 나진 초도 조개더미에서 출토된 바닥에 여
　　러 개의 구멍이 있는 시루로 떡을 쪄 먹었
　　을 것이라고 추측한다.
④ 상류층이나 세시 행사와 제사음식, 그리고
　　별식으로 널리 보급되었다.

떡제조기능사	소요 시간	문항 수
	총 60분	총 60문항

수험번호 : _____

성   명 : _____

정답 & 해설 ▶ 1–218쪽

01 다음 중 치는 떡의 종류가 아닌 것은?

① 인절미　　　　② 절편
③ 고치떡　　　　④ 혼돈병

02 떡에 넣는 소금과 발색제의 양을 알맞게 나열한 것은?

① 소금 0.2%, 발색제 1%
② 소금 1.2%, 발색제 2%
③ 소금 2.3%, 발색제 1%
④ 소금 3.0%, 발색제 2%

03 빨강, 흰색, 노랑, 녹색, 자주색 다섯 가지 발색제를 사용하여 쌀을 빻을 때 분쇄기 사용 순서로 옳은 것은?

① 흰색 → 노랑 → 빨강 → 녹색 → 자주색
② 흰색 → 노랑 → 녹색 → 빨강 → 자주색
③ 흰색 → 녹색 → 노랑 → 빨강 → 자주색
④ 흰색 → 녹색 → 빨강 → 노랑 → 자주색

04 다음 중 찌는 찰떡류가 아닌 것은?

① 쇠머리떡　　　② 구름떡
③ 주악　　　　　④ 콩찰떡

05 다음 중 노화가 진행된 것은?

① 떡을 냉장고에 넣어서 딱딱해졌다.
② 쌀을 불려서 가열하여 밥을 했다.
③ 쌀에 5~6배의 물을 넣어 죽을 만들었다.
④ 밥을 냉동고에 넣어 보관했다.

06 전분의 호화가 잘 되는 요인은?

① 가열 온도가 낮을수록
② 쌀의 도정률이 낮을수록
③ 수침 시간이 길수록
④ 밥물이 산성일 때

07 단맛과 따뜻한 성질을 가지고, 장 기능을 조절해 설사를 멈추게 하며 떡, 경단, 부꾸미, 고량주를 만드는 재료로 옳은 것은?

① 수수　　　　　② 조
③ 보리　　　　　④ 메밀

08 다음 중 식품 포장의 목적이 아닌 것은?

① 품질 보호 및 보존성
② 제품의 위생적 보관
③ 식품의 식감 유지
④ 제품의 판촉 및 홍보, 정보성, 상품성

09 다음 중 녹색 색소로 옳은 것은?

① 샤프란　　　　② 승검초
③ 연지　　　　　④ 차조기

10 불용성 섬유소의 종류로 옳은 것은?

① 검　　　　　　② 뮤실리지
③ 펙틴　　　　　④ 셀룰로오스

11 다음 중 필수지방산에 속하는 것은?

① 리놀렌산   ② 올레산
③ 스테아르산   ④ 팔미트산

12 다음 중 물에 녹는 비타민은?

① 레티놀(Retinol)
② 토코페롤(Tocopherol)
③ 티아민(Thiamine)
④ 칼시페롤(Calciferol)

13 찹쌀떡이 멥쌀떡보다 더 늦게 굳는 이유는?

① pH가 낮기 때문에
② 수분함량이 적기 때문에
③ 아밀로오스의 함량이 많기 때문에
④ 아밀로펙틴의 함량이 많기 때문에

14 떡에 사용하는 콩에 대한 설명으로 옳지 않은 것은?

① 검은콩 – 비타민 A, C 풍부, 단백질 부족
② 적두 – 비타민 B₁, 사포닌 풍부
③ 녹두 – 리놀레산, 리놀렌산 풍부
④ 땅콩 – 고지방, 고단백, 칼륨, 비타민 B₁, B₂,E 풍부

15 다음 중 켜떡이 아닌 것은?

① 녹두찰떡   ② 깨찰떡
③ 콩찰떡   ④ 쑥설기

16 다음 중 쇠머리떡을 만드는 재료가 아닌 것은?

① 찹쌀가루   ② 서리태
③ 호박고지   ④ 쑥

17 깨고물 만드는 방법으로 옳은 것은?

① 깨는 씻어서 불린다.
② 팬에 볶아 식힌다.
③ 설탕, 소금, 조청을 넣어 볶는다.
④ 맷돌이나 믹서에 갈아 중간체에 내린다.

18 결합수에 대한 설명으로 옳지 않은 것은?

① 용매로 작용한다.
② 100℃로 가열해도 제거되지 않는다.
③ 0℃의 온도에서도 얼지 않는다.
④ 미생물의 번식에 이용되지 않는다.

19 다음 중 알칼리성 식품의 성분으로 옳은 것은?

① 유즙의 칼슘(ca)
② 생선의 유황(s)
③ 곡류의 염소(CI)
④ 육류의 산소(O)

20 질긴 부위의 고기를 끓이면 고기가 연해지는 현상에 관여하는 주된 물질은?

① 헤모글로빈
② 젤라틴
③ 엘라스틴
④ 미오글로빈

21 유지의 신선도 기준이 되는 것으로 옳은 것은?

① 검화가
② 산가
③ 요오드가
④ 아세틸가

22 다음 중 효소가 아닌 것은?

① 말타아제(Maltase)
② 펩신(Pepsin)
③ 레닌(Rennin)
④ 유당(Lactose)

23 단맛을 내는 조미료에 속하지 않는 것은?

① 올리고당(Oligosaccharide)
② 설탕(Sucrose)
③ 스테비오사이드(Stevioside)
④ 타우린(Taurine)

24 채소를 데칠 때 뭉그러짐을 방지하기에 가장 적당한 소금의 농도는?

① 1%
② 10%
③ 20%
④ 30%

25 병원체가 세균인 전염병은?

① 전염성 간염
② 백일해
③ 폴리오
④ 홍역

26 자외선의 인체에 대한 내용 설명으로 옳지 않은 것은?

① 살균작용을 하고 피부암을 유발한다.
② 체내에서 비타민 D를 생성한다.
③ 피부결핵이나 관절염에 유해하다.
④ 신진대사촉진과 적혈구 생성을 촉진시킨다.

27 심한 설사로 인하여 탈수 증상을 일으키는 전염병은?

① 콜레라
② 백일해
③ 결핵
④ 홍역

28 채소류로부터 감염되는 기생충의 나열로 옳은 것은?

① 동양모양선충, 편충
② 회충, 무구조충
③ 십이지장충, 선모충
④ 요충, 유구조충

29 찹쌀가루에 요오드 용액을 떨어뜨렸을 때 변화되는 색은?

① 변화가 없음
② 녹색
③ 청자색
④ 적갈색

30 다음 중 쑥개떡의 재료가 아닌 것은?

① 찹쌀
② 쑥
③ 소금
④ 참기름

31 다음 중 찹쌀로 만든 떡이 아닌 것은?

① 두텁떡
② 쇠머리떡
③ 빙떡
④ 노티떡

32 다음 중 떡의 종류가 잘못 짝지어진 것은?

① 증병 – 콩설기떡
② 도병 – 인절미
③ 경단 – 오메기떡
④ 유전병 – 구름떡

33 떡 반죽에 대한 설명으로 옳지 않은 것은?

① 빚는 떡, 지지는 떡, 삶는 떡은 익반죽을 한다.
② 익반죽은 전분의 호화를 도우므로 반죽에 끈기가 생긴다.
③ 반죽을 여러 번 치댈수록 찰기가 생겨 쫄 깃한 식감이 생긴다.
④ 쑥이나 수리취 등을 섞어 반죽할 때 노화 가 진행된다.

34 나무바가지 모양으로 안에 요철이 있어 곡식을 씻을 때 돌을 분리할 수 있는 전통 도구는?

① 키
② 이남박
③ 조리
④ 쳇다리

35 지름 3mm 이상이며 고물용으로 쓰이는 체는?

① 어레미
② 깁체
③ 가루체
④ 쳇다리

36 현대의 떡 기구에 대한 설명으로 잘못 짝지어진 것은?

① 세척기 – 쌀과 물이 여러 번 회전하며 물은 배수되고, 쌀은 걸러진다.
② 분쇄기(롤러) – 불린 곡식을 롤러를 통해 가루로 분쇄한다.
③ 설기체 – 쌀가루를 체에 풀어 주는 기계이다.
④ 펀칭기 – 모양틀을 용도에 맞게 꽂아 가래 떡, 절편, 떡볶이떡 등을 뽑을 수 있다.

37 곡물 가루를 시루에 안쳐 수증기로 찌는 떡은?

① 증병
② 도병
③ 유병
④ 전병

38 다음 중 찌는 떡의 종류가 다른 하나는?

① 백설기 ② 콩설기
③ 녹두시루떡 ④ 쑥설기

39 송편을 만드는 방법으로 옳지 않은 것은?

① 멥쌀가루는 체에 내리고 끓는 물을 조금씩 넣으면서 익반죽을 한다.
② 반죽을 하나씩 동그랗게 만들고 속을 파서 소를 넣어 오므린 후 안에 공기를 빼고 모양을 빚는다.
③ 물을 넉넉히 넣고 약 5분간 삶아 식힌다.
④ 찬물에 한 번 씻어 물기를 빼고, 참기름을 바른다.

40 살균 작용의 강도가 가장 큰 것은?

① 멸균 ② 살균
③ 소독 ④ 방부

41 보름달처럼 밝게 널리 비추고 둥글게 채우며 잘 살도록 하는 기원이 담긴 떡은?

① 빙떡 ② 구름떡
③ 달떡 ④ 오그랑떡

42 떡의 어원이 잘못 연결된 것은?

① 곤떡 : 색과 모양이 고와 고운떡이라고 하다가 곤떡으로 불리게 되었다.
② 쇠머리떡 : 굳은 다음 썰어 놓은 떡의 모양이 쇠머리편육과 같다.
③ 해장떡 : 뱃사람들이 아침에 일 나가기 전에 해장국과 함께 먹었다.
④ 석탄병 : 흑임자를 넣어 만든 검정색이 석탄과 같다.

43 삼국시대 이전의 떡에 대한 내용이 아닌 것은?

① 삼국시대 이전의 유적이 출토되고 있어 부족국가 시대부터 만들어졌을 것이라고 추정한다.
② 곡물 생산으로 피, 기장, 조, 수수, 쌀이 풍부해져 떡을 만들었을 것이다.
③ 동굴생활을 하고 수렵과 채취로 식량을 확보하였으며 구석기 후기부터 불을 사용하였을 것으로 추측한다.
④ 황해도 봉산 지탑리의 신석기 유적지에서는 갈돌, 경기도 북변리와 동창리의 무문토기시대 유적지에서는 돌확(확돌)이 발견되었다.

44 떡국을 먹음으로써 나이를 하나 더하게 된다는 뜻으로 붙여진 이름의 떡은?

① 첨세병
② 차륜병
③ 봉채떡
④ 경단

45 삼국시대와 통일신라시대 떡의 특징으로 옳은 것은?

① 삼국시대 고분에서는 시루가 발견되었다.
② 관혼상제의 풍습이 일반화되어 각종 의례와 대소연회, 무의 등에 떡이 필수적으로 사용되었다.
③ 농업기술 발전과 조리가공법의 세분화로 인해 식생활 문화가 발전하였다.
④ 불교의 영향으로 육식 절제, 차를 마시는 풍습이 발달되었다.

46 고려사람들이 율고를 잘 만들었다고 칭송한 중국인의 견문록이 있다. 여기서 율고에 들어가는 재료가 아닌 것은?

① 밤
② 대추
③ 찹쌀
④ 꿀

47 밀가루를 부풀려 채소로 만든 소와 팥소를 넣고 찐 증편류이며, 고려가요에 나오는 이 떡의 이름은?

① 보리술떡
② 화전
③ 상화
④ 주악

48 음식디미방에 다음과 같이 기록된 떡으로 옳은 것은?

> 거피한 녹두를 가루 내어 되직하게 물을 섞고, 부칠 때에는 기름이 뜨거워진 다음에 조금씩 떠 놓고 그 뒤에 꿀을 반죽한 거피팥소을 얹고 그 위에 다시 녹두가루를 얹어 지진다.

① 빈자떡
② 빙떡
③ 수단
④ 느티떡

49 다음 중 고려시대의 떡이 기록된 것은?

① 소문사설
② 규합총서
③ 음식디미방
④ 해동역사

50 까마귀에게 보은하는 약식을 만들었던 절기는?

① 설날
② 정월대보름
③ 단오
④ 유두

51 상전이 노비에게 송편을 나이대로 먹이고 새해 농사의 시작에 대한 수고의 의미로 노비송편을 만들어 주었던 절기는?

① 설날
② 정월대보름
③ 한식
④ 중화절

52 봄이 온 것을 느끼며 번철을 들고 야외로 나가 삼짇날에 먹은 떡은?

① 화전
② 빈자
③ 쑥설기
④ 수리취떡

53 쑥이 많이 나와 쑥절편, 쑥단자, 쑥떡 등을 해 먹는 절기는?

① 삼짇날
② 한식
③ 초파일
④ 단오

54 사람이 태어나서 생을 마칠 때까지 반드시 거치게 되는 몇 차례의 중요한 의례를 뜻하는 말은?

① 절기
② 통과의례
③ 약식동원
④ 도문대작

55 삼칠일에 대한 설명으로 옳지 않은 것은?

① 아기가 태어난 지 10일째 되는 날로 세이레라고도 한다.
② 삼칠일 전에는 금줄을 쳐서 외부인의 출입을 금했다.
③ 삼칠일이 되면 금줄을 걷어 외부인의 출입을 허용하고 특별하게 보낸다.
④ 삼칠일에는 백설기를 마련해서 가족과 친지들과 나누어 먹고 밖으로는 내보내지 않았다.

56 다음 중 백일에 먹는 떡이 아닌 것은?

① 백설기
② 수수팥경단
③ 삭일송편
④ 무지개떡

57 다음 중 혼례와 관련된 떡이 아닌 것은?

① 달떡
② 색떡
③ 무지개떡
④ 인절미

58 다음 중 함경도 떡이 아닌 것은?

① 언감자송편
② 꽃송편
③ 꼬장떡
④ 기장인절미

59 지역별 떡의 특징이 잘못 연결된 것은?

① 서울, 경기 : 고려시대 수도였던 개성의 영향을 받아 화려하고 독특하며 궁중의 떡이 있다.
② 강원도 : 다른 지역의 떡보다 소박하고 구수하다.
③ 충청도 : 양반과 서민의 떡을 구분하였다.
④ 전라도 : 쌀, 보리 등 농산물도 풍부하고 산간지역에서 나는 망개잎, 모싯잎으로 떡을 만든다.

60 다음 중 제례의 웃기로 적합한 떡은?

① 주악, 단자
② 무지개, 절편
③ 송편, 두텁떡
④ 인절미, 약식

떡제조기능사	소요 시간	문항 수
	총 60분	총 60문항

수험번호 : _____

성　　명 : _____

정답 & 해설 ▶ 1-221쪽

01 다음 중 쌀의 분류가 나머지와 다른 하나는?

① 안남미쌀
② 인디카형
③ 자포니카형
④ 자바니카형

02 전분의 호화에 대한 설명으로 옳은 것은?

① 전분이 날것인 상태를 알파전분이라고 한다.
② 가열하면 베타전분이 되어 호화가 된다.
③ 도정도가 클수록 호화가 잘 된다.
④ 전분의 입자가 작을수록 호화가 잘 된다.

03 전분에 묽은 산을 넣고 가열하여 최적온도를 유지하면 포도당으로 가수 분해되는 현상을 무엇이라고 하는가?

① 호화
② 노화
③ 호정화
④ 당화

04 다음 중 세계 4대 작물이 옳게 나열된 것은?

① 쌀, 밀, 옥수수, 보리
② 쌀, 밀, 보리, 귀리
③ 밀, 옥수수, 보리, 콩
④ 옥수수, 보리, 팥, 콩

05 다음 중 두류끼리 짝지어진 것은?

① 황두, 땅콩
② 서리태, 보리
③ 동부, 수수
④ 팥, 기장

06 올레인산, 리놀레산 등의 필수지방산이 많고 마그네슘, 비타민 E가 풍부하며 백자, 실백이라고도 불리는 종실유는?

① 밤
② 호두
③ 임자
④ 잣

07 멥쌀에 대한 설명으로 옳은 것은?

① 요오드 용액을 넣으면 적갈색으로 변한다.
② 아밀로펙틴 100%로 구성되어 있다.
③ 주성분은 탄수화물이고 대부분 전분이다.
④ 글루코오스, 프락토오스, 갈락토오스로 구성되어 있다.

08 다음 중 서류가 아닌 것은?

① 감자
② 고구마
③ 무
④ 토란

09 떡에 넣는 유화제의 목적으로 바르지 않은 것은?

① 노화현상 지연
② 유통기한 연장
③ 유화 안정성
④ 보습력 유지

10 다음 중 발색제로 쓰이는 재료 중 다른 색 하나는?

① 오미자
② 지치
③ 코치닐
④ 샤프란

11 바이러스에 의한 감염이 아닌 것은?

① 폴리오
② 인플루엔자
③ 장티푸스
④ 유행성 간염

12 통조림 식품의 통조림관에서 유래될 수 있는 식중독 원인물질은?

① 카드뮴
② 주석
③ 페놀
④ 수은

13 곰팡이의 대사산물에 의해 질병이나 생리작용 이상을 일으키는 것이 아닌 것은?

① 청매 중독
② 아플라톡신 중독
③ 황변미 중독
④ 오크라톡신 중독

14 다음 중 결합수의 특성으로 옳은 것은?

① 식품조직을 압착하여도 제거되지 않는다.
② 점성이 크다.
③ 미생물의 번식과 발아에 이용된다.
④ 보통의 물보다 밀도가 작다.

15 사과, 바나나, 파인애플 등의 주요 향미성분은?

① 에스테르(Ester)류
② 고급지방산류
③ 유황화합물류
④ 퓨란(Furan)류

16 다음 중 다당류에 속하는 탄수화물은?

① 펙틴
② 포도당
③ 과당
④ 갈락토오스

17 진동이 심한 작업을 하는 사람에게 국소진동 장애가 생길 수 있는 직업병은?

① 진폐증
② 파킨슨씨병
③ 잠함병
④ 레이노드병

18 조명이 불충분할 때는 시력저하와 눈의 피로를 일으키고 지나치게 강할 때는 어두운 곳에서 암순응능력을 저하시키는 태양광선은?

① 전자파
② 자외선
③ 적외선
④ 가시광선

19 감수성지수(접촉감염지수)가 가장 높은 감염병은?

① 폴리오
② 홍역
③ 백일해
④ 디프테리아

20 수분 중에 지방이 분산된 형태로 수중유적형에 해당하지 않는 것은?

① 우유
② 버터
③ 마요네즈
④ 아이스크림

21 탄수화물에 대한 설명으로 옳지 않은 것은?

① 탄소(C), 수소(H), 산소(O)로 구성되어 있다.
② 지방의 완전연소를 위해서 필요(필수영양소)하다.
③ 1g당 4kcal의 열량을 내고, 총열량의 30% 섭취가 적당하다.
④ 혈당성분을 유지(0.1%)시켜 준다.

22 생리작용을 조절해 주는 식품으로 알맞게 짝지어진 것은?

① 단백질, 무기질
② 무기질, 비타민
③ 비타민, 수분
④ 수분, 무기질

23 다음 중 증병에 해당하지 않는 것은?

① 약식
② 두텁떡
③ 증편
④ 오메기떡

24 시루에 찐 떡을 안반이나 절구로 쳐서 끈기가 있게 만드는 떡은?

① 증병   ② 도병
③ 유병   ④ 잡과병

25 다음 중 쌀의 종류가 다른 하나는?

① 증편   ② 두텁떡
③ 쑥개떡   ④ 송편

26 찹쌀가루, 기장찰가루, 차수수가루에 엿기름으로 반죽하고 삭혀서 지진 떡은?

① 화전   ② 곤떡
③ 노티떡   ④ 빙떡

27 메밀가루에 물을 넣어 묽게 반죽하여 지지고 안에 무채를 소로 넣어 말아서 만든 유전병은?

① 주악   ② 부꾸미
③ 곤떡   ④ 빙떡

28 찹쌀 800g을 불려서 가루로 빻았을 때 나오는 찹쌀가루의 양은?

① 약 720g
② 약 960g
③ 약 1,120g
④ 약 1,200g

29 떡을 만들 때 쌀을 세척하고 수침하는 과정으로 옳지 않은 것은?

① 쌀을 흐르는 물에 깨끗이 씻어 여름에는 30분, 겨울에는 1시간 불린다.
② 쌀의 수침 시간이 증가할수록 쌀의 조직이 연화되어 습식제분을 할 때 전분 입자가 미세화된다.
③ 채반에 밭쳐 30분 정도 물기를 뺀다.
④ 충분히 불리면 무게가 멥쌀은 약 1.2~1.3배, 찹쌀은 약 1.4배 증가하고 수분의 함유량은 30~40%가 된다.

30 찹쌀을 불려 가루로 만들기 위해 분쇄할 때 한 번 빻는 이유는?

① 찹쌀은 입자가 고우면 김이 올라오지 못해 잘 익지 않으므로 한 번 빻는다.
② 익히는 시간을 단축하기 위해 한 번 빻는다.
③ 두 번 빻으면 수분의 함량이 줄어들어 익히는 데 방해가 된다.
④ 고운체에 내리기 위해 한 번만 빻는다.

31 인절미, 절편 등을 만들 때 사용하는 도구는?

① 절구, 떡메   ② 떡메, 쳇다리
③ 쳇다리, 시루   ④ 이남박, 떡살

32 다음 중 삶는 떡으로 짝지어진 것은?

① 경단, 주악   ② 경단, 오메기떡
③ 골무떡, 빙떡   ④ 오메기떡, 빙떡

33 찹쌀가루에 물을 주어 시루에 찌고 절구에 끈기가 생기게 쳐서 모양을 빚은 다음 대추, 석이, 잣 등 고물을 묻히는 떡은?

① 증병   ② 단자
③ 부꾸미   ④ 유병

34 떡에 넣는 부재료를 손질하는 방법으로 옳지 않은 것은?

① 팥 : 깨끗하게 씻어 처음 삶은 물을 버리고, 다시 물을 부어 약 30분간 삶는다.
② 거피팥, 녹두 : 물에 씻어 2시간 이상 물에 불리고 손으로 문질러 껍질을 제거하고 찜통에 쪄서 사용한다.
③ 대추 : 마른행주로 닦고 돌려 깎아서 씨를 제거하고 사용한다.
④ 호박고지 : 물에 가볍게 씻고 따뜻한 물에 1시간 불려 물기를 짜고 사용한다.

35 다음 중 계량에 대한 설명으로 옳지 않은 것은?

① 1홉은 160g으로 10홉이 1되이다.
② 밀가루는 체에 내려 수북하게 담아 깎아서 편편하게 한 뒤 계량한다.
③ 버터, 마가린은 실온 상태에서 계량컵에 꾹 눌러 빈 공간이 없도록 채워 계량한다.
④ 멥쌀가루 200g은 1컵, 1kg은 5컵이다.

36 백설기의 재료로 적합하지 않은 것은?

① 멥쌀가루
② 소금
③ 설탕
④ 치자

37 설기떡을 할 때 설탕을 찌기 직전에 넣어야 하는 이유는?

① 단맛을 보존하기 위해서
② 체에 설탕이 내려가지 않기 때문에
③ 쌀가루의 뭉침 현상으로 인해서
④ 쌀가루가 잘 익지 않기 때문에

38 약밥을 만드는 방법으로 적절한 것은?

① 멥쌀은 씻어 5시간 이상 불려 물기를 빼고, 찜통에 약 1시간 무르게 찐다.
② 찐 밥에 황설탕, 참기름, 진간장, 계핏가루, 밤, 대추 순서로 넣는다.
③ 찜통에 약 20분간 찌고 5분간 뜸을 들이고 꿀, 계핏가루, 참기름을 섞는다.
④ 식은 후 포장하여 냉장고에 넣어 보관한다.

39 인절미 만드는 방법으로 옳지 않은 것은?

① 찹쌀가루에 물을 넣어 비비고 설탕을 넣고 골고루 섞는다.
② 찜기에 마른 면보를 깔고 소금물을 솔솔 뿌린다.
③ 쌀가루를 덩어리로 만들어 약 30분 정도 찐다.
④ 익은 떡은 소금물을 묻혀가며 절구에 치거나 펀칭기에 약 5분간 돌려서 찰지게 한다.

40 가래떡 만들 때 쓰이는 도구가 아닌 것은?

① 시루
② 제병기
③ 분쇄기
④ 펀칭기

41 쇠머리떡을 만들 때 떡이 찜기에 들러붙는 것을 방지하기 위해 젖은 면보 위에 첨가하는 식재료는?

① 식용유
② 소금물
③ 설탕
④ 쌀가루

42 식품 포장을 할 때 속포장을 하는 이유로 틀린 것은?

① 친환경
② 습기 방지
③ 광염 차단
④ 충격 방지

43 식품을 냉동 보관했을 때 나타나는 변화에 대한 설명으로 잘못된 것은?

① 조직 중 빙결정의 수가 줄고, 대형 빙결정이 생긴다.
② 근섬유가 손상을 받아 해동을 해도 수분이 흡수되지 못하고 유출되어 구멍이 생긴다.
③ 드립 중 수용성 단백질, 염류, 비타민류 등의 영양분 손실이 있다.
④ 동결육의 건조에 의한 탄수화물의 산화로 변색, 변성이 되는 동결화상이 생길 수 있다.

44 떡 보관 시 가장 좋은 저장 방법은?

① 급속 동결
② 완만 동결
③ 냉수 냉각
④ 냉장

45 개인 위생에 관한 내용으로 잘못된 것은?

① 식품 취급자 자신의 건강상태를 확인하고 개인위생에 주의를 기울인다.
② 주기적으로 위생교육을 받아야 하며 교육에 대한 효과를 확인받는다.
③ 작업장 내에서는 흡연행위, 껌 씹기, 음식물 먹기 등을 하지 않는다.
④ 앞치마는 한 가지로 통일하고 고무장갑은 조리용, 서빙용, 세척용으로 용도에 따라 색상을 달리하거나 구분하여 사용한다.

46 조리사의 결격사유가 아닌 것은?

① 정신질환자(전문의가 조리사로서 적합하다고 인정하는 자는 제외)
② 감염병환자(B형간염환자는 제외)
③ 마약이나 그 밖의 약물 중독자
④ 조리사 면허의 취소처분을 받고 그 취소된 날부터 2년이 지나지 아니한 자

47 다음 중 곰팡이가 아닌 것은?

① 아스퍼질러스(Aspergillus)
② 토룰라(Torula)
③ 무코르(Mucor)
④ 리조푸스(Rhizopus)

48 식품 성분 중 탄수화물이 분해되어 변질되는 것을 무엇이라고 하는가?

① 변패
② 부패
③ 산패
④ 발효

49 생물테러감염병 또는 치명률이 높거나 집단 발생 우려가 커서 발생 또는 유행 즉시 신고하고 음압격리가 필요한 감염병은?

① 제1급감염병
② 제2급감염병
③ 제3급감염병
④ 제4급감염병

50 다음 중 영업신고를 하여야 하는 업종이 아닌 것은?

① 일반음식점
② 식품소분 · 판매업
③ 유흥주점영업
④ 위탁급식영업 및 제과점영업

51 다른 명칭의 같은 떡이 아닌 것은?

① 상추시루떡, 와거병
② 약편, 약식
③ 노비송편, 삭일송편
④ 느티떡, 유엽병

52 쑥설기떡을 할 때 사용하는 쑥으로 알맞은 것은?

① 생쑥
② 데친 쑥
③ 쑥가루
④ 말린 쑥

53 각 지역과 향토 떡의 연결이 바르게 된 것은?

① 함경도 : 산병
② 경상도 : 만경떡
③ 전라도 : 곤떡
④ 황해도 : 상애떡

54 전라남도 지방의 향토음식으로 누에고치와 같아 붙여진 떡의 이름은?

① 누에떡
② 고치떡
③ 우찌찌
④ 삐삐떡

55 멥쌀가루에 술을 넣어 발효시켜 만드는 떡으로 삼복에 먹었던 것은?

① 증편
② 주악
③ 상화
④ 경단

56 다음 중 발효하는 떡이 아닌 것은?

① 증편
② 주악
③ 상화
④ 경단

57 통과의례에 먹는 떡으로 잘못 연결된 것은?

① 삼칠일 : 백설기
② 백일 : 무지개떡
③ 혼례 : 붉은팥시루떡
④ 회갑 : 오색송편

58 통과의례에 먹는 떡으로 그 의미가 잘못된 것은?

① 책례 – 속이 꽉 찬 송편 : 학문적 성과를 의미한다.
② 책례 – 속이 빈 송편 : 자만하지 말고 마음을 비워 겸손할 것을 당부한다.
③ 제례 – 붉은팥고물 : 귀신을 쫓는다고 하여 사용하지 않는다.
④ 혼례 – 색떡 : 자손의 번창을 의미한다.

59 다음 중 지역별로 떡의 종류 연결이 옳은 것은?

① 서울, 경기 : 개성주악
② 강원도 : 삐삐떡
③ 경상도 : 도토리송편
④ 강원도 : 유자잎인절미

60 지역별 떡에 대한 설명으로 옳지 않은 것은?

① 황해도 : 곡창지대가 있어 곡물 중심의 떡이 많이 발달하였다.
② 함경도 : 춥고 벼농사가 힘든 환경 탓에 잡곡을 이용한 떡이 많다.
③ 제주도 : 벼농사보다는 밭농사가 발달하여 잡곡을 이용한 떡이 많다.
④ 평안도 : 화려하게 만든 꽃송편이 있다.

PART

06

정답 & 해설

정답 & 해설

해설과 따로 보는 최신 기출문제 01회   1-168쪽

01 ③	02 ②	03 ③	04 ①	05 ①
06 ②	07 ④	08 ①	09 ③	10 ④
11 ③	12 ④	13 ④	14 ④	15 ③
16 ③	17 ②	18 ④	19 ③	20 ③
21 ④	22 ②	23 ②	24 ③	25 ③
26 ④	27 ③	28 ①	29 ③	30 ③
31 ④	32 ④	33 ④	34 ①	35 ④
36 ③	37 ④	38 ②	39 ③	40 ④
41 ④	42 ③	43 ③	44 ②	45 ④
46 ④	47 ③	48 ④	49 ③	50 ③
51 ①	52 ①	53 ①	54 ④	55 ①
56 ④	57 ③	58 ③	59 ③	60 ④

01 ③

수침을 하면 쌀의 조직은 연화되고, 입자의 결합력을 증가시키지는 않는다.

02 ②

오답 피하기

① 대두를 삶을 때 생기는 거품은 설사를 유발하는 사포닌 성분이므로, 처음 삶은 물은 버리고 다시 삶거나 다량 섭취하지 않는다.
③ 검은콩의 안토시아닌 색소는 금속이온과 반응하면 색이 진해진다.
④ 땅콩은 지질, 필수지방산 함량이 풍부하다.

03 ③

어레미는 구멍의 크기가 3mm 이상인 고물용 체이다.

오답 피하기

• 중간체 : 구멍의 크기 2mm, 시루떡에 적합
• 고운체, 깁체, 가루체 : 구멍의 크기 0.5~0.7mm, 증편용으로 적합

04 ①

팥에는 비타민 B$_1$이 풍부하다.

05 ①

떡살이란 절편을 만들 때 꽃, 선, 수레 모양을 내는 도구이며, 나무나 사기로 만든다.

06 ②

치는 떡은 도병이라 칭한다.

오답 피하기

• 찌는 떡 : 증병
• 지지는 떡 : 유병, 유전병

07 ④

오답 피하기

① 멥쌀은 아밀로오스 20%, 아밀로펙틴 80%로 이루어져 있다.
② 찹쌀이 멥쌀보다 비타민의 함량이 높다.
③ 송편은 멥쌀가루로 만들고, 경단은 찹쌀가루로 만든다.

08 ①

조리란 쌀을 일어 돌을 걸러 낼 때 사용하는 도구이다.

09 ③

찌는 떡을 만들 때 멥쌀가루에는 찹쌀가루의 2배에 달하는 양이 필요하다.

10 ④

오답 피하기

① 조리 : 쌀을 씻어 일어 돌을 걸러 낼 때 사용하는 도구
② 안반 : 떡을 칠 때 사용하는 넓고 긴 나무판
③ 채반 : 물기를 빼거나 재료를 말릴 때 사용하는 넓은 채 그릇

11 ③

설기떡은 곡물가루에 물을 내려 켜를 만들지 않고 한 덩어리가 되게 하여 찌는 고물이 없는 떡을 말한다. 콩, 쑥, 밤 등 부재료가 들어가서 한 덩어리로 찌면 설기떡이지만, 부재료를 고물로 만들어 팥시루떡 형태로 만들면 켜떡이라고 할 수 있다.

12 ④

• 유병(지지는 떡) : 부꾸미, 웃지지, 빙자병, 화전, 노티떡
• 증병(찌는 떡) : 부편, 상화병, 혼돈병, 산병, 석탄병

13 ④

상화는 밀가루에 막걸리를 넣어 발효한 떡이다.

14 ④

빚는 떡 제조 시에는 물을 끓여 익반죽을 하고 많이 치댈수록 매끄럽고 부드러워진다.

15 ③

• 안반(떡판) : 떡을 칠 때 사용하는 넓고 긴 나무판이다.
• 떡메 : 떡을 내려치는 도구이다.

오답 피하기

• 맷방석 : 멍석보다는 작고 둥글며 곡식을 널 때 사용한다.
• 쳇다리 : 체를 올려놓을 때 사용한다.
• 이남박 : 나무바가지 모양으로 안에 요철이 있어 곡식을 씻을 때 돌을 분리할 수 있다.

16 ③

골무떡은 치는 떡에 해당한다.

17 ②

① 신과병 : 햇곡식과 햇과일을 넣어 찐 떡
③ 도행병 : 복숭아나 살구가루를 넣어 만든 찌거나 단자형태도 먹는 떡
④ 남방감저병 : 찹쌀가루와 고구마가루를 섞어 찐 떡

18 ④

쑥개떡은 빚는 떡에 속한다.

19 ③

개성 경단에 대한 설명이며, 개성 경단은 다른 경단과 다르게 묽은 경단
이어서 숟가락으로 떠먹는다.

20 ③

식품 등의 표시 · 광고에 관한 법률의 목적 : 식품 등에 대하여 올바른 표
시 · 광고를 하도록 하여 소비자의 알 권리를 보장하고 건전한 거래질서
를 확립함으로써 소비자 보호에 이바지함을 목적으로 한다.

21 ④

표시 사항
• 제품명
• 식품 유형
• 용량
• 업소명 및 소재지
• 제조 연월일 또는 유통기한
• 원재료명
• 포장 재질
• 품목보고번호
• 과자, 캔디류, 빵류 : 영양 표시(단백질, 탄수화물, 지방, 열량, 나트륨 등)
• 해당하는 경우 : 방사선조사, 유전자변형식품, 보관상 주의사항
• 분리 배출 표시, 바코드, 부정 불량 식품 신고(전화번호), 반품 및 교환
  장소

22 ②

치는 떡이나 반죽하는 떡은 치대면 치댈수록 쫄깃해지지만, 글루텐에 의
해 쫄깃해지지는 않는다. 글루텐은 밀, 보리 등에 함유된 성분이다.

23 ②

약밥은 불린 찹쌀을 먼저 찌고, 부재료를 넣어 두 번 쪄서 만든다.

24 ③

완전 동결 상태에서는 효소 활성이 억제되어 식품이 변질되지 않는다.

25 ③

설기떡을 할 때 쌀가루를 누르면 익지 않을 수 있다. 살살 고루 펼치는
것이 좋다.

26 ④

여름철에 상온에서 24시간 보관하면 쉽게 상할 수 있으므로 단시간에 섭
취하는 것이 좋고, 바로 섭취가 불가능하다면 한 김을 날리고 밀봉하여
냉동보관하는 것이 좋다.

27 ③

절병은 절편의 다른 말이며 멥쌀가루를 찐 다음 쳐서 만든 떡이다.

28 ①

칼슘, 마그네슘 용액에서 응고된다.

29 ④

떡살이란 절편을 만들 때 문양을 찍어 내는 도구이다.

30 ③

요오드 반응
• 멥쌀 : 청자색
• 찹쌀 : 적갈색

31 ④

가래떡 만드는 방법
㉠ 불린 멥쌀을 방아에 소금을 넣고 한 번 빻는다.
㉡ 쌀가루에 물을 넣고 한 번 더 빻는다.
㉢ 시루에 시룻밑을 깔고 쌀가루를 골고루 펴서 20분 찌고 5분 뜸을 들
  인다.
㉣ 제병기에 가래떡 모양틀을 끼우고 가래떡을 뽑는다.
㉤ 찬물로 바로 내려오게 하고 용도에 맞게 자른다.

32 ④

몸을 이롭게 한다는 의미는 맞지만, 한약재를 넣은 것은 아니다.

33 ④

캐러멜소스는 160℃에서 갈색이 된다.

34 ①

식품을 냉동할 때는 급속 냉동으로 얼음 결정을 최소화시켜 식품의 품질
손상이 없도록 하는 것이 좋다. 품질 저하현상을 일으키는 냉동법은 완만
냉동이다.

35 ④

고체지방 재료는 질량(무게)으로 계량을 하는 것이 가장 바람직하지만, 부피로 계량한다면 계량컵에 꾹 눌러서 빈 공간이 없도록 담아 계량한다.

36 ③

화학물질 취급 시에는 물을 포함한 여러 물질과 반응이 일어날 수 있으므로 취급 주의사항과 사용방법을 잘 숙지하여 사용한다.

37 ④

가축 사육시설은 식품영업장의 구비조건에 해당하지 않는다.

38 ②

황색포도상구균의 독소인 엔테로톡신은 100℃에서 30분 가열에도 파괴되지 않지만, 포도상구균은 열에 약하여 80℃에서 30분 가열 시 파괴된다.

39 ③

토코페롤은 식품의 변질을 막아 주는 비타민 E이다.

40 ④

오답 피하기
① 승홍 : 피부 소독, 금속 부식성
② 크레졸, 생석회 : 변소, 하수도, 진개 등의 오물 소독

41 ④

10년 이하의 징역 또는 1억 원 이하의 벌금
• 위해식품 등의 판매 등 금지, 병든 동물 고기 등의 판매 등 금지, 기준·규격이 고시되지 아니한 화학적 합성품 등의 판매 등 금지를 위반한 자
• 유독기구 등의 판매·사용 금지를 위반한 자, 허위표시 등의 금지를 위반한 자
• 영업허가 등 위반한 자

42 ③

화학적 살균 소독 방법 : 염소, 표백분, 역성비누, 석탄산, 포름알데히드, 생석회, 크레졸, 과산화수소, 승홍수, 에틸알코올 소독

43 ③

작업 변경 시마다 교차 오염을 예방하기 위해 위생 장갑을 교체해야 한다.

44 ②

구리 금속에 산성 물질이 반응하여 수소기체가 생기므로 구리 그릇을 사용하는 것은 적합하지 않다.

45 ④

베네루핀은 모시조개, 굴, 바지락 등에 함유된 유독 성분이다.

46 ④

평안도의 떡에는 송기떡, 조개송편, 강냉이골무떡, 골미떡, 꼬장떡, 뽕떡, 무지개떡, 노티떡, 감자시루떡 등이 있다.

오답 피하기
• 장떡 : 충청도
• 수리취떡 : 전라도

47 ④

1281년 삼국유사 약식
"신라 소지왕 행차 중에 까마귀가 금갑을 향해 활을 쏘라는 봉투를 떨어뜨렸다. 왕이 황급히 궁궐로 돌아와 금갑을 향해 쏘니 왕을 해치려 숨어든 승려가 화살에 맞아 죽었다. 이후 소지왕은 까마귀에 대한 감사의 마음으로 그날을 오기일로 정하여 매년 까마귀 깃털 색을 닮은 까만 찰밥을 지어 정원대보름에 먹었다."

48 ④

중양절
• 음력 9월 9일의 숫자 양수 9가 겹친다고 하여 중양절이라고 한다.
• 추석에 햇곡식으로 제사를 올리지 못한 집안에서 뒤늦게 천신을 하였다.
• 밤떡과 국화전을 만들어 먹었다.
• 시인과 묵객들은 야외로 나가 시를 읊거나 풍국놀이를 하였다.

49 ④

봄이 온 것을 느끼며 번철을 들고 야외로 나가 찹쌀가루에 진달래꽃을 부쳐 먹었다.

50 ③

밤과 대추는 자손이 번성하는 것을 의미한다.

51 ①

1145년 삼국사기 열전 백결선생조
"세모가 되어 이웃에서 떡방아소리가 나자 이에 따르지 못함을 부인이 안타까워하자 백결선생이 거문고로 떡방아소리를 내어 부인을 위로했다."

52 ①

인절미는 찰떡처럼 끈기 있는 사람이 되라는 의미이다.

53 ①

오답 피하기
다. 오쟁이떡 : 오쟁이(망태기)처럼 생겨서 붙여진 이름이다.
라. 빙떡 : 돌돌 말아서 만든다고 해서 빙떡, 멍석처럼 말아 감는다고 해서 멍석떡이라고 불렀다.

54 ④

이조궁정요리통고는 1957년 한희순 상궁과 제자인 황혜성 교수가 함께 저술한 궁중 요리책이다.

55 ①

돌상에는 백설기, 붉은팥고물 찰수수경단, 오색송편, 무지개떡, 인절미, 개피떡을 올린다.

56 ④

유엽병(느티떡)은 초파일에 먹는 떡이다.

57 ③

납일은 동지로부터 세 번째 미일로 1년을 돌아보고 온시루떡과 정화수를 떠 놓고 고사를 지낸다.

58 ③

약편은 충청도의 향토떡으로 대추편이라고도 한다. 멥쌀가루에 대추고, 막걸리를 넣어 만든 떡이다.

59 ③

삼복에는 쉽게 쉬지 않는 막걸리를 넣어 발효하는 증편, 찹쌀가루를 익반죽해서 튀긴 주악, 깨찰편을 해서 먹었다.

60 ④

추석에는 오려송편을 먹었으며 삭일송편(노비송편)은 중화절 떡에 해당한다.

01 ①	02 ①	03 ③	04 ④	05 ④
06 ③	07 ④	08 ①	09 ①	10 ④
11 ②	12 ④	13 ④	14 ④	15 ③
16 ④	17 ③	18 ①	19 ①	20 ③
21 ④	22 ④	23 ④	24 ②	25 ②
26 ①	27 ④	28 ③	29 ③	30 ③
31 ②	32 ④	33 ①	34 ④	35 ②
36 ①	37 ③	38 ③	39 ④	40 ③
41 ④	42 ④	43 ②	44 ①	45 ③
46 ①	47 ③	48 ③	49 ③	50 ②
51 ③	52 ④	53 ②	54 ②	55 ①
56 ④	57 ④	58 ①	59 ③	60 ②

01 ①

찌는 떡은 증병이라 한다.

오답 피하기

- 치는 떡 : 도병
- 지지는 떡 : 유병, 유전병

02 ①

버터, 마가린, 쇼트닝을 계량할 때는 실온에서 눌러 담는다.

오답 피하기

② 밀가루는 누르지 않고 계량하는 것이 바람직하다.
③ 흑설탕은 체로 치지 않고 눌러 담아 계량한다.

03 ③

오답 피하기

① 팥은 껍질이 두꺼워 불리는 시간이 오래 걸리고, 불리고 삶으면 색이 곱지 못하므로 불리지 않고 바로 삶는다.
② 팥은 고물은 약 30~40분, 앙금은 약 40~50분 삶는다.
④ 팥은 설탕을 넣지 않고 삶는다. 앙금으로 쓰는 경우에는 팥이 다 익은 후 설탕을 넣어 당도를 맞춘다.

04 ④

떡의 노화를 방지하는 방법

- 떡을 찐 직후 노화가 덜 된 상태에서 급속 동결한다.
- 수분의 양이 많을수록 떡의 노화가 지연된다.
- 아밀라아제와 같은 효소가 전분을 고정하여 떡이 노화를 방지한다.
- 쑥이나 모싯잎 등 식이섬유소가 첨가되면 노화가 지연된다.
- 유화제를 넣으면 떡의 노화를 늦출 수 있다.

05 ④

오답 피하기

① 인디카형 쌀은 아밀로오스 전분이 많아 쌀알 조직이 단단해 수분흡수율이 높고, 자포니카쌀은 아밀로오스의 함량이 적은 편이라 부드러워 상대적으로 수분흡수율이 낮다.
② 쌀을 오래 저장할수록 수분의 함량이 낮아져 수분흡수율이 증가한다.
③ 수침 시 물의 온도가 높을수록 수분흡수율이 증가한다.

06 ③

떡의 노화를 방지하기 위해서는 급속 냉동을 하는 것이 바람직하다.

07 ④

두 번째 빻을 때 조절 레버를 12시 방향으로 하여 물을 넣고 빻는다.

08 ①

불린 서리태는 15분 이상 삶아야 익는다. 덜 익으면 풋내가 나고 많이 익히면 메주 냄새가 나므로 주의한다.

09 ①

오답 피하기

② 쌀가루는 먼저 체에 내리고, 끓는 물을 넣어 익반죽한다.
③ 동그랗고 납작하기 때문에 약 10분 동안에도 충분히 익는다.
④ 냉장고에 넣어 두면 노화한다.

10 ④

약밥(약식)은 찹쌀에 각종 양념을 넣어 쪄서 익힌 떡이다.

오답 피하기

멥쌀가루에 물을 주어 시루에 찌고 절구에 끈기가 생기게 쳐서 길게 만들면 가래떡이다. 가래떡을 떡살로 찍으면 절편, 작게 만들면 골무떡, 얇게 밀어 소를 넣고 반달모양으로 접으면 개피떡이다.

11 ②

오답 피하기

① 찹쌀가루를 너무 곱게 만들면 떡이 익지 않을 수 있다.
③ 찰떡은 멥쌀떡에 비해 찌는 시간이 길다.
④ 팥은 불리지 않고 한 번 데쳐 약 40분간 푹 삶는다.

12 ④

쑥개떡은 찌는 떡이다.

13 ④

떡살은 절편을 만들 때 문양을 찍어 내는 도구이다.

14 ④

쑥개떡은 빚어 찌는 떡에 해당한다.

15 ③

영업자(영업 전 신규 위생 교육)

- 식품제조 · 가공업, 즉석판매제조 · 가공업, 식품첨가물제조업 : 8시간
- 식품운반업, 식품소분 · 판매업 등 영업자, 식품보존업, 용기 · 포장류제조업 : 4시간
- 식품접객업 : 6시간
- 집단급식소를 설치 · 운영하려는 자 : 6시간

16 ④

영업신고를 하여야 하는 업종
• 특별자치도지사 또는 시장 · 군수 · 구청장에게 신고한다.
• 즉석판매제조 · 가공업
• 식품운반업
• 식품소분 · 판매업
• 식품냉동 · 냉장업
• 용기 · 포장류제조업
• 휴게음식점영업, 일반음식점영업, 위탁급식영업 및 제과점영업

17 ③

대장균은 여름철 따뜻한 상온에서 증식이 활발하다.

18 ①

급속 동결해야 조직이 손상을 덜 받는다.

19 ①

효소의 불활성화를 위해 채소를 데쳐 사용한다.

20 ③

식품을 만든 사람은 표기할 필요가 없다.

21 ④

떠서 먹는 것과는 연관성이 없다.

22 ④

달떡은 혼례 당일에 올리는 떡으로 보름달처럼 둥글고 꽉 차게 밝게 비추며 살아가라는 뜻이다.

23 ④

단(團, 둥글 단)은 원 속에 소를 넣고 만든 것을 말한다.

오답 피하기
• 병(餠, 밀가루떡 병) : 가루로 만든 밀을 재료로 만든 음식
• 이(餌, 떡 이) : 밀가루 이외의 곡물(쌀, 조, 기장, 콩 등)로 만든 떡
• 자(瓷, 인절미 자) : 곡물 자체를 쪄서 절구에 친 것
• 고(糕, 시루떡 고, 가루떡 고) : 곡물을 가루로 만들어 시루에 담아 쪄서 만든 것
• 원(䬾, 떡 원) : 시루에서 작고 둥글게 쪄낸 것

24 ②

이로 깨물어 잇자국이 선명하게 보이려면 찹쌀떡보다는 멥쌀떡이었을 거라고 추정할 수 있다.

25 ②

재료별 함유 영양소
• 팥 : 비타민 B_1, 사포닌
• 무 : 비타민 C
• 쌀 : 탄수화물

26 ①

녹색채소를 데칠 때는 5배의 소금물을 넣고 단시간에 데쳐 찬물에 헹구는 것이 바람직하다.

27 ④

떡은 쌀이 주재료이며 쌀 외에는 부재료로 취급한다.

28 ④

약밥은 멥쌀이 아닌 찹쌀로 만든다.

29 ②

찹쌀을 찔 때는 떡이 면보나 찜기에 많이 들러붙는다. 이때 설탕을 젖은 면보 위에 조금 뿌려 두면 쉽게 잘 떨어진다.

30 ③

오답 피하기

설기떡이 익지 않는 경우
① 약 1kg의 멥쌀설기떡을 할 때는 20분간 찌고 5분 뜸을 들이는데, 충분한 시간이 안 되었다면 익지 않는다.
② 찜기가 지나치게 말라 있으면 수분을 찜기에 빼앗겨 겉면이 익지 않을 수 있다.
④ 쌀가루에 물을 적게 넣으면 익지 않으므로 수분이 쌀가루의 10%가 될 수 있도록 하고 가볍게 쥐어 보는 것으로 쌀가루의 수분 상태를 확인해 보아야 한다.

31 ②

1614년 지봉유설
"송사(宋史)에서 말하기를, 고려는 상사일(上巳日)에 청애병(靑艾餠)을 으뜸가는 음식으로 삼는다. 이것은 어린 쑥잎을 쌀가루에 섞어서 찐 떡이다."

32 ④

도문대작은 1611년 허균이 지은 것으로 조선시대의 식품전문서이다.

33 ①

음식디미방
• 최초의 한글 조리서이자 동아시아에서 1670년 안동장씨 부인이 쓴 조리서이다.
• 8종의 떡이 기록되어 있다.
• 상화떡, 증편법, 잡과편법, 밤설기법, 석이편, 인절미 굽는 법(맛질방문), 전화법, 빈쟈법(빈자떡)

34 ③

떡의 제조방법에 따라 도병, 증병, 유전병(유병), 경단류로 나뉜다.

35 ②

경단은 반죽해서 물에 삶는 떡을 말한다.

36 ①

오메기떡은 경단류에 해당한다.

37 ④

코치닐은 선인장과의 식물에 기생하는 연지벌레의 암컷을 건조시켜 얻은 붉은색 염료이다.

38 ④

갈색은 탄닌(Tannin) 색소이다.

39 ③

떡을 충분히 식히면 수분의 증발로 건조해질 수가 있다. 내부에서 수증기가 응축하여 부분적으로 물에 젖은 상태의 반점이 생기지 않을 정도의 유지가 필요하다.

40 ③

켜떡의 고물에 의한 분류로는 팥시루떡, 녹두시루떡, 거피팥시루떡, 동부시루떡, 콩시루떡, 깨시루떡 등이 있다.

41 ④

쌀가루는 누르는 힘이나 수분의 함량에 따라 부피가 달라지므로 저울로 계량하는 것이 바람직하다.

42 ④

찹쌀의 주성분은 아밀로펙틴이다. 멥쌀은 아밀로오스 20%, 아밀로펙틴 80%로 이루어져 있다.

43 ②

올해, 올해의 벼, 일찍 추수한 벼로 만든 송편을 오려송편이라고 한다.

44 ①

노비송편
- 상전이 노비에게 송편을 나이만큼 먹이고 새해 농사 시작을 수고한다는 의미로 만들어 주었다.
- 2월 초하루를 삭일이라고 하여 삭일송편이라고도 한다.

45 ③

오미자는 단맛, 신맛, 쓴맛, 짠맛, 매운맛의 다섯 가지의 맛을 내며 물에 담가 우린 다음 면 보자기로 걸러 붉은 물을 사용한다.

46 ①

웃기떡은 그릇에 떡을 담거나 괴고 그 위에 모양을 내고자 얹어 장식하는 떡으로 주악, 화전, 우찌지, 단자, 산병, 색절편 등이 웃기떡에 속한다.

47 ③

쌀의 1.2~1.4%의 소금을 넣는 것이 적당하다.

48 ②

물의 온도가 높을수록 반죽을 만들고 모양을 빚기는 쉬우나 금방 마르고 잘 굳는다는 단점이 있으며, 물의 온도가 낮을수록 떡을 쪘을 때 쫄깃함은 좋으나 성형이나 반죽이 힘들다. 그래서 빚어 찌는 떡인 송편은 미지근한 물로 익반죽했을 때 가장 품질이 좋다.

49 ③

송편을 찔 때는 솔잎이 사용되는데 송편에 향을 제공하기도 하고 피톤치드라는 성분이 송편에 흡수되어 방부제 역할을 하기도 한다.

50 ②

약밥에 색을 내는 재료로는 대추고, 황설탕, 캐러멜소스, 간장, 계핏가루 등이 있다.

51 ③

액화열이 아니라 기화열을 이용한 조리법이다.

52 ④

통찹쌀인절미는 고두밥을 쪄서 밥알이 없어질 때까지 안반이나 펀칭기에 친 다음 먹기 좋게 잘라 고물을 묻히는 방법으로 만들며 다른 말로 밥알인절미라고도 부른다.

53 ②

떡국을 만들 때 가래떡을 엽전처럼 동그랗게 썰어 재산이 늘어나기를 기원한다.

54 ②

일(음력)	날	떡
1월 15일	정월대보름(상원)	약밥(약식)
2월 1일	중화절	노비송편(삭일송편)
3월 3일	삼짇날	진달래화전, 향애단, 쑥떡
4월 8일	초파일	느티떡(유엽병), 장미화전

55 ①

- 설날 : 음력 1월 1일
- 한식 : 동지 후 105일
- 단오 : 음력 5월 5일
- 추석 : 음력 8월 15일

56 ④

칠석인 음력 7월 7일에는 백설기를 먹는다.

57 ④

한가위에는 올해 수확한 벼로 오려송편을 만들어 먹는다.

58 ①

떡의 호화에 영향을 미치는 요인으로는 수분, pH, 당도, 전분의 종류, 가열 온도가 있다.

59 ③

인절미에 멥쌀을 섞으면 아밀로오스 함량이 높아져 노화가 쉽게 진행되고, 찰기가 생기지 않는다.

60 ②

떡 포장 표시 항목으로는 제품명, 특정 성분, 제조원, 유통기한, 내용량, 원산지 정보, 품목 보고 번호, 식품의 유형, 보관 방법, 분리배출 표시, 포장 재질이 있다.

01 ②	02 ③	03 ③	04 ①	05 ③
06 ①	07 ②	08 ②	09 ③	10 ③
11 ③	12 ④	13 ③	14 ①	15 ②
16 ②	17 ④	18 ①	19 ③	20 ③
21 ①	22 ②	23 ②	24 ③	25 ①
26 ①	27 ①	28 ①	29 ④	30 ②
31 ③	32 ①	33 ①	34 ④	35 ③
36 ④	37 ②	38 ③	39 ①	40 ③
41 ②	42 ①	43 ①	44 ④	45 ②
46 ④	47 ②	48 ②	49 ③	50 ④
51 ④	52 ④	53 ②	54 ③	55 ①
56 ②	57 ④	58 ①	59 ④	60 ③

01 ②

오답 피하기

① 쑥버무리는 생쑥과 멥쌀가루를 섞어 쪄서 만들고, 쑥개떡은 쑥을 데쳐
   멥쌀가루와 함께 빻아 쑥멥쌀가루를 만든 뒤 익반죽을 해서 만든다.
③ 쑥은 소분한 뒤 얼려 냉동보관한다. 물을 함께 얼리지는 않는다.
④ 소금이나 소다를 첨가한 물에 데치는 것이 좋다.

02 ③

1말 = 10되 = 16kg

03 ③

요오드 반응에 멥쌀가루에는 청자색, 찹쌀가루는 적갈색을 띤다.

04 ①

오메기떡은 차조가루를 반죽하여 삶아서 만든 떡으로 제주도의 전통 떡
이다. 현대에 와서는 차조에 찹쌀가루를 섞어서 만들기도 한다.

05 ③

노란색은 단호박, 치자를 이용하며, 코치닐은 붉은색 색소에 해당한다.

06 ①

발색제는 보통 쌀 무게의 2% 정도로 필요하다.

07 ②

오미자는 끓이거나 더운물에서 우리면 쓴맛과 떫은맛이 나므로 찬물에서
우려야 한다.

08 ②

일반적인 식품의 Aw값은 1 이하이다.

09 ③

많이 치대야 찰지고, 깨지지 않는 반죽이 된다.

10 ③

오답 피하기

① 낱개포장 : 물품을 여럿 가운데 하나하나 따로따로 하는 포장으로, 물
   품의 상품 가치를 높이거나 물품 개개를 보호하기 위하여, 적합한 재
   료 및 용기 등으로 물품을 포장하는 방법 및 포장한 상태를 말한다.
② 속포장 : 포장된 물품 안쪽의 포장으로, 물품에 대한 습기, 광염, 충격
   등을 방지하기 위하여 적합한 재료 및 용기 등으로 물품을 포장하는
   방법 및 포장한 상태를 말한다.

11 ③

가래떡을 떡살로 찍으면 절편, 작게 만들면 골무떡, 얇게 밀어 소를 넣고
반달모양으로 접으면 개피떡이 된다.

12 ④

고물은 대체로 굵은체에 내려 사용한다.

13 ③

인절미는 약 30분간 찌고 뜸은 들이지 않아도 된다.

14 ①

오답 피하기

② 팥은 불리지 않고 바로 삶는다.
③ 팥은 소다를 넣어 삶으면 색이 진하게 나온다.
④ 팥에 소다를 넣으면 비타민 B_1이 손실된다.

15 ②

혼돈병은 증병에 해당하며, 거피팥고물에 찹쌀, 소를 켜켜이 놓고 찌는
두텁떡과 비슷한 떡이다.

16 ②

소금은 쌀가루 양의 1.2~1.4%로 넣는 것이 적당하다.

17 ④

백설기는 20분 찌고 5분 뜸을 들인다.

18 ①

오답 피하기

② 쌀가루는 중간체에 내린다.
③ 찜기에 준비된 재료를 올려 강한 불에서 찐다.
④ 불을 끄고 5~10분간 뜸을 들인다.

19 ③

기구 및 용기·포장에 관한 기준 및 규격, 표시의무자, 표시대상 및 표시
방법 등에 필요한 사항, 식품 등의 공전을 작성·보급, 조리사 교육을 명
하는 자는 식품의약품안전처장이다.

20 ③

쌀가루에 물을 섞어 체에 내리고 설탕을 섞은 뒤 찐다.

21 ①

② 폴리에틸렌(PE, Polyethylene) : PE는 에틸렌의 중합으로 얻어지는 열에 강한 소재로 주방용품에 많이 사용된다. 가공이 쉬워 다양한 제품군에 사용되며, 페트병의 주원료가 되기도 한다.
③ 폴리프로필렌(PP, Polypropylene) : PP는 프로필렌의 중합으로 얻어지는 열가소성 수지이다. PP는 PE보다 더 질기고 융점이 높으며 인장강도도 크다. 폴리프로필렌은 카펫, 실내 장식품, 음식 및 화장품 병, 장난감, 가구, 자동차 부품에서도 사용되고 있다.
④ 폴리스티렌(PS, Polystyrene) : PS는 스티렌의 중합으로 얻어지는 열가소성 수지이다. 가격이 저렴하고 가공성이 용이하며 투명, 무색이고, 광학적 성질이 우수하며 질긴 특성이 있다.

22 ②

PE는 가공이 쉬워 다양한 제품군에 사용되고 열에 강한 소재이므로 주방용품에 많이 사용된다.

23 ②

떡은 한 김만 식히면 바로 포장을 해야 건조되지 않아 좋은 품질을 유지할 수 있다.

24 ③

멸균 : 병원 미생물뿐만 아니라 균, 아포, 독소 등까지도 사멸시키는 것이다.
① 소독 : 병원성 미생물을 죽이거나 병원성을 약화시키지만 아포는 죽이지 못한다.
② 살균 : 미생물을 사멸 또는 불활성화시키는 것을 말한다.
④ 방부 : 미생물의 증식을 억제하여 균의 발육을 저지시켜 부패나 발효를 방지한다.

25 ①

살모넬라는 열에 약하여 60℃에서 30분간 가열 시 사멸된다. 저온 보존을 하고 조리기구를 청결하게 하면 예방할 수 있다.

26 ①

증편을 만들 때는 구멍의 크기가 0.5~0.7mm 정도인 고운체로 쌀가루를 내린다. 깁체, 가루체라고도 한다.

27 ①

• 무구조충, 민촌충 : 소
• 유구조충, 선모충 : 돼지
• 만소니열두조충 : 닭
• 폐흡충 : 다슬기, 가재, 게

28 ①

황색포도상구균의 잠복기는 1~6시간이다.
② 살모넬라 : 12~24시간(평균 18시간)
③ 비브리오 : 식후 13~18시간
④ 장구균 : 평균 13시간

29 ④

미생물 증식에 필요한 조건으로는 영양소, 수분, 온도, 산소, pH, 삼투압이 있다.

30 ②

세균성 식중독은 2차 감염이 없고 병원성 소화기계 감염병은 2차 감염이 있지만 적은 편에 속한다.

31 ②

떡을 냉장보관하면 노화가 진행되므로 냉동실에 보관하는 것이 적합하다.

32 ①

냉동 시 조직 중에 빙결정의 수가 줄어들고, 대형 빙결정이 생긴다.

33 ①

상화란 밀가루를 부풀려 채소로 만든 소와 팥소를 넣고 찐 증편류를 말한다.
② 증편 : 멥쌀가루에 막걸리를 넣어 발효시켜 찐 떡
③ 사삼병 : 더덕의 껍질을 벗겨 넓게 펴서 쓴맛을 빼고 찹쌀가루를 묻혀 기름에 지진 떡
④ 청애병 : 쑥 잎을 쌀가루에 섞어서 찐 떡

34 ④

조선시대의 책인 1720년 이시필의 소문사설(謏聞事說, 수문사설) 「식치방」에는 28가지의 음식과 조리법이 기술되어 있다.

35 ③

목은집은 1404년 고려시대의 책이다.

36 ④

1765년 해동역사
• "고려사람들이 율고를 잘 만들었다."라고 칭송한 중국인의 견문이 기록되어 있다.
• 원나라 문헌 거가필용에 고려율고라는 밤설기 떡을 소개하고 있다.

37 ②

신석기시대에 갈판과 갈돌로 곡물을 탈곡, 제분해 가공하고, 빗살무늬 토기를 이용해 음식을 보관하고 만들어 먹었음을 알 수 있다.

38 ③

찹쌀에 황률(밤), 백청(꿀), 참기름, 진장(간장), 대추를 넣은 떡은 약밥이다.

39 ①

• 찌다 → 찌기 → 떼기 → 떠기 → 떡
• 죽이 굳은 촉감의 '딱딱'과 '먹다'가 합성되어 떡이 되었다.
• "나누어 먹으며 덕을 베푼다."라는 말에서 나온 말이다.

40 ③

자(餈, 인절미 자)란 곡물을 쪄서 절구에 친 것을 말한다.

41 ②

100% 천연 백련초를 넣고 가열하면 백련초의 색이 연하게 나오므로 백련초의 양을 늘리거나 자색 계열의 다른 발색제를 함께 사용한다.

42 ①

치자는 칼로 쪼개어 물에 담가 놓으면 30분 만에 노란색이 나온다. 물 1/2컵에 치자 약 한 개가 적당하며, 더 진한 색을 원할 때 치자를 더 넣는다.

43 ①

쌀 100%, 설탕 10%, 소금 1.2%, 물 10%의 비율로 백설기 떡을 만든다. 찹쌀가루로 찌는 떡을 하는 경우 물은 5% 정도로 낮춘다.

44 ④

분쇄기의 롤러 재질은 돌(화강암), 세라믹, 스테인리스가 적절하다. 쌀가루를 만들었을 때 무해하고 이물질이 나오지 않는 재질이어야 한다.

45 ②

증기를 통해 약 8~10%의 수분이 쌀가루에 공급된다. 오래 찌면 떡의 아랫면이 질어질 수 있고, 덜 찌면 떡이 익지 않을 수 있으므로 주의가 필요하다.

46 ④

설탕은 착향료가 아니다. 착향료로 쓰이는 재료에는 계피, 유자 등이 있다.

47 ②

즙청이나 캐러멜소스를 만들 때 단단하게 굳는 현상인 결정화를 막기 위해서는 조청이나 물엿을 마지막에 넣으면 좋다.

48 ②

동지에는 팥죽을 끓여 찹쌀 경단(새알심)을 나이만큼 넣어 먹는다.

49 ③

백설기의 의미
• 구설수에 오르지 말고, 잡스러운 일에 연루되지 말라는 의미이다.
• 순수하고 무구하게 크기를 바라는 의미이다.
• 하얗고 맑게 티 없이 자라라는 뜻이다.
• 아이와 산모를 산신의 보호 아래 둔다는 신성한 의미이다.

50 ④

오색송편의 의미
• 다섯 가지 색은 오행, 오덕, 오미, 만물의 조화를 의미한다.
• 속이 채워진 송편은 속이 꽉 찬 아이로 성장하라는 뜻이다.
• 빈 송편은 포용력으로 마음을 넓게 가지라는 뜻이다.

51 ④

신감초는 녹색의 발색제이다.

52 ④

석이버섯은 쇠머리떡 재료로 쓰이지 않는다. 석이는 손질 후 말려 가루로 만들어 석이병을 만드는 데 사용했다.

53 ②

냉장고에 넣어 두거나 오래되어서 딱딱해지는 현상을 노화, 베타화라고 한다.

54 ③

굵은소금, 천일염으로 떡을 만들 때 같이 빻아 사용한다.

55 ①

태어난 지 61세가 되는 날로 육십갑자의 갑이 돌아왔다는 뜻이다.

56 ②

2켜의 떡은 부부 한 쌍을 상징한다.

57 ④

망개떡은 경상도 지역의 떡으로 멥쌀가루를 쪄서 치대고 거피 팥소를 넣고 반달이나 사각 모양으로 빚어 두 장의 망개잎 사이에 넣어 찐 떡이다.

58 ①

• 삼국시대와 통일신라시대 떡의 기록 : 삼국사기, 삼국유사
• 고려시대 떡의 기록 : 지봉유설, 해동역사, 쌍화점, 목은집
• 조선시대 : 도문대작, 음식디미방, 소문사설, 성호사설, 규합총서, 임원경제지, 동국세시기

59 ④

청애병이란 쑥개떡을 말하므로 약식에 대한 설명이 아니다.

60 ③

나진 초도 조개더미에서 바닥에 여러 개의 구멍이 있는 시루가 출토된 것으로 보아 청동기 시대에도 떡을 쪄 먹었을 것이라고 추측한다.

해설과 따로 보는 최신 기출문제 04회

1-193쪽

01 ④	02 ②	03 ①	04 ③	05 ①
06 ③	07 ①	08 ③	09 ②	10 ④
11 ①	12 ③	13 ④	14 ①	15 ④
16 ④	17 ②	18 ①	19 ①	20 ②
21 ②	22 ④	23 ④	24 ①	25 ②
26 ③	27 ①	28 ①	29 ④	30 ①
31 ③	32 ④	33 ③	34 ②	35 ①
36 ④	37 ①	38 ③	39 ①	40 ①
41 ③	42 ④	43 ②	44 ①	45 ①
46 ②	47 ①	48 ①	49 ④	50 ②
51 ④	52 ①	53 ③	54 ②	55 ①
56 ③	57 ③	58 ③	59 ④	60 ①

01 ④

혼돈병 제조 방법

㉠ 거피팥에 간장, 계핏가루를 넣고 볶아 고물을 만들고, 고물의 일부에 밤, 꿀, 대추 등을 넣어 소를 만든다.
㉡ 찹쌀가루와 승검초를 섞어 떡가루를 준비한다.
㉢ 찜기에 볶은 고물을 뿌리고 그 위에 떡가루, 소, 다시 떡가루, 볶은 고물을 덮어 찐다.

02 ②

굵은 소금은 쌀가루의 1.2% 정도 넣고, 발색제는 2% 정도를 넣어야 색이 곱다.

03 ①

쑥 등 발색제를 사용할 경우 원료의 색상에 따라 흰색 → 노랑 → 빨강 → 녹색 → 자주색 등 밝은색에서 짙은 색의 순서로 투입하여 빻으면 좋다.

04 ③

주악은 기름에 튀기는 유전병에 속한다.

05 ①

호화된 밥이나 떡, 죽이 딱딱해지거나 굳는 현상을 노화라고 한다. 떡이나 밥을 냉장고에 보관하면 노화 진행이 빠르다.

06 ③

전분의 호화에 영향을 끼치는 인자
• 가열 온도가 높을수록
• 쌀의 도정률이 높을수록
• 수침 시간이 길수록
• 밥물이 알칼리성일 때
• 전분의 입자가 클수록

07 ①

수수는 찰수수경단, 수수부꾸미, 수수팥떡의 주재료이다.

08 ③

식품 포장의 목적
• 품질 보호 및 보존성
• 제품의 위생적 보관과 보호, 안전성
• 취급 및 운반의 편리성
• 제품의 판촉 및 홍보, 정보성, 상품성
• 물류비 절감, 경제성
• 환경친화성

09 ②

오답 피하기
① 샤프란 – 노란색
③, ④ 연지, 차조기 – 빨간색

10 ④

식이섬유소는 수용성섬유소와 불용성섬유소로 나누어진다. 불용성 섬유소는 물에 녹지 않는 섬유소로 셀룰로오스, 헤미셀룰로오스, 리그닌 등이 있다.

오답 피하기
수용성섬유소(가용성섬유소)란 물에 녹거나 팽윤되며 대장에서 박테리아에 의해 발효되는 섬유소로 펙틴, 검, 뮤실리지가 있다.

11 ①

필수지방산에는 리놀렌산, 리놀레산, 아라키돈산이 있다.

12 ③

수용성비타민은 티아민(비타민 B_1)이다.

오답 피하기
레티놀, 토코페롤, 칼시페롤은 지용성비타민이다.

13 ④

찹쌀은 아밀로펙틴 100%, 멥쌀은 아밀로펙틴 80%와 아밀로오스 20%로 구성되어 있다. 아밀로펙틴의 함량이 높을수록 노화의 진행이 느리다.

14 ①

검은콩은 비타민 E가 풍부하고, 비타민 C가 부족하다.

15 ④

쑥설기는 무리떡이다.

16 ④

쇠머리떡에는 부재료로 서리태, 호박고지, 팥, 밤, 대추 등이 들어간다.

17 ②

오답 피하기
① 깨는 씻어서 불리지 않는다.
③ 소금으로 간을 하여 볶는다.
④ 맷돌 혹은 믹서에 갈아 고운체에 내린다.

1-218 PART 06 · 정답 & 해설

18 ①

결합수는 용질에 대하여 용매로 작용하지 않는다.

오답 피하기

자유수는 용매로 작용해서 전해질을 잘 녹인다.

19 ①

알칼리성 식품으로는 우유, 대두, 채소, 해초, 고구마, 감자, 과일, 흑설탕이 있다.

오답 피하기

산성 식품으로는 곡류, 육류, 알류, 치즈, 대두를 제외한 두류, 버터, 어류가 해당된다.

20 ②

결합조직의 콜라겐이 젤라틴화되면서 조직이 부드러워진다.

21 ②

산가

• 유지 1g 중에 함유되어 있는 유리지방산을 중화하는 데 필요한 수산화칼륨(KOH)의 mg 수이다.
• 유리지방산의 함량을 측정하여 지방질 식품 품질 지표로 삼고 있다.

오답 피하기

① 검화가 : 유지 1g을 완전히 검화시키는 데 필요한 수산화칼륨(KOH)의 mg 수를 나타내며, 지방산의 분자량에 반비례하므로 이는 지방산 사슬의 장단을 추정하는 척도가 된다.
③ 요오드가 : 유지를 구성하고 있는 지방산에 함유된 이중결합의 수를 나타낸다.
④ 아세틸가 : 유지 혹은 납에 존재하는 유리된 히드록시기 양의 척도이다.

22 ④

유당은 우유에 함유된 탄수화물로서 이당류에 해당한다.

23 ④

아미노산의 일종으로 타우린의 주된 생리작용으로는 담즙 생성, 콜레스테롤 농도 조절, 이온의 세포막 투과성 조절, 항산화 작용, 과도한 신경흥분 억제 등이 있다.

24 ①

채소는 1%의 식염수에 데칠 때 색이 선명해지고 물러지지 않으며 조직이 파괴되지 않는다.

25 ②

병원체가 세균인 전염병에는 디프테리아, 백일해, 결핵, 성홍열, 폐렴, 장티푸스, 파라티푸스, 세균성이질, 콜레라 등이 있다.

오답 피하기

전염성 간염, 폴리오, 홍역의 병원체는 바이러스이다.

26 ③

자외선의 도르노선은 인체에 유익한 작용을 하고, 관절염 치료에 효과적이다.

27 ①

수질오염으로 인한 수인성전염병의 증세로는 구토, 복통, 설사 등이 있다.

28 ①

채소류로부터 감염되는 기생충은 요충, 십이지장충, 회충, 편충, 동양모양선충 등이 있다.

오답 피하기

• 무구조충 : 소
• 유구조충, 선모충 : 돼지

29 ④

요오드 반응

• 찹쌀 : 적갈색
• 멥쌀 : 청자색

30 ①

쑥개떡은 멥쌀로 만드는 떡이다.

31 ③

빙떡은 메밀가루로 만든 떡이다.

32 ④

유전병은 기름에 지지는 떡으로 화전, 부꾸미 등이 이에 해당된다. 구름떡은 찹쌀가루를 쪄서 구름모양으로 만드는 떡이다.

33 ④

쑥이나 수리취 등을 섞어 반죽을 하면 노화가 더뎌진다.

34 ②

오답 피하기

① 키 : 곡식들을 까불러(아래위로 또는 양옆으로 가볍게 흔들어 주는 것) 가벼운 쭉정이는 바람에 날아가거나 앞에 남고, 무거운 것은 뒤로 모여 따로 구분할 수 있다.
③ 조리 : 쌀을 씻어 일어 돌을 걸러 낼 때 사용한다.
④ 쳇다리 : 체를 올려놓을 때 사용한다.

35 ①

굵은체 : 어레미, 도드미, 얼레미, 얼맹이라고도 함. 구멍의 크기 3mm 이상, 고물용으로 적합

오답 피하기

• 중간체 : 중거리, 구멍의 크기 2mm, 시루떡용으로 적합
• 고운체 : 깁체, 가루체, 구멍의 크기 0.5~0.7mm, 증편용으로 적합

36 ④

• 펀칭기 : 인절미, 바람떡, 꿀떡 등을 치대거나 반죽을 해서 찰기가 생기게 한다.
• 제병기 : 모양틀을 용도에 맞게 꽂아 가래떡, 절편, 떡볶이떡 등을 뽑을 수 있다.

37 ①

오답 피하기

② 도병 : 시루에 찐 떡을 안반이나 절구로 쳐서 끈기가 나게 만든 떡이다
③, ④ 유(전)병 : 쌀가루에 물이나 막걸리를 넣어 반죽해서 지지는 떡이다.

38 ③

녹두시루떡은 켜떡에 해당된다.

39 ③

송편은 물에 삶지 않고 찜통에 20분간 찐 후 5분간 뜸을 들인다.

40 ①

멸균 : 병원 미생물뿐만 아니라 균, 아포, 독소 등을 사멸시키는 것이다.

오답 피하기

② 살균 : 미생물을 사멸 또는 불활성화시키는 것을 말한다.

③ 소독 : 병원성 미생물을 죽이거나 병원성을 약화시키지만 아포는 죽이지 못한다.

④ 방부 : 미생물의 증식을 억제하여 균의 발육을 저지시켜 부패나 발효를 방지한다.

• 살균 작용의 정도 : 멸균 〉 살균 〉 소독 〉 방부

41 ③

오답 피하기

떡의 어원

① 빙떡 : 돌돌 말아서 만든다고 해서 빙떡, 멍석처럼 말아 감는다고 해서 멍석떡이라고 불렀다.

② 구름떡 : 썬 모양이 구름 모양과 같다고 하여 붙여진 이름이다.

④ 오그랑떡 : 떡을 삶는 과정에서 모양이 동그랗게 오그라든 모양 같다고 해서 붙여진 이름이다.

42 ④

석탄병이란 맛이 차마 삼키기 아까울 정도로 좋다고 하여 붙여진 이름이다.

43 ②

쌀은 풍부하지 않아 피, 기장, 조, 수수 등의 곡물로 떡을 만들어 먹었을 것이라 추정한다.

44 ①

동국세시기에는 떡국이 '백탕'이나 '병탕'이라고 기록되어 있다. 겉모양이 흰색이라 백탕, 떡을 넣고 끓인 탕이라 병탕이라고 한다. 나이를 물을 때 "병탕 몇 사발 먹었느냐?"라고 하는 데서 유래하여 '첨세병(添歲餠)'이라 부르기도 한다.

45 ①

오답 피하기

②, ③ 관혼상제, 농업기술의 발전 : 조선시대

④ 불교의 영향 : 고려시대

46 ②

고려율고란 그늘에 말린 밤의 껍질을 벗기고 찧어서 가루를 낸 다음 찹쌀가루를 2/3 정도 섞어 꿀물로 반죽한 다음 쪄서 먹는 떡을 말한다.

47 ③

고려가요 쌍화점

• "쌍화점에 쌍화사러 갔더니만 회회(몽고인) 아비 내 손목을 쥐었어요."

• 당시 고려에 와있던 아라비아 상인과 고려 여인과의 남녀관계를 노래한 속요가 나온다. 그 내용에 쌍화점이 등장하는 것으로 보아 당시에 최초의 떡집이 생겨났고 떡이 상품화되어 널리 보급되었음을 알 수 있다.

48 ①

햇녹두를 갈아 팥소나 밤소를 가운데 놓고 지진 떡으로 빈자떡, 빈자병 등의 이름으로 불리며 지금의 녹두빈대떡과 유사하다.

49 ④

조선시대 기록인 해동역사에는 고려시대 떡이 기록되어 있다.

오답 피하기

소문사설, 규합총서, 음식디미방은 조선시대의 기록물이다.

50 ②

정월대보름

• 1년의 첫 보름으로 1년 농사를 준비한다.

• 까마귀에게 보은하는 약식을 만들었다.

51 ④

중화절

• 상전이 노비에게 송편을 나이만큼 먹이고 새해 농사의 시작을 수고한다는 의미로 노비송편을 만들어 주었다.

• 2월 초하루를 삭일이라고 하여 삭일송편이라고도 한다.

52 ①

찹쌀가루를 익반죽해서 그 위에 진달래꽃을 올리고 번철에 기름을 둘러 지져 먹는 유전병은 삼짇날에 먹는다.

53 ②

한식

• 4대 명절은 설날, 단오, 추석, 한식이다.

• 한식에는 쑥이 많이 나와 쑥절편, 쑥단자, 쑥떡 등을 해 먹는다.

54 ②

통과의례에는 삼칠일, 백일, 돌, 책례, 혼례, 회갑, 제례 등이 있다.

55 ①

삼칠일은 3×7=21일을 뜻한다.

56 ③

삭일송편은 중화절에 노비가 먹는 송편이며, 백일에는 오색송편을 먹는다.

57 ③

신부집에 함이 들어오면 함을 시루 위에 놓고 북향재배 후 함을 여는데 이때 사용하는 떡이 봉채떡(봉치떡, 붉은팥시루떡)이다.

• 혼례 당일에는 달떡과 색떡을 올렸다.
  – 달떡 : 보름달처럼 둥글고 꽉차게 밝게 비추며 살아가라는 뜻
  – 색떡 : 신랑,신부 한쌍의 부부를 의미

• 이바지음식으로는 인절미와 절편을 보냈다.

58 ②

꽃송편은 전라도 지역의 떡이다.

59 ④

• 전라도 : 영산강, 섬진강 주변의 벼농사 영향으로 쌀이 많이 재배되고, 여러 가지 과일, 채소가 풍부하여 음식 및 떡이 사치스럽고 가짓수가 많다.

• 경상도 : 쌀, 보리 등의 농산물이 풍부하며, 산간지역에서 나는 망개잎, 모싯잎으로도 떡을 만든다.

60 ①

웃기란 음식의 모양과 빛깔을 보기 좋게 하고, 식욕을 돋우기 위하여 음식 위에 올려 놓는 재료로서 떡의 웃기로는 주악이나 단자가 있다.

01	①	02	③	03	④	04	①	05	①
06	④	07	③	08	③	09	②	10	④
11	③	12	②	13	①	14	①	15	①
16	①	17	④	18	④	19	②	20	②
21	③	22	②	23	④	24	②	25	②
26	③	27	④	28	③	29	①	30	①
31	①	32	③	33	②	34	①	35	①
36	④	37	③	38	②	39	④	40	④
41	③	42	①	43	④	44	①	45	②
46	④	47	②	48	①	49	①	50	③
51	②	52	①	53	②	54	②	55	①
56	④	57	④	58	④	59	①	60	④

01 ①

안남미쌀은 인디카형 쌀에 속한다.

오답 피하기

쌀의 품종

② 인디카형 : 쌀알의 길이가 길어 장립종이라 하며, 찰기가 적어 잘 날리고 불투명하며, 씹을 때 단단하다. 세계 생산량의 90%를 차지하는 품종이다.

③ 자포니카형 : 낱알의 길이가 짧고 둥글기 때문에 단립종이라 하며, 찰기가 있는 품종이다.

④ 자바니카형 : 낱알 길이와 찰기가 인디카형과 자포니카형의 중간 정도이다.

02 ③

오답 피하기

① 전분이 날 것인 상태를 베타전분이라고 한다.

② 가열하면 알파전분이 되어 호화가 된다.

④ 전분의 입자가 클수록 호화가 잘 이루어진다.

03 ④

오답 피하기

③ 호정화란 전분을 160℃ 이상의 건열로 가열 시 여러 단계의 가용성 전분을 거쳐 덱스트린으로 분해되는 과정을 말한다.

04 ①

쌀, 밀, 옥수수, 보리는 세계 4대 작물이다.

05 ①

오답 피하기

보리, 수수, 기장은 곡류이다.

06 ④

오답 피하기

① 밤 : 5대 영양소, 비타민 B₁, 비타민 C가 풍부

② 호두 : 비타민 A, 비타민 B, 오메가 3 지방산, 리놀렌산이 풍부

③ 임자(참깨) : 삼국유사, 삼국사기에 진유(참기름)가 혼수용품으로 기록

07 ③

오답 피하기

① 요오드 용액을 넣으면 청자색으로 변한다.

② 아밀로펙틴 80%, 아밀로오스 20%로 구성되어 있다.

④ 글루코오스로 구성되어 있다.

08 ③

무는 채소류에 속하며 서류에는 감자, 고구마, 마, 토란 등이 있다.

09 ②

오답 피하기

유화제는 기포 안정성, 유화 안정성, 보습력, 노화 방지의 효과가 있다.

10 ④

샤프란은 황색의 발색제이다.

오답 피하기

오미자, 지초, 코치닐은 빨간색의 발색제이다.

11 ③

- 바이러스에 의한 감염 : 인플루엔자, 천연두(두창), 홍역, 유행성이하선염, 급성회백수염(소아마비=폴리오), 유행성간염, 일본뇌염, 광견병(공수병), AIDS 등
- 세균에 의한 감염 : 디프테리아, 백일해, 결핵, 성홍열, 폐렴, 나병, 장티푸스, 파라티푸스, 세균성이질, 콜레라, 페스트, 파상풍 등

12 ②

통조림 철에 녹이 스는 것을 막기 위해 표면에 주석을 입힌다. 이 주석은 산성이 강한 과일, 캔, 주스 등이 담긴 통조림에서 용출될 가능성이 높다.

13 ①

청매 중독은 곰팡이 중독이 아니라 식물성 식중독의 중독증상이다.

14 ①

결합수	자유수
용질에 대하여 용매로 작용하지 않는다.	전해질을 잘 녹인다(용매 작용).
건조로 쉽게 제거되지 않는다.	건조로 쉽게 제거된다.
−20℃에서도 동결되지 않는다.	0℃ 이하에서 쉽게 동결된다.
미생물 증식에 이용되지 않는다.	미생물의 번식과 발아에 이용된다.
밀도가 크다.	표면 장력, 점성, 비열이 크다.

15 ①

오답 피하기

식품의 주요 향미 성분

- 알코올 및 알데히드류 : 주류, 바닐라향, 감자, 오이, 복숭아, 계피
- 테르펜 : 녹차, 레몬, 오렌지
- 유황화합물 : 무, 파, 마늘, 양파, 간장
- 퓨란류 : 커피, 빵, 조리된 가금류, 카제인나트륨, 콩 등의 가열처리 제품

16 ①

오답 피하기

포도당, 과당, 갈락토오스는 단당류에 해당한다.

17 ④

원인	직업병
고열 환경	열중증(열쇠약증, 열경련증, 열사병)
저온 환경	동상, 동창, 참호족염
고압 환경	잠함병, 잠수병
저압 환경	고산병, 항공병
분진	진폐증, 규폐증, 석면폐증, 활석폐증

18 ④

가시광선은 망막을 자극하여 색채를 부여하고 명암을 구분하는 파장이다.

19 ②

감수성지수

두창, 홍역(95%) 〉백일해 〉성홍열 〉디프테리아 〉소아마비(0.1%)

20 ②

버터는 지방 중에 물이 분산된 형태로 유중수적형 식품에 해당된다.

21 ③

탄수화물은 총 열량의 65% 섭취가 적당하다.

22 ②

• 생리작용조절식품 : 무기질, 비타민
• 체조직구성식품 : 단백질, 무기질
• 3대 영양소 : 탄수화물, 단백질, 지질

23 ④

오메기떡은 물에 삶는 경단류이다.

24 ③

인절미처럼 쳐서 만드는 떡을 도병이라고 한다.

25 ②

증편, 쑥개떡, 송편은 멥쌀로, 두텁떡은 찹쌀로 만든 떡이다.

26 ③

① 화전 : 찹쌀가루를 익반죽하고 동그랗게 빚어 진달래, 국화꽃 등을 붙여서 지진 떡이다.
② 곤떡 : 익반죽한 찹쌀가루를 지치기름(붉은색)에 지진 다음 시럽을 끼얹는다.
④ 빙떡 : 메밀가루에 물을 넣어 묽게 반죽하여 지지고 안에 무채를 소로 넣어 말아서 만든다.

27 ④

① 주악 : 찹쌀가루에 막걸리를 넣어 반죽하고 빚어 튀긴 떡이다.
② 부꾸미 : 찹쌀, 수수, 녹두가루를 익반죽해서 납작하게 만들어 지지고 안에 소를 넣어 반 접어 만든 떡이다.
③ 곤떡 : 익반죽한 찹쌀가루를 지치기름(붉은색)에 지진 다음 시럽을 끼얹는다.

28 ③

찹쌀을 불려서 빻으면 무게가 약 1.4배 늘어난다. 800×1.4=1,120

29 ①

쌀을 흐르는 물에 깨끗이 씻어 약 8~12시간 불린다.

30 ①

찹쌀은 아밀로펙틴의 함량이 높아 입자가 고우면 시루에 찔 때 김이 올라오지 않을 수 있다. 때문에 한 번만 빻고 체에 여러 번 내리지 않아야 하며, 찌다가 중간에 막힌 부분이 없는지 확인하여 김이 올라오게 숨구멍을 만드는 것이 좋다.

31 ①

• 쳇다리 : 체를 올려놓을 때 사용한다.
• 이남박(인함박) : 나무바가지 모양으로, 안에 요철이 있어 곡식을 씻을 때 돌을 분리할 수 있다.
• 떡살 : 절편을 만들 때 꽃, 선, 수레 모양을 내는 도구로, 나무나 사기로 만들어진다.
• 안반(떡판) : 떡을 칠 때 사용하는 넓고 긴 나무판이다.

32 ②

골무떡은 도병, 주악과 빙떡은 유병에 해당된다.

33 ②

증병은 찌는 떡이고, 부꾸미와 유병은 지지는 떡이다.

34 ④

호박고지는 물에 가볍게 씻고 물에 10분간 불린 후 물기를 짜고 사용한다.

35 ④

200g은 무게이고, 1컵(200cc)은 부피이다. 쌀가루의 수분함량에 따라 달라지지만 1컵은 약 90~110g이다. 무게와 부피를 혼용하지 않고 계량하는 것이 좋다.

36 ④

치자는 노란색의 발색제이다.

37 ③

설탕을 먼저 넣어 체에 내리거나 바로 찌지 않으면 쌀가루의 수분이 설탕 주변으로 뭉쳐서 투명하게 변하고 얼룩덜룩해질 수 있으므로, 설탕은 찌기 직전에 넣는 것이 좋다.

38 ②

① 찹쌀은 씻어서 5시간 이상 불린 다음 물기를 빼고, 찜통에서 약 1시간 무르게 찐다.
③ 찜통에서 약 40분을 찌고 꿀, 계핏가루, 참기름을 섞는다.
④ 식은 후 포장하여 냉동고에 넣어 보관한다.

39 ②

찜기에 젖은 면보를 깔고 설탕을 솔솔 뿌린다.

40 ④

펀칭기는 인절미, 바람떡, 꿀떡 등을 만들 때 치대거나 반죽을 해서 찰기가 생기게 하는 현대식 도구이다.

41 ③

찹쌀떡류를 할 때 떡이 찜기에 들러붙는 것을 방지하기 위해 젖은 면보 위에 설탕을 뿌리면 익히고 난 후 깔끔하게 잘 떨어진다.

42 ①

포장을 하는 것 자체는 친환경적이지 않다. 때문에 가급적 종이나 자연분해되는 포장지를 사용하는 것이 좋다.

43 ④

동결화상은 지방의 산화로 인한 변화이다.

44 ①

급속 동결하는 것이 조직의 변화가 가장 적어 떡의 품질을 유지하는 좋은 방법이다.

45 ④

앞치마는 조리용, 서빙용, 세척용으로 용도에 따라 색상을 달리 하거나 구분하여 사용한다. 위생장갑은 용도에 전처리용, 조리용, 설거지용, 청소용 등으로 용도에 따라 색상별로 구분, 관리할 수 있다.

46 ④

조리사 면허의 취소처분을 받고 그 취소된 날부터 1년이 지나지 아니한 자

47 ②

Torula(토룰라)는 효모이다.

> **오답 피하기**

곰팡이의 종류

종류	식품
Aspergillus(누룩곰팡이) 속	누룩과 메주 제조에 이용
Penicillium(푸른곰팡이) 속	치즈의 제조, 떡, 빵, 과일 등에 번식
Mucor(털곰팡이) 속	전분의 당화나 치즈 숙성에 이용
Rhizopus(거미줄곰팡이) 속	채소, 과일, 빵에 번식, 술 양조에 이용

48 ①

구분	정의
변패	식품 성분 중 탄수화물, 지방이 분해되어 변질되는 현상
부패	단백질 식품이 미생물에 의해 분해되어 악취, 유해 물질이 생성되는 현상
산패	지방질 식품이 산화되어 불쾌한 냄새를 형성하고, 성분과 색이 변질되는 현상
발효	탄수화물 식품이 미생물에 의해 알코올과 유기산을 생성하여 유용한 물질을 만들어 내는 현상

49 ①

제1급감염병(17종)
- 생물테러감염병 또는 치명률이 높거나 집단 발생 우려가 커서 발생 또는 유행 즉시 신고하고 음압격리가 필요한 감염병
- 에볼라바이러스병, 마버그열, 라싸열, 크리미안콩고출혈열, 남아메리카출혈열, 리프트밸리열, 두창, 페스트, 탄저, 보툴리눔독소증, 야토병, 신종감염병증후군, 중증급성호흡기증후군(SARS), 중동호흡기증후군(MERS), 동물인플루엔자인체감염증, 신종인플루엔자, 디프테리아

50 ③

유흥주점은 허가업종이다.

> **오답 피하기**

영업신고를 하여야 하는 업종
- 특별자치도지사 또는 시장 · 군수 · 구청장에게 신고한다.
- 즉석판매제조 · 가공업
- 식품운반업
- 식품소분 · 판매업
- 식품냉동 · 냉장업
- 용기 · 포장류제조업
- 휴게음식점영업, 일반음식점영업, 위탁급식영업 및 제과점영업

51 ②

- 약편은 대추를 넣어 찐 설기떡이다.
- 약식은 찹쌀을 쪄서 간장, 꿀, 밤, 대추를 넣어 찐 떡이다.

52 ①

쑥설기는 이른 봄에 나온 어린 생쑥을 쌀가루와 함께 버무려 쪄서 만드는 것이다.

53 ②

> **오답 피하기**

① 서울, 경기 : 산병
③ 충청도 : 곤떡
④ 제주도 : 상애떡

54 ②

생김새가 누에고치와 같아 붙여진 떡의 이름은 고치떡이다.

> **오답 피하기**

③ 웃찌찌 (웃지지, 우찌찌) : 찹쌀가루를 익반죽하고 소를 넣어 반으로 접어 기름에 지진 것으로 그 모양과 색이 화려하고 고우므로 주로 편의 웃기떡으로 쓰는 떡을 말한다.
④ 삐삐떡 : 삐삐는 짚 대신 지붕을 엮는 데 쓰이는 띠의 어린 새순으로 전라도 지역에서는 삐삐(삘기)를 훑어 절구에 찧어 멥쌀에 섞은 뒤 가루를 만들고 이 가루를 익반죽하여 송편을 빚었다.

55 ①

> **오답 피하기**

② 주악 : 찹쌀가루에 막걸리를 넣어 익반죽하여 튀겨서 만든 떡으로 삼복에 먹는다.
③ 상화 : 밀가루에 술을 넣어 발효한 떡이다.
④ 경단 : 밀가루에 물을 넣어 반죽하여 삶는 떡이다.

56 ④

경단은 삶는 떡이며 발효와는 상관이 없다. 증편은 멥쌀가루, 주악은 찹쌀가루, 상화는 밀가루에 술을 넣어 발효하는 떡으로 주로 여름철에 만드는 떡이다.

57 ④

통과의례와 떡
- 삼칠일 : 백설기
- 백일 : 백설기, 수수팥경단, 오색송편, 무지개떡
- 혼례 : 봉채떡(붉은팥시루떡), 달떡, 색떡, 이바지음식(인절미, 절편)
- 회갑 : 백편, 꿀편, 승검초편, 화전, 주악, 단자 등 웃기

58 ④

혼례 당일에 올리는 색떡은 부부 한 쌍을 의미하며, 봉채떡에서 대추와 밤은 자손의 번창을 의미한다.

59 ①

오답 피하기
② 전라도 : 삐삐떡
③ 강원도 : 도토리송편
④ 경상도 : 유자잎인절미

60 ④

평안도에서는 떡을 주로 잡곡으로 만들고, 크고 소박한 것이 특징이다. 화려하게 만든 꽃송편이 있는 지역은 전라도이다.

이렇게 기막힌 적중률

떡제조기능사

필기+실기

2권 · 실기

올인원

All in One

최경선(조리기능장, 스타요리커피학원장) 저

25

· 2025년 수험서 ·

수험서 20,000원

ISBN 978-89-314-7674-3

조리모 카페
합격 전담마크! 핵심자료부터
실시간 Q&A까지 다양한 혜택 받기

100% 무료 강의
인증만 하면, 교재와 연계된
고퀄리티 강의가 무료

YoungJin.com Y.
영진닷컴

누적 판매부수 약 1400만 부,
누적 조회수 약 3400만 회를 달성한

이기적 명품 강사진

실기 차례

이기적 떡제조 영상

▶ 표시된 부분은 동영상 강의가 제공됩니다.
이기적 홈페이지(license.youngjin.com)에 접속하여 시청하세요.

▶ 제공하는 동영상과 PDF 자료는 1판 1쇄 기준 2년간 유효합니다.
단, 출제기준안에 따라 동영상 내용은 변경될 수 있습니다.

·· ▶ 합격 강의

※ 사진 도움 – 이정형

시험 안내

01 실기시험 출제기준

직무내용
곡류, 두류, 과채류 등과 같은 재료를 이용하여 식품위생과 개인안전관리에 유의하여 빻기, 찌기, 발효, 지지기, 치기, 삶기 등의 공정을 거쳐 각종 떡류를 만드는 직무이다.

수행준거
1. 재료를 계량하여 전처리한 후 빻기 과정을 거쳐 준비할 수 있다.
2. 떡의 모양과 맛을 향상시키기 위하여 첨가하는 부재료를 찌기, 볶기, 삶기 등의 각각의 과정을 거쳐 고물을 만들 수 있다.
3. 준비된 재료를 찌기, 치기, 삶기, 지지기, 빚기 과정을 거쳐 떡을 만들 수 있다.
4. 식품가공의 작업장, 가공기계 · 설비 및 작업자의 개인위생을 유지하고 관리할 수 있다.
5. 식품가공에서 개인 안전, 화재 예방, 도구 및 장비안전 준수를 할 수 있다.
6. 고객의 건강한 간식 및 식사대용의 제품을 생산하기 위하여 재료의 준비와 제조과정을 거쳐 상품을 만들 수 있다.

설기떡류 만들기	켜떡류 만들기	빚어 찌는 떡류 만들기
1. 설기떡류 재료 준비하기 2. 설기떡류 재료 계량하기 3. 설기떡류 빻기 4. 설기떡류 찌기 5. 설기떡류 마무리하기	1. 켜떡류 재료 준비하기 2. 켜떡류 재료 계량하기 3. 켜떡류 빻기 4. 켜떡류 고물 준비하기 5. 켜떡류 켜 안치기 6. 켜떡류 찌기 7. 켜떡류 마무리하기	1. 빚어 찌는 떡류 재료 준비하기 2. 빚어 찌는 떡류 재료 계량하기 3. 빚어 찌는 떡류 빻기 4. 빚어 찌는 떡류 반죽하기 5. 빚어 찌는 떡류 빚기 6. 빚어 찌는 떡류 찌기 7. 빚어 찌는 떡류 마무리하기

빚어 삶는 떡	약밥 만들기	인절미 만들기
1. 빚어 삶는 떡류 재료 준비하기 2. 빚어 삶는 떡류 재료 계량하기 3. 빚어 삶는 떡류 빻기 4. 빚어 삶는 떡류 반죽하기 5. 빚어 삶는 떡류 빚기 6. 빚어 삶는 떡류 삶기 7. 빚어 삶는 떡류 마무리하기	1. 약밥 재료 준비하기 2. 약밥 재료 계량하기 3. 약밥 혼합하기 4. 약밥 찌기 5. 약밥 마무리하기	1. 인절미 재료 준비하기 2. 인절미 재료 계량하기 3. 인절미 빻기 4. 인절미 찌기 5. 인절미 성형하기 6. 인절미 마무리하기

고물류 만들기	가래떡류 만들기	찌는 찰떡류 만들기
1. 찌는 고물류 만들기 2. 삶는 고물류 만들기 3. 볶는 고물류 만들기	1. 가래떡류 재료 준비하기 2. 가래떡류 재료 계량하기 3. 가래떡류 빻기 4. 가래떡류 찌기 5. 가래떡류 성형하기 6. 가래떡류 마무리하기	1. 찌는 찰떡류 재료 준비하기 2. 찌는 찰떡류 재료 계량하기 3. 찌는 찰떡류 빻기 4. 찌는 찰떡류 찌기 5. 찌는 찰떡류 성형하기 6. 찌는 찰떡류 마무리하기

지지는 떡	위생관리	안전관리
1. 지지는 떡류 재료 준비하기 2. 지지는 떡류 빻기 3. 지지는 떡류 지지기 4. 지지는 떡류 마무리하기	1. 개인위생 관리하기 2. 가공기계 · 설비위생 관리하기 3. 작업장 위생 관리하기	1. 개인 안전 준수하기 2. 화재 예방하기 3. 도구 · 장비안전 준수하기

실기시험 준비물

도구	규격	수량
스크레이퍼	재질, 크기, 색깔 제한 없음(150mm 정도)	1개
계량컵	200mL	1세트
계량스푼		1세트
기름솔	소형	1개
위생복	흰색 상하의(공단 세부기준에 따름)	1벌
위생모	흰색	1개
작업화	공단 세부기준에 따름	1족
면장갑	작업용	1켤레
위생장갑	비닐, 니트릴, 라텍스 등 조리용	5켤레
칼	조리용	1개
마스크	일반용	1개
나무젓가락	30~50cm 정도	1세트
나무주걱, 뒤집개	뒤집개는 요리할 때 음식을 뒤집는 기구	1개
면보	30×30cm 정도	1장
위생행주	면, 키친타올	1개
가위	가정용	1개
키친페이퍼		1개
비닐	50×50cm 정도	필요량만큼
저울	조리용	1대
자루체	경단 건지는 용도	1개
중간체	다용도(어레미 가능)	1개
볼(bowl)	대 · 중 · 소/스테인리스, 플라스틱 가능	각 1개씩
냄비		1개
대나무 찜기	외경 기준 지름 25*내경 기준 높이 7cm 정도 물솥, 시루망(면보, 실리콘패드) 밑 시루 일체 포함	2세트
절구공이(나무밀대, 방망이)	조리용	1개
접시	조리용	2개
후라이팬		1개
절구	고물 제조 용도	1개

원형틀	직경 5.5cm 정도 개피떡(바람떡) 제조 용도	1개

물솥

7cm
25cm
찜기

볼

붓

저울

지름 28cm 정도
체

스크래이퍼

시룻밑

03 수험자 유의사항

① 항목별 배점은 [정리 정돈 및 개인 위생 14점], [각 과제별 43점씩 × 2가지 = 총 86점]이며, 요구사항 외의 제조 방법 및 채점 기준은 비공개입니다.

② 시험 시간은 재료 전처리 및 계량 시간, 정리 정돈 등 모든 작업 과정이 포함된 시간입니다(시험 시간 종료 시까지 작업대 정리를 완료).

③ 수험자 인적사항은 검은색 필기구만 사용하여야 합니다. 그 외 연필류, 유색 필기구, 지워지는 펜 등은 사용이 금지됩니다.

④ 시험 전 과정 위생 수칙을 준수하고 안전사고 예방에 유의합니다.

• 시작 전 간단한 가벼운 몸풀기(스트레칭) 운동을 실시한 후 시험을 시작하십시오.

• 위생 복장의 상태 및 개인 위생(장신구, 두발 · 손톱의 청결 상태, 손 씻기 등)의 불량 및 정리 정돈 미흡 시 실격 또는 위생 항목 감점 처리됩니다.

⑤ 작품 채점(외부 평가, 내부 평가 등)은 작품 제출 후 채점됨을 참고합니다.

⑥ 수험자는 제조 과정 중 맛을 보지 않습니다(맛을 보는 경우 위생 부분 감점).

⑦ 요구사항의 수량을 준수합니다(요구사항 무게 잔량/과제별 최소 제출 수량 준수).

- 「지급재료목록 수량」은 「요구사항 정량」에 여유량이 더해진 양입니다.
- 수험자는 시험 시작 후 저울을 사용하여 요구사항대로 정량을 계량합니다(계량하지 않고 지급재료 전체를 사용하여 크기 및 수량이 초과될 경우 '재료 준비 및 계량 항목'과 '제품평가' 0점 처리).
- 계량은 하였으나, 제출용 떡 제품에 사용해야 할 떡 반죽(쌀가루 포함)이나 부재료를 사용하지 않고 지나치게 많이 남기는 경우, 요구사항의 수량에 미달될 경우는 '제품 평가' 0점 처리
- 단, 찜기의 용량을 초과하여 반죽을 남기는 경우는 제외하며, 용량 초과로 떡 반죽(쌀가루 포함) 및 부재료를 남기는 경우는 찜기에 반죽을 넣은 후 손을 들어 남은 떡 반죽과 재료에 대해서 감독위원에게 확인을 받아야 함
⑧ 요구사항에 명시된 도구 외 '몰드, 틀' 등과 같은 기능 평가에 영향을 미치는 도구는 사용을 금합니다(사용 시 감점).
- 쟁반, 그릇 등을 변칙적으로 몰드 용도로 사용하는 경우는 감점
⑨ 찜기를 포함한 지참준비물이 부적합할 경우는 수험자의 귀책사유이며, 찜기가 지나치게 커서 시험장 가스레인지 사용이 불가할 경우는 가스 안전상 사용에 제한이 있을 수 있습니다.
⑩ 의문 사항은 손을 들어 문의하고 그 지시에 따릅니다.
⑪ 다음 사항은 실격에 해당하여 채점 대상에서 제외됩니다.
- 수험자 본인이 수험 도중 시험에 대한 포기 의사를 표현하는 경우
- 위생복 상의, 위생복 하의(또는 앞치마), 위생모, 마스크 중 1개라도 착용하지 않은 경우
- 시험 시간 내에 2가지 작품 모두를 제출대(지정 장소)에 제출하지 못한 경우
- 모양, 제조 방법(찌기를 삶기로 하는 등)을 준수하지 않았을 경우
- 상품성이 없을 정도로 타거나 익지 않은 경우(제품 가운데 부분의 쌀가루가 익지 않아 생쌀가루 맛이 나는 경우, 익지 않아 형태가 부서지는 경우)
  ※ 찜기 가장자리에 묻어나오는 쌀가루 상태는 채점 대상이 아니며, 콩의 익은 정도는 감점 대상(실격 대상 아님)
- 지급된 재료 이외의 재료를 사용한 경우(재료 혼용과 같이 해당 과제 외 다른 과제에 필요한 재료를 사용한 경우도 포함)
  ※ 기름류는 실격 처리가 아닌 감점 처리이므로 지급재료 목록을 확인하여 기름류 사용에 유의(단, 떡 반죽 재료 또는 떡 기름칠 용도로 직접적으로 사용하지 않고 손에 반죽 묻힘 방지용으로는 사용 가능)
- 시험 중 시설 · 장비의 조작 또는 재료의 취급이 미숙하여 위해를 일으킬 것으로 감독위원 전원이 합의하여 판단한 경우

※ 수험자에게 공개문제가 사전에 공지되었으므로 수험자가 적합한 찜기를 지참하여야 하며, 전량 제조가 원칙입니다. 요구사항의 수량을 준수하여야 하며, 떡 반죽(쌀가루 포함)이나 부재료를 지나치게 많이 남기거나 전량을 제출하지 않는 경우는 제품평가 전항목을 0점 처리합니다. 단, 찜기의 용량을 초과하여 반죽을 남기는 경우는 제외하며, 용량 초과로 떡 반죽(쌀가루 포함) 및 부재료를 남기는 경우는 찜기에 반죽을 넣은 후 손을 들어 남은 떡 반죽과 재료에 대해서 감독위원에게 확인을 받도록 합니다.

※ 종이컵, 호일, 랩, 종이호일, 1회용 행주 등 일반적인 조리용 도구는 사용이 가능합니다. 자, 눈금칼, 몰드, 틀 등과 같이 기능 평가에 영향을 미치는 도구는 사용을 금합니다. 시험시간 안내는 감독위원의 지시 및 안내에 따르며, 개인용 타이머나 스톱워치는 소리 및 진동에 의해 다른 수험자에게 피해가 가지 않도록 사용에 유의합니다. 손목시계 착용은 금지됩니다(착용 시 위생 0점).

※ 제조가 완료되면 그릇에 담아 작품 제출대에 제출하고 작업대 정리정돈을 합니다.

04 공개문제 예시

[공개]   ⑤
국가기술자격 실기시험문제

자격종목	떡제조기능사	과 제 명	흑임자시루떡, 개피떡(바람떡)

※문제지는 시험종료 후 본인이 가져갈 수 있습니다.

비번호		시험일시		시험장명	

※ 시험시간 : 2시간

1. 요구사항

※ 지급된 재료 및 시설을 사용하여 아래 2가지 작품을 만들어 제출하시오.

가. 흑임자시루떡을 만들어 제출하시오.

1) 떡 제조 시 물의 양은 적정량으로 혼합하여 제조하시오(단, 쌀가루는 물에 불려 소금간 하지 않고 1회 빻은 찹쌀가루이다.).
2) 흑임자는 씻어 일어 이물이 없게 하고 타지 않게 볶아 소금간 하여 빻아서 고물로 사용하시오 (50% 이상 빻아진 상태가 되도록 하시오.).
3) 찹쌀가루 위·아래에 흑임자 고물을 이용하여 찜기에 한켜로 안치시오.
4) 찜기를 물솥에 얹어 찌시오.
5) 썰지 않은 상태로 전량 제출하시오.

재료명	비율(%)	무게(g)
찹쌀가루	100	400
설탕	10	40
소금 (쌀가루반죽)	1	4
소금(고물)		적정량
물	–	적정량
흑임자	27.5	110

나. 개피떡(바람떡)을 만들어 제출하시오.

1) 떡 제조 시 물의 양을 적정량으로 혼합하여 제조하시오(단, 쌀가루는 물에 불려 소금간 하지 않고 2회 빻은 멥쌀가루이다.).
2) 익힌 떡은 치대어 떡이 붙지 않게 고체유를 바르면서 제조하시오.
3) 떡반죽은 두께 4~5mm 정도로 밀어 팥앙금을 소로 넣어 원형틀(직경 5.5cm 정도)을 이용하여 반달모양으로 찍어 모양을 만드시오(◯).
4) 개피떡은 12개 이상으로 제조하여 참기름을 발라 제출하시오.

재료명	비율(%)	무게(g)
멥쌀가루	100	300
소금	1	3
물	–	적정량
팥앙금	66	200
참기름	–	적정량
고체유	–	5g
설탕	–	10g (찔 때 필요 시 사용)

[공개]

⑤

2. 수험자 유의사항

2-6쪽 참고

3. 지급재료목록

자격 종목	떡제조기능사 (흑임자시루떡, 개피떡)

일련 번호	재 료 명	규 격	단 위	수 량	비 고
흑임자시루떡					
1	찹쌀가루	찹쌀을 5시간 정도 불려 빻은 것	g	440	1인용
2	설탕	정백당	g	50	1인용
3	소금	정제염	g	10	1인용
4	흑임자	볶지 않은 상태	g	120	1인용
개피떡(바람떡)					
5	멥쌀가루	멥쌀을 5시간 정도 불려 빻은 것	g	330	1인용
6	소금	정제염	g	10	1인용
7	팥앙금	고운적팥앙금	g	220	1인용
8	고체유(밀납)	마가린 대체 가능	g	7	1인용
9	설탕		g	15	1인용
10	참기름		g	10	1인용
11	세척제	500g	개	1	30인공용

※국가기술자격 실기시험 지급재료는 시험 종료 후(기권, 결시자 포함) 수험자에게 지급하지 않습니다.

떡 제조
실무

CHAPTER
01

콩설기떡,
부꾸미

시험시간	지급된 재료 및 시설을 사용하여 제시된
2시간	2가지 작품을 만들어 제출하시오.

SECTION 01

콩설기떡

시험 시간 2시간 내 콩설기떡과 부꾸미 모두 완성

▶ 합격 강의

연습횟수 □1회 □2회 □3회

요구사항

1 떡 제조 시 물의 양은 적정량으로 혼합하여 제조하시오
   (단, 쌀가루는 물에 불려 소금 간하지 않고 2회 빻은 멥
   쌀가루이다.).
2 불린 서리태를 삶거나 쪄서 사용하시오.
3 서리태의 1/2 정도는 바닥에 골고루 펴 넣으시오.
4 서리태의 나머지 1/2 정도는 멥쌀가루와 골고루 혼합하
   여 찜기에 안치시오.
5 찜기에 안친 후 물솥에 얹어 찌시오.
6 서리태를 바닥에 골고루 펴 넣은 면이 위로 오도록 그릇
   에 담고, 썰지 않은 상태로 전량 제출하시오.

재료명	비율(%)	무게(g)
멥쌀가루	100	700
설탕	10	70
소금	1	7
물	–	적정량
불린 서리태	–	160

지급재료 목록

재료명	규격	수량	비고
멥쌀가루	멥쌀을 5시간 정도 불려 빻은 것	770g	1인용
설탕	정백당	100g	1인용
소금	정제염	10g	1인용
서리태	하룻밤 불린 서리태 (겨울 10시간, 여름 6시간 이상)	170g	1인용 (건서리태 80g 정도 기준)

만드는 방법

01 준비하기

1   필요한 도구를 꺼낸다.
2   물솥에 물을 반 이상 채워 끓인다.
3   요구사항의 각 재료들에 해당하는 무게를 확인하고 저울로 계량한다.

02 서리태 삶기

1   불린 서리태는 김 오른 찜기에서 20분간 강한 불로 찌고 5분간 약한 불로 뜸을 들인다. 또는 콩과 콩이 충분히 잠기는 2~3배의 물을 넣고 찬물부터 강한 불로 끓인다. 끓으면 불을 줄여 15~20분 정도 삶는다. 다 익으면 불을 끄고 뚜껑을 닫아 약 5분간 뜸을 들인다.

2   콩은 수분을 제거하고 식힌다.

TIP
• 콩은 찌거나 삶는 방법 하나로 택하면 된다.
• 콩을 오래 삶으면 메주 냄새가 나고, 덜 삶으면 풋내가 난다.
• 시험에서는 덜 익히면 실격의 사유가 될 수 있으므로 주의한다.

03 물 내리기

1   물 7큰술 정도에 소금 7g을 녹인다.

2   멥쌀가루에 소금물을 조금씩 넣어 가며 골고루 섞는다. 가볍게 주먹을 쥐고 손 위에서 튕겨 세 번 만에 깨지는 정도로 한다.

3   잘 섞은 후 중간체에 내린다.

4   체에 내린 쌀가루에 설탕 70g을 넣는다.

5   삶은 콩의 1/2을 섞는다.

> **TIP**
> - 쌀가루의 상태에 따라 물이 가감될 수 있다.
> - 체에 두 번 내리면 부드러운 떡이 만들어진다.
> - 설탕은 찌기 직전에 섞는 것이 좋다.
> - 소금은 물에 녹여서 사용해도 되고, 쌀가루에 바로 넣어도 된다.

04 찜기에 올리기

1 찜기에 시룻밑을 깔고 콩의 1/2을 펴 준다.

2 콩까지 섞은 쌀가루를 골고루 찜기 위에 올린다.

3 스크레이퍼로 편편하게 편다.

05 찌고, 꺼내기

1 김이 오른 찜통에 약 20분간 강불로 찐 후 약불에서 5분간 뜸을 들인다. 찜기를 꺼내서 찜기보다 큰 접시를 위에 엎어 놓고 양손으로 찜기와 접시를 고정시켜 한 번에 돌려 뒤집는다.

2 찜기에서 떡이 떨어진 것을 확인하고 찜기를 천천히 위로 올린 다음 시룻밑을 뺀다.

3 제출 전까지 마르지 않도록 비닐이나 랩을 씌운다.

부꾸미

시험 시간 2시간 내 콩설기떡과 부꾸미 모두 완성

▶ 합격 강의

요구사항

1 떡 제조 시 물의 양을 적정량으로 혼합하여 반죽을 하시오(단, 쌀가루는 물에 불려 소금 간하지 않고 1회 빻은 찹쌀가루이다.).

2 찹쌀가루는 익반죽하시오.

3 떡 반죽은 직경 6cm로 빚은 후 지져 팥앙금을 소로 넣어 반으로 접으시오( ).

4 대추와 쑥갓을 고명으로 사용하고 설탕을 뿌린 접시에 부꾸미를 담으시오.

5 부꾸미는 12개 이상으로 제조하여 전량 제출하시오.

재료명	비율(%)	무게(g)
찹쌀가루	100	200
백설탕	15	30
소금	1	2
물	–	적정량
팥앙금	–	100
대추	–	3(개)
쑥갓	–	20
식용유	–	20mL

지급재료 목록

재료명	규격	수량	비고
찹쌀가루	찹쌀을 5시간 정도 불려 빻은 것	220g	1인용
설탕	정백당	40g	1인용
소금	정제염	10g	1인용
팥앙금	고운 적팥앙금	110g	1인용
대추	(중) 마른 것	3개	1인용
쑥갓		20g	1인용
식용유		20mL	1인용
세척제	500g	1개	30인 공용

만드는 방법

01 준비하기

1 필요한 도구를 꺼낸다.
2 냄비에 물을 끓인다.
3 재료를 요구사항의 무게를 확인하고 저울로 계량을 한다.
4 쑥갓은 찬물에 담근다.

02 반죽하기

1 끓는 물 5큰술에 소금 2g을 넣는다.

2 찹쌀가루는 체에 내리고 물을 조금씩 넣으면서 익반죽을 한다.

> **TIP**
> • 찹쌀가루의 상태에 따라 물이 가감될 수 있다.
> • 물을 많이 넣으면 질어져 모양을 만들 수 없으므로 주의해서 물을 넣는다.

🔵03 대추 고명 준비하기

1 대추는 씨 주변으로 돌려 깎고, 얇게 펴서 돌돌 말아 두껍지 않게 썬다. 쑥갓은 작은 잎 위주로 사용한다.

🔵04 분할하기

1 팥앙금은 약 8g 정도로 계량하거나 동일한 양으로 12개 분할한다.

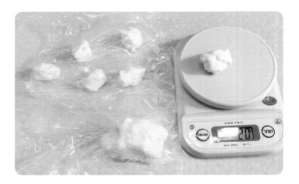

2 반죽을 12개 이상, 약 20g 정도씩 분할하여 동글납작하게 지름 6cm 정도로 만든다.

> **TIP**
> • 만들어진 반죽은 젖은 면보나 비닐에 싸서 마르지 않도록 한다.
> • 찹쌀가루 200g을 반죽하면 약 250g의 반죽이 만들어지는데, 12개 이상 같은 크기로 만든다.
> • 수량이 만들어지지 않으면 실격이므로 요구사항을 잘 지키도록 한다.

⑤ 지지기

1   팬에 기름을 조금 두르고 코팅을 한다.

2   약한 불에서 찹쌀 반죽을 익힌다. 반죽이 투명해지면 뒤집는다.

3   부꾸미는 팬에서 앙금을 넣고 반을 접어 고명을 붙일 수도 있고 접시에 담은 후 모양을 만들 수도 있다.

TIP

- 반죽이 질면 손이나 주걱에 들러붙고, 되직하면 가장자리가 하얗게 갈라지면서 설익는다.
- 강한 불에서는 색이 갈색으로 나면서 속은 익지 않으니 약한 불로 익힌다.
- 앞, 뒤 모두 익힌다.
- 찹쌀 반죽이 뜨거워야 고명이 부꾸미에 접착이 잘된다.

06 담기

1 접시에 설탕을 뿌리고 부꾸미가 서로 달라붙지 않 도록 겹치지 않게 담는다.

2 익은 반죽 위에 팥앙금을 올리고 반을 접는다.

3 부꾸미 위에 대추와 쑥갓을 붙인다.

 TIP

- 팥앙금을 올릴 때 중간보다 약간 위 지점에 올려놓아야 반을 접기가 쉽다.
- 찹쌀이기 때문에 잘 들러붙으니 접시에 담을 때 미리 담는 위치를 고려하도록 한다.
- 프라이팬 위에서 앙금을 넣고 접기 힘들다면 설탕 뿌린 접시 위에서 모양을 만들어도 좋다. 단, 너무 식은 후 앙금을 넣 고 반죽을 접으면 접착이 안 되므로 따뜻할 때 모양을 만든다.

중요 • **콩설기떡과 부꾸미의 조리 순서**

❶ 물솥 혹은 냄비에 물 올리기, 계량하기, 쑥갓 찬 물에 담가 놓기

❷ 콩설기떡 콩 익히기

❸ 부꾸미 익반죽하기

❹ 콩설기 쌀가루 준비

❺ 콩설기떡 찜기에 안치기

❻ 대추 꽃 모양, 쑥갓 고명 준비하기

❼ 부꾸미 반죽 분할하기

❽ 부꾸미 지지기

❾ 콩설기떡 꺼내기

▶ 합격 강의

CHAPTER
02

송편,
소머리떡

시험시간	지급된 재료 및 시설을 사용하여 제시된
2시간	2가지 작품을 만들어 제출하시오.

송편

시험 시간 2시간 내 송편과 쇠머리떡 모두 완성

▶ 합격 강의

요구사항

1   떡 제조 시 물의 양은 적정량으로 혼합하여 제조하시오
    (단, 쌀가루는 물에 불려 소금 간하지 않고 2회 빻은 멥
    쌀가루이다.).

2   불린 서리태는 삶아서 송편소로 사용하시오.

3   반죽과 송편소는 4:1~3:1 정도의 비율로 제조하시오
    (송편소가 1/4~1/3 정도 포함되어야 함).

4   쌀가루는 익반죽하시오.

5   송편은 완성된 상태가 길이 5cm, 높이 3cm 정도의 반
    달송편모양(◁▷)이 되도록 오므려 집어 송편 모양을 만
    들고, 12개 이상으로 제조하여 전량 제출하시오.

6   송편을 찜기에 쪄서 참기름을 발라 제출하시오.

재료명	비율(%)	무게(g)
멥쌀가루	100	200
소금	1	2
물	–	적정량
불린 서리태	–	70
참기름	–	적정량

지급재료 목록

재료명	규격	수량	비고
멥쌀가루	멥쌀을 5시간 정도 불려 빻은 것	220g	1인용
소금	정제염	5g	1인용
서리태	하룻밤 불린 서리태 (겨울 10시간, 여름 6시간 이상)	80g	1인용 (건서리태 40g 정도 기준)
참기름		15mL	

만드는 방법

01 준비하기

1   필요한 도구를 꺼낸다.
2   물솥에 물을 반 이상 채워 끓인다.
3   재료를 요구사항의 무게를 확인하고 저울로 계량한다.

02 서리태 삶기

1   콩과 콩이 충분히 잠길 정도로 2~3배의 물을 넣고 찬물부터 강한 불로 끓인다. 끓으면 불을 줄여 15~20분간 삶는다. 다 익으면 불을 끄고 뚜껑 닫아 5분 정도 뜸을 들인다.

2   콩은 수분을 제거하고 식힌다.

> **TIP**
> • 콩은 요구사항의 삶는 방법으로 한다.
> • 콩을 오래 삶으면 메주냄새가 나고, 덜 삶으면 풋내가 난다.
> • 시험에서는 덜 익히면 실격의 사유가 될 수 있으므로 주의한다.

03 반죽하기

1 끓는 물 5큰술에 소금 2g을 넣는다.

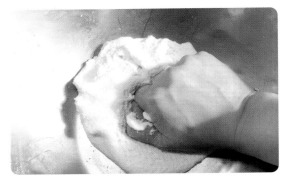

2 멥쌀가루는 체에 내리고 물을 조금씩 넣으면서 익반죽한다.

TIP
- 멥쌀가루의 상태에 따라 물을 가감할 수 있다.
- 물을 많이 넣으면 질어져 들러붙고, 적게 넣으면 반죽이 부서지거나 갈라진다.

04 빚기

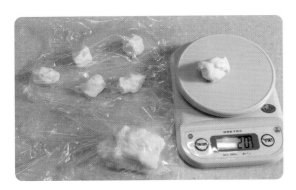

1 반죽을 약 20g 정도로 12개 이상이 나오도록 분할한다.

2 반죽 속을 파서 삶은 서리태(국산 서리태 기준 약 6~7개)를 넣고 오므린 후 안에 공기를 빼고, 요구사항대로 길이 5cm, 높이 3cm 정도의 반달송편모양으로 만든다.

- 멥쌀가루 200g을 익반죽하면 약 240g 정도의 반죽이 나오는데 12개로 분할하면 개당 약 20g 정도가 된다.
- 수량이 만들어지지 않으면 실격이므로 요구사항을 잘 지키도록 한다.
- 송편을 만드는 과정에서 반죽이 갈라지면 물을 조금씩 묻히면서 모양을 만든다.
- 송편 반죽의 수분이 날아갈 수 있으므로 젖은 면보나 비닐봉지에 넣는다.
- 1/4~1/3 정도의 송편소가 되려면 콩이 약 5~7g이어야 하는데, 국내산 서리태콩 기준으로 약 6~7개 정도가 적당하다.
- 콩을 넣고 오므릴 때 공기를 빼지 않으면 찌는 도중 송편이 터질 수 있다.
- 쇠머리떡과 같이 출제될 시에는 쇠머리떡을 먼저하고 쇠머리떡을 찌는 동안 송편 모양을 만든다.

05 찌기

1 김이 오른 찜통에 시룻밑을 깐 다음 강한 불에서 20분 찌고 약한 불에서 5분 뜸을 들인다.

2 찬물에 한 번 씻은 다음 물기를 빼고, 송편에 참기름을 발라 제출한다.

SECTION 02

연습횟수
☐ 1회 ☐ 2회 ☐ 3회

쇠머리떡

시험시간 2시간 내 송편과 쇠머리떡 모두 완성

▶ 합격 강의

요구사항

1. 떡 제조 시 물의 양은 적정량을 혼합하여 제조하시오(단, 쌀가루는 물에 불려 소금 간하지 않고 1회 빻은 찹쌀가루이다.).
2. 불린 서리태는 삶거나 쪄서 사용하고, 호박고지는 물에 불려서 사용하시오.
3. 밤, 대추, 호박고지는 적당한 크기로 잘라서 사용하시오.
4. 부재료를 쌀가루와 잘 섞어 혼합한 후 찜기에 안치시오.
5. 찜기를 물솥에 얹어 찌시오.
6. 완성된 쇠머리떡은 15×15cm 정도의 사각형 모양으로 만들어 자르지 말고 전량 제출하시오.
7. 찌는 찰떡류로 제조하며, 지나치게 물을 많이 넣어 치지 않도록 주의하여 제조하시오.

재료명	비율(%)	무게(g)
찹쌀가루	100	500
설탕	10	50
소금	1	5
물	-	적정량
불린 서리태	-	100
대추	-	5(개)
깐밤	-	5(개)
마른 호박고지	-	20
식용유	-	적정량

지급재료 목록

재료명	규격	수량	비고
찹쌀가루	찹쌀을 5시간 정도 불려 빻은 것	550g	1인용
설탕	정백당	60g	1인용
서리태	하룻밤 불린 서리태 (겨울 10시간, 여름 6시간 이상)	110g	1인용 (건서리태 60g 정도 기준)
대추		5개	1인용
밤	겉껍질, 속껍질 제거한 밤	5개	1인용
마른 호박고지	늙은 호박(또는 단호박)을 썰어서 말린 것	25g	1인용
소금	정제염	7g	1인용
식용유		15mL	1인용
세척제	500g	1개	30인 공용

만드는 방법

① 준비하기

1   필요한 도구를 꺼낸다.
2   물솥에 물을 반 이상 채워 끓인다.
3   재료를 요구사항의 무게를 확인하고 저울로 계량한다.
4   대추는 마른행주로 닦고, 밤과 호박고지는 흐르는 물에 씻고, 호박고지는 찬물 또는 미지근한 물에 불린다.

② 서리태 삶기

1   콩과 콩이 충분히 잠기는 2~3배의 물을 넣어 찬물
    부터 강한 불로 끓인다. 끓으면 불을 줄여 15~20분
    정도 삶는다. 다 익으면 불을 끄고 뚜껑을 닫아 약 5
    분간 뜸을 들인다.

2   콩은 수분을 제거하고 식힌다.

> **TIP**
> • 서리태는 찌거나 삶아 사용하면 되는데, 송편과 쇠머리떡은 같이 시험에 나오므 콩을 한 번에 삶는 것이 시간을 절약할
>   수 있고 효율적이다.
> • 서리태는 삶은 후 식히고 송편용 70g, 쇠머리떡용 100g을 나눠 놓도록 한다. 시험 도중 헷갈려 모든 서리태를 쇠머리
>   떡에 넣는 실수가 없도록 한다.

03 재료 썰기

1   호박고지는 씻어 찬물 또는 미지근한 물에 10분 정
    도 불리고 물기를 제거한다.

2   대추는 돌려 깎아 씨를 제거한다.

3   밤, 대추, 호박고지는 2~3cm의 적당한 크기로 자
    른다.

4   콩, 밤, 대추, 호박고지는 고명용과 쌀가루와 섞을
    용으로 분량을 나누어 놓는다.

> **TIP**
> • 호박고지는 뜨거운 물에 불리면 잘 불려지지만 겉이 짓이겨질 수 있으니 미지근한 물이나 찬물에 불리는 것이 좋다.
> • 대추가 많이 건조한 경우 물에 살짝 적셔서 사용하거나 썰고 설탕, 물 1작은술 정도를 대추에 뿌려 놓으면 촉촉하다.

❹ 물 내리기

1　물 2~3큰술 정도에 소금 5g을 넣어 녹인다.

2　찹쌀가루를 소금물을 조금씩 넣어 골고루 섞는다.

3　찹쌀가루에 설탕 50g을 넣는다.

4　쌀가루와 밤, 대추, 호박고지, 콩을 섞는다.

TIP

- 쌀가루의 상태에 따라 물을 가감할 수 있다.
- 찹쌀가루에 물을 많이 넣으면 모양이 잡히지 않고 늘어진다.
- 설탕은 찌기 직전에 섞는 것이 좋다.
- 찌는 찹쌀가루는 체에 내리면 김이 오르지 않는 경우가 있어 체에 내리지 않는다. 그러나 쌀가루의 상태가 고르지 않거나 이물질이 있다면 물을 섞은 후 체에 내려서 사용한다.

05 찜기에 올리기

1   찜기에 젖은 면보를 깔고 쌀가루가 닿는 면에 설탕을 골고루 뿌린다.

2   그 위에 고명용으로 남겨 놓은 밤, 대추, 호박고지, 콩을 깐다.

3   쌀가루를 주먹 쥐어 올린다.

TIP

• 설탕을 뿌려서 찹쌀가루를 익히면 익은 후 잘 떨어진다.
• 고명용 고물을 깔 때는 붉은 부분이 아래로 향하게 하고, 모양이 일정한 것들을 선별해 깔아야 모양이 좋다.
• 주먹 쥐어 짜면 김이 잘 올라 찹쌀이 잘 익는다.
• 주먹을 너무 세게 쥐면 떡이 익지 않으니 가볍게 뭉치도록 한다.

06 찌기

1   김이 오른 찜통에 약 30분간 강한 불로 찐다.

07 꺼내기

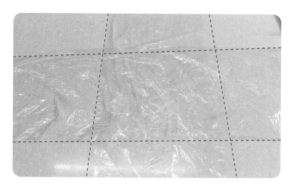

1   비닐을 떡의 크기보다 2~3배 크게 하여 깔아 둔다.

2   비닐의 떡이 닿는 부분에 기름을 바른다.

3   찜기를 꺼내서 면보를 양손으로 잡고 비닐에 한 번에 뒤집는다.

4   비닐을 좌우, 위아래로 당겨 가며 떡이 15×15cm가되도록 모양을 잡는다.

5 비닐을 씌운 채로 장시간 굳힌다.

6 제출 시에는 지시사항에 따라 비닐을 꺼내 접시에 제출하거나 그대로 제출을 한다. 윗면의 방향을 고려하여 접시에 담는다.

TIP

• 기름을 과하게 바르면 떡이 질어지고, 기름이 부족하면 비닐에 떡이 붙는다.
• 비닐로 모양을 잡을 때는 처음에 13cm 정도가 되도록 하고, 두 번째에 15cm로 만들면 먼저 잡은 부분이 처음보다 늘어나 있어서 적절한 크기가 만들어진다.
• 떡을 접거나 자르지 않도록 하고 비닐을 조금씩 당겨 모양이 흐트러지지 않게 한다.

• 송편과 쇠머리떡의 조리 순서

중요

❶ 물솥 혹은 냄비에 물 올리기, 계량하기, 호박고지 불리기
❷ 송편, 쇠머리떡 서리태 한 번에 삶기
❸ 송편 익반죽하기
❹ 쇠머리떡 고물 준비
❺ 쇠머리떡 쌀가루 준비하기
❻ 쇠머리떡 찜기에 안치기
❼ 송편 반죽 분할하여 빚기
❽ 쇠머리떡 꺼내고 기름칠한 비닐로 모양 잡기
❾ 송편 찌기
❿ 송편 기름칠하여 담고, 쇠머리떡 담기

▶ 합격 강의

CHAPTER

03

무지개떡(삼색),
경단

시험시간 2시간	지급된 재료 및 시설을 사용하여 제시된 2가지 작품을 만들어 제출하시오.

무지개떡(삼색)

▶ 합격 강의

요구사항

1 떡 제조 시 물의 양은 적정량으로 혼합하여 제조하시오 (단, 쌀가루는 물에 불려 소금 간하지 않고 2회 빻은 멥 쌀가루이다.).

2 삼색의 구분이 뚜렷하고 두께가 같도록 쌀가루를 안치 고 8등분으로 칼금을 넣으시오.

3 대추와 잣을 흰 쌀가루에 고명으로 올려 찌시오(잣은 반 으로 쪼개어 비늘잣으로 만들어 사용하시오.).

4 고명이 위로 올라오게 담아 전량 제출하시오.

재료명	비율(%)	무게(g)
멥쌀가루	100	750
설탕	10	75
소금	1	8
물	–	적정량
치자	–	1(개)
쑥가루	–	3
대추	–	3(개)
잣	–	2

〈삼색 구분, 두께 균등〉

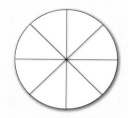

〈8등분 칼금〉

지급재료 목록

재료명	규격	수량	비고
멥쌀가루	멥쌀을 5시간 정도 불려 빻은 것	800g	1인용
설탕	정백당	100g	1인용
소금	정제염	10g	1인용
치자	말린 것	1개	1인용
쑥가루	말려 빻은 것	3g	1인용
대추	(중) 마른 것	3개	1인용
잣	약 20개 정도(속껍질 벗긴 통잣)	2g	1인용

만드는 방법

01 준비하기

1   필요한 도구를 꺼낸다.
2   물솥에 물을 반 이상 채워 끓인다.
3   재료를 요구사항의 무게를 확인하고 저울로 계량을 한다. 쌀가루는 250g씩, 설탕은 25g씩, 소금은 2.5~3g 정도씩 계량을 한다.
4   치자는 반을 갈라 미지근한 물 1/4컵에 담근다. 사용 전에 면보나 체에 걸러서 사용한다.

> **TIP**
> • 삼색의 두께가 같아야 하므로 쌀가루를 색깔별로 각각 정확히 계량한다.
> • 치자를 우려내는 시간이 필요하므로 미리 물에 담가 준비한다.
> • 치자를 우릴 때 물을 적게 넣어야 진한 노란색의 치자물이 나오고 떡의 색이 뚜렷하다. 그러나 쌀가루에 수분이 적을 경우에는 물의 양을 늘린다.
> • 치자의 씨를 체, 면보를 이용해 걸러서 사용하면 깨끗한 치자 물을 만들 수 있다.
> • 수량이 만들어지지 않으면 실격이므로 요구사항을 잘 지키도록 한다.

02 흰 쌀가루 물 내리기

1 멥쌀가루 250g, 소금 2.5g에 물을 조금씩 넣어 골고루 섞는다. 가볍게 주먹으로 쥐어 손에서 튕겨 세 번 만에 깨지는 정도로 한다.

2 잘 섞이면 중간체에 내린다.

3 체에 내린 쌀가루에 설탕 25g을 넣는다.

03 치자 쌀가루 물 내리기

1 멥쌀가루 250g, 소금 2.5g에 치자물을 조금씩 넣어 골고루 섞는다. 가볍게 주먹으로 쥐고 손에서 튕겨 세 번 만에 깨지는 정도로 한다.

2 잘 섞이면 중간체에 내린다.

3 체에 내린 쌀가루에 설탕 25g을 넣는다.

04 쑥 쌀가루 물 내리기

1 멥쌀가루 250g, 쑥가루 3g, 소금 2.5g을 먼저 섞는
   다. 물을 조금씩 넣어 골고루 섞는다. 가볍게 주먹으
   로 쥐고 손에서 튕겨 세 번 만에 깨지는 정도로 한
   다.

2 잘 섞이면 중간체에 내린다.

3 체에 내린 쌀가루에 설탕 25g을 넣는다.

05 찜기에 올리기

1 찜기에 시룻밑을 깔고 쑥 쌀가루를 수평이 되게 고르게 편다.

2 쑥 쌀가루 위에 치자 쌀가루를 올리고 수평이 되게 고르게 편다.

3 치자 쌀가루 위에 흰 쌀가루를 올리고 수평이 되도록 고르게 편다.

4 칼로 쌀가루를 8등분으로 나눈다.

06 고명 준비하기

1 대추는 씨 주변으로 돌려 깎고, 얇게 펴서 돌돌 말아
두껍지 않게 썬다. 잣은 반으로 갈라 비늘잣 형태로
준비한다.

07 찌기

1 김이 오른 찜통에 약 20분 강한 불로 찐다.

2 대추와 잣 고명을 올리고 약한 불에서 5분간 뜸을
들인다.

TIP

• 대추와 잣 고명을 먼저 올리고 강한 불로 20분 찌고, 약불로 5분 뜸 들여도 된다.

• 대추와 잣으로 잠자리, 꽃 줄기 등 다양하게 고명을 올려도 좋다.

08 꺼내기

1 찜기를 바깥으로 꺼내고 찜기 위에 큰 접시를 올려 놓는다. 양손으로 찜기와 접시를 잡고 내 앞쪽으로 돌려 뒤집는다.

2 찜기에서 떡이 떨어진 것을 확인하고 찜기를 천천 히 꺼낸다. 떡에 붙어 있는 시룻밑을 뺀다. 완성 그 릇을 준비하고 다시 한 번 접시에 뒤집어서 놓는다.

> **TIP**
> 제출 전까지 마르지 않도록 비닐이나 랩을 씌운다.

SECTION 02

연습횟수
☐ 1회 ☐ 2회 ☐ 3회

경단

시험 시간 2시간 내 무지개떡(삼색)과 경단 모두 완성

▶ 합격 강의

요구사항

1 떡 제조 시 물의 양을 적정량으로 혼합하여 반죽을 하시
오(단, 쌀가루는 물에 불려 소금 간하지 않고 1회 빻은 찹
쌀가루이다.).

2 찹쌀가루는 익반죽하시오.

3 반죽은 직경 2.5~3cm 정도의 일정한 크기로 20개 이상
만드시오.

4 경단은 삶은 후 고물로 콩가루를 묻히시오.

5 완성된 경단은 전량 제출하시오.

재료명	비율(%)	무게(g)
찹쌀가루	100	200
소금	1	2
물	–	적정량
볶은 콩가루	–	50

지급재료 목록

재료명	규격	수량	비고
찹쌀가루	찹쌀을 5시간 정도 불려 빻은 것	220g	1인용
소금	정제염	10g	1인용
콩가루	볶은 콩가루	60g	1인용 (방앗간 인절미용 구매)
세척제	500g	1개	30인 공용

만드는 방법

01 준비하기

1 필요한 도구를 꺼낸다.
2 냄비에 물을 끓인다.
3 요구사항의 무게를 확인하고 재료를 저울로 계량을 한다.

02 반죽하기

1 끓는 물 5큰술에 소금 2g을 넣는다.

2 찹쌀가루는 체에 내리고 물을 조금씩 넣으면서 익반죽을 한다.

TIP

• 찹쌀가루의 상태에 따라 물을 가감할 수 있다.
• 물을 과하게 넣으면 질어져 경단의 모양을 만들 수 없으므로 주의해서 물을 넣는다.
• 경단, 부꾸미, 송편은 익반죽을 한다. 이 중에 경단은 물에 넣어 삶기 때문에 질면 경단이 퍼질 수 있기 때문에 가장 건조하게 반죽을 하는 편이다.

03 분할하기

1   반죽을 지름 2.5~3cm, 11~12g 정도의 규격으로 20
    개 이상 분할하여 동그랗게 만든다.

> **TIP**
> - 만들어진 반죽은 젖은 면보나 비닐에 싸서 마르지 않도록 한다.
> - 찹쌀가루 200g을 반죽하면 약 250g의 반죽이 만들어지는데, 같은 크기의 반죽이 20개 이상이 나오도록 만든다.
> - 수량이 만들어지지 않으면 실격이므로 요구사항을 잘 지키도록 한다.

04 끓이기

1   반죽이 잠길 만큼 물을 넣고 끓인다. 끓는 물에 반죽
    을 넣고 약불 혹은 중불에서 1분 30초~2분간 익힌다.

2   경단이 떠오르면 30~40초 정도 더 익힌다.

3   체로 경단을 건져 찬물에 넣고, 다시 찬물로 2~3번
    헹궈 충분히 식힌다.

4   체에 받쳐 경단의 물기를 제거한다.

- 냄비가 작을 경우 경단을 한 번에 삶지 말고, 2~3번 나눠 삶아야 서로 들러붙지 않는다.
- 경단이 떠올랐다고 바로 건지면 가운데 심이 안 익는 경우가 더러 있으므로 조금 더 익힌다. 연습 시에는 시간 차를 두고 건져 본 후 속이 익었는지 확인하는 것이 좋다.
- 찬물에 30초~1분 이상 담가 경단의 열기를 빼서 탄력이 있게 만든다.
- 체에 오랫동안 경단을 두면 형태가 찌그러지거나 들러붙는다.

⑤ 고물 묻히기

1   콩가루에 경단을 넣어 골고루 묻힌다. 접시를 흔들어 경단이 굴러가게 하거나 손으로 하나하나씩 굴린다.

- 조금씩 굴려야 고물이 잘 묻는다.
- 물이 많으면 고물이 지저분해지고 색이 좋지 않으므로 떡의 수분을 뺀다.
- 고물을 묻힌 후 처지지 않게 경단끼리 서로 붙여 놓는다.

중요

• 무지개떡(삼색)과 경단의 조리 순서

❶ 물솥, 냄비에 물 올리기, 계량하기
❷ 치자 쪼개어 물에 담그기, 대추 꽃 모양, 비늘 잣
❸ 경단 익반죽하기
❹ 무지개떡 흰 쌀가루 준비하기
❺ 무지개떡 치자 쌀가루 준비하기
❻ 무지개떡 쑥 쌀가루 준비하기
❼ 무지개떡 쑥 → 치자 → 흰색 순서로 찜기에 안치기
❽ 경단 반죽 분할하기
❾ 경단 삶고 찬물, 물기 제거하기
❿ 경단 콩가루 묻혀서 담기
⓫ 무지개떡 꺼내기

▶ 합격 강의

CHAPTER

04

백편,
인절미

시험시간	지급된 재료 및 시설을 사용하여 제시된
2시간	2가지 작품을 만들어 제출하시오.

백편

시험 시간 2시간 내 백편과 인절미 모두 완성

▶ 합격 강의

요구사항

1 떡 제조 시 물의 양은 적정량으로 혼합하여 제조하시오 (단, 쌀가루는 물에 불려 소금 간하지 않고 2회 빻은 멥쌀가루이다.).

2 밤, 대추는 곱게 채썰어 사용하고 잣은 반으로 쪼개어 비늘잣으로 만들어 사용하시오.

3 쌀가루를 찜기에 안치고 윗면에만 밤, 대추, 잣을 고물로 올려 찌시오.

4 고물을 올린 면이 위로 오도록 그릇에 담고 썰지 않은 상태로 전량 제출하시오.

재료명	비율(%)	무게(g)
멥쌀가루	100	500
설탕	10	50
소금	1	5
물	–	적정량
깐밤	–	3(개)
대추	–	5(개)
잣	–	2

지급재료 목록

재료명	규격	수량	비고
멥쌀가루	멥쌀을 5시간 정도 불려 빻은 것	550g	1인용
설탕	정백당	60g	1인용
소금	정제염	10g	1인용
밤	겉껍질, 속껍질 벗긴 밤	3개	1인용
대추	(중) 마른 것	5개	1인용
잣	약 20개 정도(속껍질 벗긴 통잣)	2g	1인용

만드는 방법

01 준비하기

1 필요한 도구를 꺼낸다.
2 물솥에 물을 반 이상 채워 끓인다.
3 재료를 요구사항의 무게를 확인하고 저울로 계량을 한다.

02 고물 준비하기

1 대추는 돌려 깎아 씨를 제거하고, 길이 방향으로 가늘게 채를 썬다.

2 밤은 얇게 편을 썰고 채를 썬다. 대추와 밤은 골고루 섞는다.

3 잣은 반을 갈라 비늘잣 형태로 준비한다.

03 쌀가루 물 내리기

1 물 4큰술 정도에 소금 5g을 넣어 녹인다.

2 멥쌀가루에 소금물을 조금씩 넣어 물을 주고 골고루 섞는다. 가볍게 주먹 쥐고 손에서 튕겨 세 번 만에 깨지는 정도로 한다.

3 잘 섞이면 중간체에 내린다.

4 체에 내린 쌀가루에 설탕 50g을 넣는다.

TIP

• 쌀가루의 상태에 따라 물이 가감될 수 있다.
• 체에 두 번 내리면 부드러운 떡이 만들어지며, 설탕은 찌기 직전에 섞는 것이 좋다.

---

04 찜기에 올리기

1 찜기에 시룻밑을 깔고 쌀가루를 편편하게 편다.

2 쌀가루 위에 밤, 대추, 잣을 골고루 뿌린다.

05 찌기

1   김이 오른 찜통에 약 20분간 강한 불로 찐 후 약한
    불에서 5분간 뜸을 들인다.

06 꺼내기

1   찜기를 바깥으로 꺼내고 찜기 위에 큰 접시를 올려   2   찜기에서 떡이 떨어진 것을 확인하고 찜기를 천천
    놓는다. 양손으로 찜기와 접시를 잡고 내 앞쪽으로   히 꺼낸다. 떡에 붙어 있는 시룻밑을 뺀다. 완성 그
    돌려 뒤집는다.   릇을 준비하고 다시 한 번 접시에 뒤집어서 놓는다.

인절미

시험 시간 2시간 내 백편과 인절미 모두 완성

▶ 합격 강의

요구사항

1 떡 제조 시 물의 양을 적정량으로 혼합하여 제조하시오
   (단. 쌀가루는 물에 불려 소금 간하지 않고 1회 빻은 찹쌀
   가루이다.).

2 익힌 떡은 스테인리스 볼과 절구공이(밀대)를 이용하여
   소금물을 묻혀 치시오.

3 친 떡은 기름 바른 비닐에 넣어 두께 2cm 이상으로 성
   형하여 식히시오.

4 4×2×2cm 크기로 인절미를 24개 이상 제조하여 콩가
   루를 고물로 묻혀 전량 제출하시오.

재료명	비율(%)	무게(g)
찹쌀가루	100	500
설탕	10	50
소금	1	5
물	–	적정량
볶은 콩가루	12	60
식용유	–	5
소금물용 소금	–	5

지급재료 목록

재료명	규격	수량	비고
찹쌀가루	찹쌀을 5시간 정도 불려 빻은 것	550g	1인용
설탕	정백당	60g	1인용
소금	정제염	10g	
콩가루	볶은 콩가루	70g	1인용 (방앗간 인절미용 구매)
식용유		15mL	비닐에 바르는 용도
세척제	500g	1개	30인 공용

만드는 방법

01 준비하기

1 필요한 도구를 꺼낸다.
2 물솥에 물을 반 이상 채워 끓인다.
3 재료를 요구사항의 무게를 확인하고 저울로 계량을 한다.

02 쌀가루에 물 섞기

1 물 2큰술 정도에 소금 5g을 넣어 녹인다.

2 찹쌀가루를 소금물을 조금씩 넣으며 고루 섞는다.

3 찹쌀가루에 설탕 50g을 넣는다.

TIP
• 물을 많이 넣으면 떡이 질어져서 두께나 사이즈를 맞추기 어렵다.

03 찜기에 올리기

1   찜기에 젖은 면보를 깔고 쌀가루가 닿는 면에 설탕
    을 골고루 뿌린다.

2   쌀가루를 주먹 쥐어 올린다.

04 찌기

1   김이 오른 물솥에 약 30분 강한 불로 찐다.

> **TIP**
> • 20분 정도 되었을 때 설익은 곳이 없는지 뚜껑을 열어 보고 하얀 가루가 보이면 젓가락으로 숨구멍을 만든다.

05 치기

1 소금 5g, 물 1컵 정도를 섞어 소금물을 만든다.

2 떡을 스테인리스 볼에 담고 약간의 소금물을 묻히면서 절구공이(밀대)로 끈기 있게 친다. 한 손으로는 떡을 치고, 다른 손으로는 떡을 접어 가며 소금물을 묻힌다.

> **TIP**
> • 소금물을 많이 넣어도 질어질 수 있으므로 들러붙지 않을 정도로만 조금씩 넣는다.

06 꺼내기

1 비닐에 떡이 닿는 부분을 기름칠한다.

2 기름칠한 비닐에 떡을 놓고 두께 2cm 정도가 되도록 모양을 만들어 20분 정도 충분히 식힌다.

> **TIP**
> • 4×2×2cm의 크기가 나오도록 비닐로 모양을 잡아 식힌다.
> ① 16×12cm ② 24×8cm
> • 여름에는 떡이 잘 식지 않으므로 젖은 행주를 감싸서 식힌다.

3 식힌 떡 전체를 콩가루에 묻히고 4×2×2cm 크기로 24개 이상 개수가 나오도록 스크레이퍼로 자른다.

4 자른 떡을 다시 콩가루에 골고루 묻혀 접시에 담아 제출한다.

TIP
- 스크레이퍼에 콩가루를 묻히고 떡을 자르면 떡이 덜 들러붙는다.
- 수량이 만들어지지 않으면 실격이므로 요구사항을 잘 지키도록 한다.
- 인절미의 가장자리를 지나치게 많이 잘라 버리는 것이 없도록 하고 전량 제출한다.

• **백편과 인절미의 조리 순서**

중요

❶ 물솥에 물 올리기, 계량하기
❷ 인절미 쌀가루 준비하기
❸ 인절미 찌기
❹ 백편 부재료 밤, 대추, 잣 썰기
❺ 백편 쌀가루 물 내리기
❻ 백편 찌기
❼ 인절미 소금물 묻혀 가며 절구공이로 치기
❽ 인절미 모양 잡아 기름칠한 비닐에 넣어 식히기
❾ 인절미 잘라서 콩가루 묻히기
❿ 백편 담기

▶ 합격 강의

흑임자시루떡,
개피떡(바람떡)

시험시간	지급된 재료 및 시설을 사용하여 제시된
2시간	2가지 작품을 만들어 제출하시오.

SECTION
01

연습횟수
☐ 1회 ☐ 2회 ☐ 3회

흑임자시루떡

시험 시간 2시간 내 흑임자시루떡과 개피떡(바람떡) 모두 완성

▶ 합격 강의

요구사항

1. 떡 제조 시 물의 양은 적정량으로 혼합하여 제조하시오
   (단, 쌀가루는 물에 불려 소금 간하지 않고 1회 빻은 찹쌀
   가루이다.).
2. 흑임자는 씻어 일어 이물이 없게 하고 타지 않게 볶아
   소금 간하여 빻아서 고물로 사용하시오.
   (50% 이상 빻아진 상태가 되도록 하시오.)
3. 찹쌀가루 위·아래에 흑임자 고물을 이용하여 찜기에
   한 켜로 안치시오.
4. 찜기를 물솥에 얹어 찌시오.
5. 썰지 않은 상태로 전량 제출하시오.

재료명	비율(%)	무게(g)
찹쌀가루	100	400
설탕	10	40
소금(쌀가루 반죽)	1	4
소금(고물)		적정량
물	−	적정량
흑임자	27.5	110

지급재료 목록

재료명	규격	수량	비고
찹쌀가루	찹쌀을 5시간 정도 불려 빻은 것	440g	1인용
설탕	정백당	50g	1인용
소금	정제염	10g	1인용
흑임자	볶지 않은 상태	120g	1인용

만드는 방법

01 준비하기

1 필요한 도구를 꺼낸다.
2 물솥에 물을 반 이상 채워 끓인다.
3 요구사항의 재료 무게를 확인하고 저울로 계량한다.

02 흑임자 준비하기

1 흑임자는 씻어 체로 이물질이 없게 2~3번 씻는다.

2 체에 밭쳐 물기를 뺀다.

3 마른 팬에 흑임자를 볶는다. 물이 많으면 강불로 볶
   고 적으면 약불로 볶아 타지 않게 볶는다.

4 소금은 약 1g, 한 꼬집 정도로 간을 하고, 절구로 빻
   는다.

03 쌀가루 준비하기

1   찹쌀가루에 소금 4g, 물 2~3큰술 정도 주어 잘 비빈다.

2   중간체에 내린다.

3   설탕 40g을 섞는다.

04 찌기

1   찜기에 시룻밑을 깔고 흑임자 고물 반을 바닥에 깐다.

2   찹쌀가루를 고르게 편다.

3   다시 흑임자 고물 반을 골고루 깐다.

4   강한 불로 25~30분 정도 찐다.

> **TIP**
> • 쌀가루의 양이 적기 때문에 찌는 시간을 조절할 수 있다.
> • 찌는 중간에 봉긋 떡이 올라오는 경우가 있는데, 숨구멍이 올라오는 것이므로 젓가락으로 살짝 누르면 괜찮아진다.

05 담기

한 김 나간 후 그릇에 뒤집는다. 떡에 붙어 있는 시룻밑을 뺀다. 완성 그릇을 준비하고 다시 한번 접시에 뒤집어서 놓는다.

개피떡(바람떡)

시험 시간 2시간 내 흑임자시루떡과 개피떡(바람떡) 모두 완성

▶ 합격 강의

요구사항

1 떡 제조 시 물의 양을 적정량으로 혼합하여 제조하시오 (단, 쌀가루는 물에 불려 소금 간하지 않고 2회 빻은 멥쌀가루이다.).

2 익힌 떡을 치대어 떡이 붙지 않게 고체유를 바르면서 제조하시오.

3 떡 반죽은 두께 4~5mm 정도로 밀어 팥앙금을 소로 넣어 원형틀(직경 5.5cm 정도)을 이용하여 반달 모양으로 찍어 모양을 만드시오(◠).

4 개피떡은 12개 이상으로 제조하여 참기름을 발라 제출하시오.

재료명	비율(%)	무게(g)
멥쌀가루	100	300
소금	1	3
물	–	적정량
팥앙금	66	200
참기름	–	적정량
고체유	–	5
설탕	–	10(찔 때 필요 시 사용)

지급재료 목록

재료명	규격	수량	비고
멥쌀가루	멥쌀을 5시간 정도 불려 빻은 것	330g	1인용
소금	정제염	10g	1인용
팥앙금	고운 적팥앙금	220g	1인용
고체유(밀납)	마가린 대체 가능	7g	1인용
설탕		15g	1인용
참기름		10g	1인용
세척제	500g	1개	30인 공용

만드는 방법

01 준비하기

1   필요한 도구를 꺼낸다.
2   물솥에 물을 반 이상 채워 끓인다.
3   요구사항의 재료 무게를 확인하고 저울로 계량한다.

02 쌀가루 준비하기

1   멥쌀가루에 소금 3g, 물 5~6큰술을 주고 잘 비빈다.

03 찌기

1   찜기에 젖은 면포를 깔고 설탕을 조금 뿌린 후 멥쌀 을 올린다.

2   강한 불로 10~15분 정도 찐다.

04 팥 분할하기

1   팥앙금은 16~17g씩 12개로 분할한다.

05 치대기

1   손으로 떡을 길게 늘어뜨리면서 빨래하듯 치댄다.

06 만들기

1   도마나 바닥, 밀대에 고체유를 바르고 반죽을 4~5mm로 얇게 밀대로 민다.

2   팥앙금 소를 6cm 너비 정도 간격으로 맞춰 놓는다.

3   반죽을 반으로 접어 원형틀을 이용해서 5.5cm 정도로 반달 모양으로 만든다. 다시 반죽을 뭉쳐 밀어 개피떡을 12개 이상 제조한다.

4   12개의 개피떡 위에 참기름을 발라 제출한다.

• **흑임자시루떡과 개피떡(바람떡)의 조리 순서**

❶ 물솥에 물 올리기, 계량하기
❷ 개피떡 쌀가루 준비하기
❸ 개피떡 찌기
❹ 흑임자 고물 만들기
❺ 흑임자 쌀가루 준비하기
❻ 흑임자시루떡 찌기
❼ 개피떡 팥앙금 계량하기
❽ 개피떡 만들기
❾ 흑임자 시루떡 담기

▶ 합격 강의

흰팥시루떡,
대추단자

시험시간	지급된 재료 및 시설을 사용하여 제시된
2시간	2가지 작품을 만들어 제출하시오.

흰팥시루떡

시험 시간 2시간 내 흰팥시루떡과 대추단자 모두 완성

▶ 합격 강의

요구사항

1. 떡 제조 시 물의 양은 적정량으로 혼합하여 제조하시오
   (단, 쌀가루는 물에 불려 소금 간하지 않고 2회 빻은 멥
   쌀가루이다.).
2. 불린 흰팥(동부)은 일어 거피하여 찌시오.
3. 찐 팥은 소금 간하고 빻아 체에 내려 고물로 사용하시오
   (중간체 또는 어레미 사용 가능).
4. 멥쌀가루 위·아래에 흰팥고물을 이용하여 찜기에 한
   켜로 안치시오.
5. 찜기에 안쳐 물솥에 얹어 찌시오.
6. 썰지 않은 상태로 전량 제출하시오.

재료명	비율(%)	무게(g)
멥쌀가루	100	500
설탕	10	50
소금(쌀가루 반죽)	1	5
소금(고물)	0.6	3(적정량)
물	–	적정량
불린 흰팥(동부)		320

지급재료 목록

재료명	규격	수량	비고
멥쌀가루	멥쌀을 5시간 정도 불려 빻은 것	550g	1인용
설탕	정백당	60g	1인용
소금	정제염	10g	1인용
거피팥(동부)	하룻밤 불린 거피팥 (겨울 6시간, 여름 3시간 이상, 전날 불려 냉장 보관 후 지급)	350g	1인용 [건거피팥(동부) 170g 정도 기준]

만드는 방법

01 준비하기

1 필요한 도구를 꺼낸다.
2 물솥에 물을 반 이상 채워 끓인다.
3 요구사항의 재료 무게를 확인하고 저울로 계량한다. 소금은 쌀가루 반죽용 5g, 고물용 3g으로 계량한다.

02 거피팥(동부) 준비하기

1 물에 충분히 불린 거피팥(동부)은 양손으로 문질러서 껍질이 나오도록 한다.

2 체를 볼에 받쳐 껍질을 걸러내고 불린 물을 담아놓는다.

3 그 물을 다시 거피팥(동부)에 넣어 손으로 문질러 껍질을 벗기고 또 체에 받친다. 깨끗해질 때까지 같은 물로 3~4번 정도 반복한다.

4 김이 오른 물솥에 찜기, 젖은 면포를 깔고 거피팥(동부)을 40~50분간 찐다.

5 찐 거피팥(동부)을 볼에 쏟아 소금 3g을 넣고 절구나 밀대로 빻는다.

6 거피팥은 어레미에 내려 고물을 곱게 만든다. 어레미가 없다면 중간체에 내려 사용한다.

TIP

질면 팬에 볶아 사용한다.

---

❸ 쌀가루 준비하기

1 멥쌀가루에 소금 5g, 물 4~5큰술을 넣어 잘 비빈다.

2 중간체에 내린다.

3 설탕 50g을 넣는다.

04 찌기

1   찜기에 시룻밑을 깔고 거피팥(동부) 반을 먼저 올린다.

2   쌀가루를 놓고 스크레이퍼로 편편하게 한다.

3   나머지 거피팥(동부) 반을 골고루 편다.

4   강한 불로 20분, 약불로 5분 정도 찐다.

05 담기

넓은 접시에 두 번 뒤집어 완성 그릇에 담는다.

대추단자

SECTION
02
연습횟수
1회 2회 3회

시험 시간 2시간 내 흰팥시루떡과 대추단자 모두 완성

▶ 합격 강의

요구사항

1 떡 제조 시 물의 양을 적정량으로 혼합하여 제조하시오(단, 쌀가루는 물에 불려 소금 간하지 않고 1회 빻은 찹쌀가루이다.).
2 대추의 40% 정도는 반죽용, 60% 정도는 고물용으로 사용하시오.
3 떡 반죽용 대추는 다져서 쌀가루와 함께 익혀 쓰시오.
4 고물용 대추, 밤은 곱게 채썰어 사용하시오(단, 밤은 채 썰 때 전량 사용하지 않아도 됨).
5 대추를 넣고 익힌 떡은 스테인리스볼과 절구공이(밀대)를 이용하여 소금물을 묻혀 치시오.
6 친 떡은 기름(식용유) 바른 비닐에 넣어 두께 1.5cm 이상으로 성형하여 식히시오.
7 친 떡에 꿀을 바른 후 3×2.5×1.5cm 크기로 잘라 밤채, 대추채 고물을 묻히시오.
8 16개 이상 제조하여 전량 제출하시오.

재료명	비율(%)	무게(g)
찹쌀가루	100	200
소금	1	2
물	–	적정량
밤	–	6(개)
대추	–	80
꿀	–	20
식용유	–	10
설탕 (찔 때 필요 시 사용)	–	10
소금물용 소금	–	5

지급재료 목록

재료명	규격	수량	비고
찹쌀가루	찹쌀을 5시간 정도 불려 빻은 것	220g	1인용
소금	정제염	5g	1인용
밤	겉껍질, 속껍질 벗긴 밤	6개	1인용
대추	(중) 마른 것 (크기 및 수분량에 따라 개수는 변경될 수 있음)	90g (20~30개 정도)	1인용
꿀		30g	1인용
식용유		10g	1인용
설탕		10g	1인용
세척제	500g	1개	30인 공용

만드는 방법

01 준비하기

1 필요한 도구를 꺼낸다.

2 물솥에 물을 반 이상 채워 끓인다.

3 요구사항의 재료 무게를 확인하고 저울로 계량한다.

02 부재료 준비하기

1 밤은 곱게 채를 썰고, 대추 32g(40%)은 돌려 깎아 다지고, 48g(60%)은 돌려 깎아 채를 썬다.

2 채 썬 대추와 밤을 섞는다.

03 쌀가루 준비하기

1 찹쌀가루에 소금 2g, 다진 대추, 물 1~2큰술 정도를 섞어 비빈다. 찹쌀가루는 손으로 뭉쳤을 때 가볍게 뭉쳐질 정도로 물을 넣는다.

04 찌기

1 찜기에 젖은 면포를 깔고 설탕을 뿌리고 쌀가루를 안쳐 10~15분 정도 찐다.

05 모양 만들기

1 찐 떡은 절구공이나 밀대를 이용해 끈기가 생길 정도로 친다. 들러붙으면 소금물을 발라가면서 친다.

2 비닐에 기름을 바르고 두께 1.5cm 정도가 되도록 하고 가로 세로 사이즈를 맞춰 식힌다.

> **TIP**
>
> 떡을 칠 때 절구공이에 들러붙으면 소금물을 발라가면서 친다. 이때 소금물의 비율은 소금 1작은술(5g)에 물 1컵 정도가 적당하다.

TIP

• 한 칸당 2.5×3cm가 나오도록 분할한다.

① 전체 10×12cm

② 전체 5×24cm

3 떡이 식은 후 꿀을 앞뒤로 바르고, 3 × 2.5 × 1.5cm 정도로 16개 이상 스크레이퍼로 자른다.

4 채 썰은 밤, 대추 고물에 고루 묻힌다.

TIP

• 기름을 많이 바르면 비닐 안에서 떡이 움직이므로 비닐에 떡이 붙지 않을 정도로 바른다.
• 떡에 기름이 많으면 꿀이 묻지 않는다.

• 흰팥시루떡과 대추단자의 조리 순서

중요

❶ 물솥에 물 올리기, 계량하기
❷ 거피팥 손질하기
❸ 거피팥 찌기
❹ 흰팥시루떡 멥쌀가루 물주기
❺ 대추단자의 밤, 대추 부재료 준비하기
❻ 대추단자 찹쌀가루에 물, 대추 넣어 찌기
❼ 거피팥 빻아 체에 내려서 고물 준비하기
❽ 흰팥시루떡 찌기
❾ 대추단자 쳐서 식히고, 모양 만들어 꿀 발라 고물 묻히기
❿ 흰팥시루떡 담기

▶ 합격 강의

응용 떡
만들기

Chapter 07의 떡들은 모두 방앗간에서
소금을 넣어 빻은 쌀가루이기 때문에 재료에 소금이 없습니다.

백설기

재료

멥쌀가루 10컵, 물 10큰술, 설탕 10큰술

1 멥쌀가루에 물을 넣고 손으로 잘 비빈다. 쌀가루를 주먹으로 가볍게 쥐어 뭉친 다음 손에서 튕겼을 때 세 번 정도에 깨질 수 있도록 물의 양을 맞춘다.

2 쌀가루를 중간체에 내린다. 두 번 체에 내리면 부드럽고 촉촉한 식감의 떡이 된다.

3 쌀가루에 설탕을 넣어 고루 섞는다.

4 찜기에 시룻밑을 깔고 쌀가루를 고루 펴서 담고 윗부분을 편편하게 한다. 솥에 올리기 전에 칼집을 넣어 찌면 깨끗하게 칼집의 모양대로 떨어진다.

5 김이 오른 찜통에 시루를 올려 뚜껑을 닫고 강한 불로 20분 정도 찌고 약한 불로 5분 뜸을 들인다. 꼬치로 찔렀을 때 쌀가루가 묻어나지 않으면 익은 것이다.

6 도마나 접시에 쏟는다.

팥고물시루떡

재료

떡가루(멥쌀 : 멥쌀가루 5컵, 물 5큰술, 설탕 5큰술 / 찹쌀 : 찹쌀가루 5컵,
물 2~3큰술, 설탕 5큰술), 팥고물 3컵

🄷 만드는 방법

1 팥고물을 준비한다(다음 장 팥고물 만들기 참고).

2 각각의 쌀가루에 물을 넣고 손으로 잘 비빈다.

3 각각의 쌀가루를 중간체에 내린다.

4 각각의 쌀가루에 설탕을 넣어 고루 섞는다.

5 찜기에 시룻밑을 깔고 팥고물 1/3 → 멥쌀가루 →
   팥고물 1/3 → 찹쌀가루 → 팥고물 1/3 순서대로 켜
   켜이 쌓는다.

6 김이 오른 찜통에 시루를 올리고 뚜껑을 닫고 강한
   불로 30분 정도 찌고 5분 뜸을 들인다.

7   도마나 접시에 쏟은 다음 썬다.

재료 : 팥 2컵, 물 8~10컵, 소금 1작은술

1   팥은 씻어서 물 4컵을 붓고 강불에 올려 끓으면 팥물은 따라 버린다.
2   다시 냄비에 물 10컵을 붓고 강불에 올려 끓으면 중불로 줄여 30~40분 정도 삶는다.
3   푹 삶아지면 불을 끄고 5~10분 뜸을 들인다.
4   절구에 쏟아 소금을 넣고 대강 찧어 고물을 만든다.

쑥개떡

재료

쑥 쌀가루 6컵, 설탕 1큰술, 끓는 물 1컵, 참기름 1작은술, 식용유 3큰술, 소금 약간

01 만드는 방법

1 쌀가루에 설탕을 넣고 끓는 물을 넣어 익반죽한다.

2 반죽을 원하는 크기로 떼어 둥글납작하게 만든다.

3 김이 오른 찜통에 10분 정도 찐다.

4 참기름, 식용유, 소금을 섞어 쑥개떡에 바른다.

SECTION
04
연습횟수
☐ 1회 ☐ 2회 ☐ 3회

약밥

재료

불리지 않은 찹쌀 5컵(800g), 황설탕 1컵, 참기름 4큰술, 진간장 3큰술, 계핏가루 1작은술, 밤 10개, 대추 10개, 꿀 1큰술

1 찹쌀은 씻어서 5시간 이상 불린 다음 물기를 빼고, 찜통에 1시간 정도 무르게 찐다.

2 밤 4~6등분, 대추는 씨를 발라내어 3~4조각으로 썬다.

3 찐 찹쌀에 황설탕, 참기름, 진간장, 계핏가루, 밤, 대추 순서로 넣는다.

4 찜통에 40분 정도 찌고 꿀, 계핏가루, 참기름을 섞는다.

5 먹기 좋은 크기로 자르거나 쥐어서 개별로 포장한다.

SECTION
05
연습횟수
☐ 1회 ☐ 2회 ☐ 3회

개성주악

재료

찹쌀가루 5컵, 밀가루 1/2컵, 설탕 1/2컵, 막걸리 1/2컵, 끓는 물 2~3큰술

※집청 : 생강편 10g, 조청 1컵, 물 1/2컵

⓵ 만드는 방법

1 찹쌀가루와 밀가루를 중간체에 내려 설탕을 섞는다.

2 막걸리를 넣어 버무리고, 끓는 물을 넣어 치댄다.

3 반죽을 지름 3cm, 두께 1cm 정도로 만든다. 위아래
의 가운데가 움푹 들어가게 만든 다음 젓가락으로
가운데에 구멍이 나도록 콕 찍는다.

4 80∼100℃로 3분 정도 튀기고 떠오르면 중불로 높
여서 1∼2분 정도 더 튀긴다.

5 약~중불에서 생강편, 조청, 물을 모두 넣고 농도가
  걸쭉해질 때까지 끓여 집청을 만든다.

6 집청에 주악을 담갔다 뺀다.

7 호박씨, 대추 등으로 장식을 한다.